Adolf Philipp

Hamburger Theater

Adolf Philipp

Hamburger Theater

ISBN/EAN: 9783743374010

Hergestellt in Europa, USA, Kanada, Australien, Japan

Cover: Foto ©ninafisch / pixelio.de

Adolf Philipp

Hamburger Theater

Hamburger

Theater-Dekamerone.

Herausgegeben von Adolf Philipp.

Zweite Auflage,

erweitert durch eine

Geschichte des Thalia-Theaters.

Druck und Verlag
von
F. W. Rademacher Hamburg
1881.

Vorwort.

Zehn Monate sind verflossen, seitdem das „Hamburger Theater-Dekamerone" in's Leben trat. Die Hoffnungen, die wir bei der Veröffentlichung dieses Werkes gehegt, haben sich erfüllt. In den weitesten Kreisen der Musenjünger und der Kunstfreunde ist demselben das lebhafteste Interesse zugewendet worden. Presse und Publicum haben mit gleicher Freude und verbindlicher Anerkennung dieses kunstliterarische Unternehmen begrüßt, das, für unsere Stadt neu in seiner Art, durch die mannigfaltigen autobiographischen Beiträge so vieler hervorragender und beliebter Künstler, sowie der Leiter unserer beiden für das deutsche Kunstleben so wichtigen Hauptbühnen, in persönlicher und künstlerischer Richtung einen ungewöhnlich fesselnden Reiz ausüben, Geist und Gemüth in gleichem Grade anregen mußte. Es ist diesem Buche hier und auswärts eine so günstige Aufnahme bereitet worden, daß nach verhältnißmäßig kurzer Zeit die erste Auflage vergriffen war und die Nothwendigkeit der Veranstaltung einer zweiten Auflage sich ergeben hat. Mittlerweile war der denkwürdige Tag herangerückt, welcher den Charakter eines Festtages für die gesammte Bühnenwelt angenommen hat: die Feier des 50jährigen Directions-Jubiläums des Herrn Chéri Maurice, des hochverdienten und allgemein verehrten Begründers und Leiters unseres Thalia-Theaters. Da lag denn der Gedanke nahe genug, die zweite Auflage eines Werkes, in welchem das Thalia-Theater neben dem Stadttheater so ausdrucksvoll vertreten ist und neben Herrn Director Pollini der illustre Jubilar in seiner ganzen liebenswürdigen Individualität sich offenbart, unter dem glückverheißenden Zeichen dieses Jubelfestes erscheinen zu lassen. Indeß wollten wir uns nicht mit diesem zufälligen Zusammentreffen, mit dieser äußerlichen Verbindung begnügen: die herrliche Feier sollte sich in diesem Werke gleichsam wiederspiegeln, ihm einige Strahlen von ihrem reichen Glanze verleihen. So haben wir denn das Maurice-Jubiläum als einen willkommenen Anlaß benutzt, um die zweite Auflage durch einen Rückblick auf die Geschichte des Thalia-Theaters, von seinen ersten Anfängen bis auf diese sonnigen Jubeltage, zu erweitern, und glauben wir hierdurch den dauernden Werth des Buches erhöht zu haben. Möge unser „Theater-Dekamerone" in dieser neuen Gestalt sich neue Freunde erwerben!

Hamburg, Ende September 1881.

Herausgeber und Verleger.

Das Thalia-Theater.

Gedenkblätter zum 50jährigen Directions-Jubiläum.

Ein Rückblick auf die glänzende Geschichte dieser Bühne ist zugleich eine Art Biographie ihres hochgeschätzten Begründers, denn Chéri Maurice' Persönlichkeit, sein Leben und Wirken war ganz seinem Institut geweiht, mit diesem stets innigst verwachsen. Von den ersten Jünglingsjahren bis heute gehörte Maurice allezeit seinem Theater, mit Leib und Seele, mit dem Geist und dem Herzen, — und auch die Zukunft erblickt er nur in dem freundlichen Bilde Thalia's, der „Blühenden". Und obwohl der Dichter meint: nichts sei schwerer zu ertragen, als eine Reihe von schönen Tagen, so wird doch zweifellos unser Maurice sofort, nachdem der Festjubel verrauscht ist, in eifriger Arbeit an das fröhliche Ende des einen halben Säculums den fröhlichen Anfang des anderen knüpfen, und auch in der weiteren Folge seinem schönen Lebensberufe obliegen, so lange es die ihm wahrhaft gütige Vorsehung gestattet. Hier decken sich Person und Sache in seltenem Grade, und so sind es auch nur wenige eigentlich biographische Daten, die zur Geschichte des Hauses hinüberführen.

Charles S. Maurice, von den Eltern als Chéri, der Geliebte, bezeichnet, nennt Frankreich seine Heimath. Er ist in Agen, dem Hauptort des Departements Lot et Garonne, am 29. Mai 1805 geboren. Ja, 1805! So seltsam Jedem, der das Vergnügen hat, den jugendlich frischen und rüstigen Director des Thalia-Theaters persönlich zu kennen, diese Jahreszahl erscheinen mag, — sie ist ganz richtig, Maurice ist 76 Jahre alt; — fürwahr, der Mann versteht es meisterlich, alt oder vielmehr — nicht alt zu werden und nur mit der Zeit vorwärts zu schreiten.

Schon in früher Jugend erfaßte ihn die Neigung zur Bühne. Der Jüngling entschloß sich, Schauspieler zu werden, doch kam er nicht über das Liebhaber-Theater hinaus; denn der gestrenge Vater trat seinem Vorhaben entgegen. Gleichwohl war es ihm vom Schicksal vergönnt, in innige Beziehung zur Bühne zu treten und in der Theaterwelt eine Rolle zu spielen, wie sie ihm in seinen kühnsten Jugendträumen nicht vorgeschwebt haben dürfte; und der Vater, der den Sohn verhindert hatte, Schauspieler zu werden, er war es, der ihm zu einer dominirenden theatralischen Stellung den Weg bahnte. Maurice senr. (geboren am 20. April 1780 in Metz, gestorben am 25. März 1853 in Hamburg) beschloß nämlich im Jahre 1826, Frankreich zu verlassen und nach Hamburg zu übersiedeln, um hier ein Fabrikgeschäft zu gründen. Der begabte und strebsame Chéri begleitete seinen Vater und leistete ihm hier vor Allem in diesem Geschäfte getreulich Hülfe. Bald aber trat ein Ereigniß ein, welches seiner eifrigen Thätigkeit eine andere und epochemachende Richtung geben sollte. Der ältere Maurice übernahm im Jahre 1827 das Tivoli-Etablissement in der

damaligen Vorstadt St. Georg und begründete daselbst im
Jahre 1829 ein Sommertheater. Er übergab vertrauensvoll
dem Sohne die Leitung der Vorstellungen.

In jener Zeit besaß eine Wittwe Handje die Concession
zum Betrieb des in der Steinstraße belegenen Theaters.
Ein Vorläufer desselben war ein Liebhaber-Theater im Hotel
de Rôme auf dem Valentinskamp. Leiter desselben war ein
Kaufmann Wiese, der bereits auf eine Verbesserung der
Localität bedacht war und, nachdem die erste Occupation
Hamburg's durch französische Truppen die Anstalt zersprengt
hatte, dieselbe mit Geschick reconstruirte. Er war inzwischen
der Curator der Wittwe Handje geworden. Im Jahre 1814
wurde die Bühne nach dem früheren französischen oder
„franschen" Theater auf der großen Drehbahn verlegt. In
diesem Hause veranstalteten zur Emigrantenzeit und in den
Tagen der französischen Herrschaft zuweilen französische
Truppen vorwiegend Opern-, aber auch Lust- und Schauspiel-
Vorstellungen. Eine Zeitlang gab hier auch J. F. E. Albrecht,
Director des Altonaer Theaters, bekannt auch als Mediciner
und Schriftsteller, (Gatte der angesehenen Schauspielerin
und Dichterin Sophia Albrecht, geborene Baumer, der
Freundin Schiller's) mit Erlaubniß des Senats Vorstel-
lungen; es geschah dies nach dem Tode des Dänenkönigs
Christian VII., als auch die Theater der damals dänischen
Provinzen Schleswig und Holstein die Landestrauer halten
mußten. Im Winter durfte Albrecht auf dem sogenannten
Hamburger Berge, d. h. in der Vorstadt St. Pauli, spielen
lassen. Das fransche Theater auf der großen Drehbahn
wurde von der Frau Handje im Jahre 1817 einem gewissen

Bernhard Meyer überlassen, der hier das Apollo-Theater errichtete. Denselben Namen adoptirte vor circa 12 Jahren der Director J. C. Reichardt, nachdem er am Stadttheater abgewirthschaftet hatte, welches Decennien hindurch von stets wiederkehrenden Katastrophen erschüttert wurde, bis es endlich unter der jetzigen Direction Pollini wieder zu dauerndem Ruhm und Ansehen gelangt ist. Viele Jahre hindurch gehörte der Apollo-Saal den unternehmungslustigen Gebrüdern Keiling, welche hier alljährlich zur Domzeit den größten und erfolgreichsten Weihnachts-Bazar veranstalteten und vor Kurzem zu ähnlichen Zwecken das prächtige vorstädtische Etablissement „Concordia" übernommen haben.

Als die Theilnahme für das Unternehmen der Wittwe Handje immer mehr wuchs, konnte man nachgerade an die Errichtung eines eigenen regelrechten Theaters denken. In der That wurde in einem Hofe der Steinstraße ein einfaches Musenheim gegründet und am 16. December 1818 zunächst unter der Direction eines Herrn Becker eröffnet. Diesem folgten die Herren Müller, Professor und Schriftsteller Kruse und Susky, während Wittwe Handje das Buffet „dirigirte". Das Repertoir setzte sich aus Wunder-, Pantomimen-, Sensations-, Schauer- oder Ritterstücken zusammen, welche schlecht und recht gespielt wurden. Eine zeitlang fungirte auch ein Ritter als Director, nämlich ein diesen Namen führendes Mitglied eines Liebhaber-Theaters auf dem Pferdemarkt (nahe dem Platze des jetzigen Thalia-Theaters); von dieser Bühne waren nämlich mehrere Mitglieder in's Steinstraßen-Theater übersiedelt. Auf Ritter folgte Hoch, auf diesen der bekannte Schauspieler Vorsmann, der mehr das Localstück cultivirte.

Trotz aller dieser verschiedenartigen Bemühungen wollte das
Theater nicht recht floriren; es fehlte eben an Styl und
System, und auch den Schauerkomödien konnte das Publikum
keinen Geschmack mehr abgewinnen. Etwas besser ging es, als
der alte Schauspieler und Prinzipal Stiegmann die Leitung
übernahm und besonders das damals neu erschienene Vaudeville:
„Das Fest der Handwerker" auf die Scene brachte. Nach drei
Jahren starb er. Ihm folgte die Wittwe und der Sohn, der
bekannte Componist und Dirigent Eduard Stiegmann,
der in letzterer Eigenschaft später an das Thalia-Theater über-
trat und daselbst bis 1873 wirkte (gest. den 23. Januar 1880).

Nach dem Rücktritt Stiegmann's wurde von der Frau
Handje die Leitung ihrem Schwiegersohn Caßmann übertragen. Dieser, ein vortrefflicher Maschinist und Theater-
meister, fungirte bislang am Stadttheater, war aber in dem
neuen großen Hause in der Dammthorstraße, welches am
5. Mai 1827 eröffnet worden, mit seinen Vorschlägen mehrfach
auf Hindernisse gestoßen und daher aus dem Engagement
getreten. Es gelang ihm nun, als Associé Herrn Maurice jr.
zu gewinnen, der seine persönlichen Vorzüge und seine künstlerische und geschäftliche Befähigung, namentlich aber sein
außerordentliches Regie-Talent bereits im Tivoli erprobt hatte,
welches bald ein bevorzugtes Ziel des besten Bürgerthums
geworden war. Nunmehr wurde dieses Garten-Theater in
enge Verbindung mit dem Steinstraßen-Theater gebracht; im
Sommer im Tivoli, im Winter in der Stadt gespielt. Die
Mitglieder, unter denen die Damen Cludius (später Frau
Reinhardt), Behnke (später Frau Vorsmann), Hechner, und
die Herren Vorsmann, Landt, Hechner, Schultz, Mayer,

Reinhardt, Gomansky, Schlegel, Theodor Wagner, Wilke, Schrader, erhielten Jahrescontracte, erfreuten sich einer behaglichen, gesicherten Existenz, und den Vorstellungen wurde immer mehr Sorgfalt gewidmet. Ueberhaupt brachte der am 1. October 1831 erfolgte Eintritt des jungen Maurice einen neuen Geist in das Haus, den Geist der Ordnung und Disciplin, — Plan, Einheitlichkeit, Sicherheit in Leitung und Verwaltung.

Während im Stadttheater Oper und Tragödie florirten, das Sensationsstück aber der Vorstadt St. Pauli überlassen ward, cultivirte Maurice neben dem bürgerlichen Schauspiel vorzugsweise Lustspiel und Posse, namentlich auch die Local-posse und die Parodie. Der eigentliche Begründer dieses Genres war Jacob (J. H.) David, der Verfasser von „Eine Nacht auf Wache", „No. 23 oder 9, 12, 47", „Heute! Zur Erinnerung für meine Freunde und Gönner", der Opern-Parodien auf „Die Jüdin", „Guido und Ginevra" und „Gustav, oder der Maskenball". Diese überaus komischen, ja geradezu genialen Parodien machten lange Zeit Furore und bewährten sich neben den brillant dargestellten und ausge-statteten Lustspielen als Zug- und Cassenstücke.

Neben David sorgten Dr. Bärmann, Dr. Wollheim, Volgemann c. für das Repertoir. — Auch renommirte Gäste traten oft unter Maurice auf. Besonderen Beifall ernteten: der Komiker Gödemann, Börner, Kläger, Wohlbrück, Rottmayer, Butterweck, L'Arronge (der Vater des Lustspieldichters), Meixner; die Damen Fabricius, Vors-mann, Julius, Struwe, Spahn (später Frau Kläger). Sogar der berühmte Carl Unzelmann gastirte circa zwei

Monate im Steinstraßen-Theater und machte namentlich als Franz Moor und Carl Moor Aufsehen. Im Uebrigen bemühten sich die Herren Caßmann und Maurice, auch durch Renovirung der Localitäten dem Publikum den Aufenthalt immer angenehmer zu machen.

So gelangten schon in jener Periode die würdigen Principien des Directors Maurice mit den glänzendsten Erfolgen zur Geltung, — Erfolge, welche der Direction des Stadttheaters oft genug Bedenken einflößten; es hatte sich da wirklich eine gewichtige Concurrenz für dieses große Institut herausgebildet, so daß der Director Friedrich Ludwig Schmidt (geboren 1772, gestorben 1841), der übrigens einmal das Steinstraßen-Theater besucht und sich zu der Anerkennung verstiegen hatte: „die Leute spielen eine recht decente Komödie", sich zu dem halb ernsten, halb scherzhaften Ausspruch veranlaßt fand: „der Knabe Carl fängt an, mir fürchterlich zu werden".

Als Chéri Maurice das Steinstraßen-Theater einige Jahre hindurch so glücklich geleitet hatte, gestattete ihm der Senat, das Institut in aller Form „Zweites Theater" zu nennen, und nach entsprechender Renovation wurde dasselbe mit einem Prolog von Reinhardt und dem Bauernfeld'schen Lustspiele: „Die Bekenntnisse" wieder eröffnet. Am Abend jenes denkwürdigen Tages aber, an welchem der junge Maurice in die Direction eingetreten war, am 1. October 1831, wurde im Steinstraßen-Theater gegeben: 1) ein Prolog, 2) „Nehmt ein Exempel dran", Lustspiel in einem Aufzuge von Dr. Carl Töpfer, 3) zum ersten Male: „Das Schloß meines Oheims", oder: „Die Heirath durch Zufall", Vaudeville in einem Aufzuge nach Desaugiers und Armand, 4) „Frontin als Ehegatte

und Junggeselle" (Frontin mari et garçon), Vaudeville in
einem Aufzuge nach Scribe (auch unter dem Titel: „Der
Kammerdiener" bekannt).

Nach dem Tode Caßmann's führte Maurice die Direction
allein weiter; kurz nach dem großen Brande (1842) starb
auch die Wittwe Handje, und hiermit war die Concession erledigt. Als Bewerber meldeten sich einerseits die Erben der
Wittwe Handje, andererseits Maurice. Letzterer erhielt in
Anbetracht seiner bewährten Solidität und Geschicklichkeit vom
Senat die Concession, mußte sich aber zugleich verpflichten,
den Erben der Wittwe Handje eine Entschädigungssumme zu
zahlen, sowie ein neues Haus für das zweite Theater zu erbauen. Die letztere Bedingung entsprach durchaus seinen
eigenen Wünschen. Maurice griff die Sache rasch und energisch
an, unterstützt von zahlreichen Gönnern, — und bereits am
9. November 1843 wurde das jetzige Thalia-Theater
am Alsterthor, gegenüber der Markthalle, eröffnet und zwar
mit folgender Vorstellung: Fest-Ouverture von Ed. Stiegmann.
Hierauf: „Alt und Neu", humoristisches Zwiegespräch (in 142
Versen), vorgetragen von Dem. Julie Hermann (Tochter des
verstorbenen Stadttheater-Directors und Bühnenschriftstellers
B. A. Hermann, die später den Kaufmann Lutze geheirathet
hat) und Herrn Meixner. Dann zum 1. Male: „Der Freund-
schaftsdienst", Lustspiel in drei Aufzügen nach Jünger's
„Entführung", bearbeitet von B. A. Hermann. Zum Schluß:
zum ersten Male: „Köck und Guste", Vaudeville-Posse in
einem Aufzuge, nach dem französischen von W. Friedrich.

Die Vorstellung gefiel sehr; der Director wurde nach
Schluß derselben enthusiastisch hervorgerufen und dankte dem

Publikum in bescheidenen und herzlichen Worten für seine
außerordentliche Theilnahme.

Am Vorabend der Eröffnung erließ Maurice eine Anzeige,
in welcher er die neue Bühne dem Wohlwollen des Publikums
empfahl, und fügte hinzu: „Unterzeichneter hat Alles, was in
seinen Kräften stand, gethan, um zur Bequemlichkeit der Zuschauer beizutragen. Seitens der betreffenden Behörde werden
alle Maßregeln, die die vollkommenste Sicherheit des Publikums
erheischen, getroffen." Folgen Auszüge aus den Berichten der
bestellten Bauverständigen. — Bedeutsamer war eine der
Eröffnung des Theaters vorangegangene Publication des
Directors, welche die Cantiéme der Autoren betrifft.
Maurice hat in dieser Richtung eine schöne Initiative ergriffen
und überhaupt allezeit sehr gern literarischen wie schauspielerischen Talenten den Weg zu den weltbedeutenden
Brettern geebnet. — Der neue Tempel Thalia's, der im Vergleich
zu dem Steinstraßen-Theater den Eindruck eines Prachtbaues
machte und in der That den modernen Ansprüchen an Eleganz
und Comfort bestens entsprach, ist nach den Entwürfen der
Architekten Meuron und Stammann von den Gebrüdern
Schäfer gebaut. Das Theater ist 210 Fuß tief und 75 Fuß breit;
der kreisförmige Zuschauerraum hält ca. 55 Fuß im Durch-
messer, auf eine Höhe von 45 Fuß, von der Mitte aus ge-
rechnet. Auf 48 Säulen von Eisenguß ruhen zwei Logenreihen
und eine Gallerie, amphitheatralisch sich über einander erhebend. Es faßt im Parquet, Parterre, Logen, Rängen und
Gallerie zusammen circa 1700 Personen. Die Decoration des
Innern war ursprünglich von dem französischen Maler Chenillon
beschafft, während die ersten Decorationen noch von dem

Theatermaler Caßmann herrührten. Seitdem hat Director
Maurice allerdings das Haus von innen und außen noch
mehrere Male restauriren und schmücken lassen. So namentlich
im Sommer 1855, in den Ferienmonaten des Jubeljahres 1868,
wo der Zuschauerraum von Professor Gropius decorirt wurde
und einen neuen Kronleuchter erhielt; ferner in den Ferien
1876, wo die ersten Plätze mit neuen Fauteuils versehen und
namentlich das Foyer im ersten Rang prächtig umgebaut
ward. Endlich sind im Sommer des laufenden Jahres (1881)
alle Räumlichkeiten und zumal das Foyer auf's Neue mit
vielen Kosten höchst geschmackvoll ausgestattet worden, auch
ein neuer Vorhang wurde von Gebrüder Brückner in Coburg
geliefert, so daß auch in dieser äußeren Beziehung für einen
würdigen Empfang der illustren Gäste gesorgt ist, welche
anläßlich des 50jährigen Jubiläums hier eintreffen.

Das neue Haus und die Première fanden den lebhaftesten
Beifall, und ein Extemporé des Komikers Mayer, der im
zweiten Acte des dreiactigen Lustspiels, auf sich zeigend,
die Worte sprach: „ein altes Haus in dem neuen", brachte
die lebhafteste Heiterkeit hervor. Es war ein sinniger, treffender
Ausspruch; der gute alte Geist war auch in das neue Haus
übersiedelt und wirkte an dieser Stelle erfprießlich weiter. Das
Publikum seinerseits bewahrte dem Director auch in dem neuen
Hause die gewohnte Huld und Theilnahme in demselben Verhältniß, in welchem Maurice, trotz der engen Grenzen, welche die
Behörde dem Repertoir gezogen, seine Versprechungen redlich
erfüllte und in der Wahl der Stücke, wie der Darsteller, in
Bezug auf Besetzung und Inscenirung, seinen Scharfblick und
seine Gewandtheit bethätigte. In immer weitere Kreise drang der

Ruf des Ensembles des Thalia-Theaters. Es war in der
That bewundernswerth, wie Maurice die Eigenart jeder
Capacität erkannte und an der richtigen Stelle verwendete,
und vor Allem, wie er Talente zu entdecken und zu gewinnen
wußte. Wir können selbstverständlich nicht alle jene Talente
hervorheben, welche an dieser künstlerischen Pflanzstätte unter
der steten intelligenten und liebevollen Anleitung und Fürsorge
dieses Bühnen-Lenkers heranreiften und deren Ruhm dann
bald die deutsche Theaterwelt erfüllte. Abstrahiren wir von den
Opern-Sternen jener Perioden (1847, resp. 1849—1854, in
denen Maurice auch als Mitdirector des Stadttheaters
fungirte (theils mit dem Schauspieler J. B. Baison, theils
mit dem Tenoristen Josef Wurda („Vereinigte
Theater"); — blicken wir nur auf das recitirende
Schauspiel und fragen: wem dankte die Kunstwelt Kräfte
wie Bogumil Dawison, Lina Fuhr, Zerline Würzburg (Gabillon),
Marie Seebach, Friederike Goßmann, Charlotte Wolter, die
Schneeberger - Hartmann, Marie Boßler und Landvogt, denen
später Lucie Hübsch-Petzold, Clara Zitt, Carl Baum, die
Zipser, die Satran, Eugen Staegemann, Antonie Janisch 2c.
folgten? Wem anders als unserm Maurice! Ihm verdanken
ferner ihre Entwickelung: Amalie Kraft, Minna Wagner,
Georg Starke, Heinrich Triebler, Julius Caspar, Anton Reichen-
bach, Emil Thomas, Anna Schramm, die Spettini, Hungar,
Frau Kupfer-Gomansky, geb. Heigel, è tutti quanti.

Sie sind von Maurice für die vornehmere Kunst gewonnen, in ihrer Individualität entsprechenden Aufgaben beschäftigt und somit in den Stand gesetzt worden, ihre Begabung
original und vollständig zur Geltung zu bringen.

Der immer regeren Theilnahme der Bevölkerung für ihr Lieblings-Institut entsprach die Sympathie und das steigende Lob der Presse. Als im Jahre 1856, welches die Feier der 25jährigen directorialen Thätigkeit des Herrn Maurice brachte, ihm das Lustspiel in seiner ganzen Ausdehnung freigegeben wurde, wie in späteren Jahren, als ihm auch die Pflege des höheren Schauspiels gestattet ward, da begrüßte man allseitig diese bedeutsamen Erleichterungen mit herzlichster Freude und wahrhafter Genugthnung. Das Thalia-Theater war inzwischen der ehrenvollen Bezeichnung „Muster-Anstalt" immer würdiger geworden, und insbesondere seit jenem Tage, als Maurice 1857 den berühmten Schauspieler und ehemaligen Weimar'schen Hoftheater-Director Heinrich Marr als Darsteller, sowie als Genossen in der artistischen Leitung berief, gelangte . das Institut zur herrlichsten Blüthe und erlebte großartige Triumphe, namentlich auf dem Gebiete des Conversationstücks. Und im Geiste dieses unvergeßlichen Kunstveteranen haben in neuerer Zeit Meister G ö r n e r und Regisseur B i t t o n g weiter-gestrebt ad majorem Thaliae gloriam. Auch in der Wahl seiner Mitarbeiter hat des Directors Umsicht und Kenntniß der Personen und Verhältnisse sich in allen Perioden auf's Beste bewährt.

Unter den glücklichsten Verhältnissen und allgemeiner Theilnahme feierte M a u r i c e am 1. O c t o b e r 1856 sein erstes, das

25jährige Directions-Jubiläum.

Bereits in der Frühe des Tages huldigte ihm das Personal; eine Deputation desselben geleitete ihn in das Foyer, wo er mit den Klängen einer vom Haus-Componisten Stiegmann in

Musik gesetzten Cantate empfangen wurde. Dann hielt
Fräulein Friederike Goßmann, ein Liebling der Hamburger,
eine herzliche Ansprache an den Jubilar und bezeichnete ihn
zum Schluß als „das würdige Oberhaupt unserer Familie",
worauf das Orchester mit dem alten Grétry'schen Volksliede:
Ou peut on être mieux, qu'au sein de sa famille (wo
kann man besser sein, als im Schooße seiner Familie) einfiel.
In der Wohnung des Directors waren die Tische mit kostbaren
Geschenken bedeckt. Das Bühnen-Personal spendete einen
silbernen Lorbeerkranz, das Orchester eine silberne Votivtafel,
die Beamten ein silbernes Schreibzeug, das technische Personal
einen silbernen Briefbeschwerer, der Director des Stadttheaters,
C. A. Sachse, eine silberne Fruchtschale, Dawison einen
schweren silbernen Pokal, der Komiker Carl Wilke, der sich
in der Widmung als „alten Invaliden" bezeichnete, ein prächtiges
Album, dessen Titelblatt die Ansichten der vier von Maurice
geleiteten Theater zeigte. Zahllos waren die Gratulationen, die
mündlich und schriftlich von hier und auswärts eintrafen;
unter letzteren erwähnen wir die Zuschriften von Marie
Seebach, Auguste Burggraf, Bogumil Dawison und Räder.
Am Abend wurde bei festlicher Beleuchtung zum ersten Male
in der neuen Bearbeitung das 5actige Lustspiel: „Ein Ring",
von Charlotte Birch-Pfeiffer aufgeführt. Am Schluß wurde
Maurice stürmisch gerufen und durch Tusch und Kränze geehrt;
er erschien mit den Hauptdarstellern, den Damen Goßmann
und Hintz und den Herren Zimmermann und Hanisch, und
dankte mit warmen Worten. Nach der Vorstellung brachte
ihm die Capelle des Hauses, verstärkt durch Mitglieder des
Stadttheater-Orchesters, ein Ständchen. Unter den vielen

poetischen Spenden, welche ihm dieser Ehrentag brachte, heben wir ein originelles plattdeutsches Gedicht hervor, welches nebst einem kleinen Angebinde dem Jubilar von dem bekannten, noch jetzt in unserer Mitte rüstig wirkenden Schriftsteller, Johann Krüger gewidmet ward. Manche hübsche Wendung dieses Poems verleiht demselben heute, am Vorabend des 50jährigen Directions-Jubiläums, ein actuelles Interesse, und mögen daher jene Verse an dieser Stelle abgedruckt werden:

Mien fründ

Chéri Maurice

to Ehr'n, an sienem

25jährigen Direktschoonsjubiläum,

den 1. October 1856,

von

Johann Krüger, Kumedienmoaker.

Mien lüttje, leebe fründ Maurice,
Du hest nu all op Diene Wies,
Groad fiefuntwintig Joahr, ganz fien
Dien Th'oater feuhrt, dat mutt so sien.

Hoot aff! Du büst en broaven Mann,
Keen Minsch dat anners seggen kann,
Ganz wie Dien seel'ge Vatter weur,
De änder ook nich sien Couleur.

Fast hest Du stoahn in Glück un Leed,
Verdeent Dien Brod mit Meuh un Sweet,
Un gung dat Di ook manchmoal mies,
Maurice bleev ümmers doch Maurice!

XIX

Weurst as Direktor nich komod;
Vor Tieden in de lüttje Bood.
Doa in de Steenstroat weur dat all
Mit Dien Kumedie stets de Fall.

Fir gung dat ümmers, dat is woahr,
Wi wät dat noch noa so väl Joahr;
Wie scheun un flietig is doa spält,
Un dat Pläseer bett nümmers fehlt.

Un as dat grote Huus keum op,
Doa hest Du erst mit kloofem Kopp
Uns wiest, dat Du verstеihst de Kunst,
Un büstkeen Fründ von blauem Dunst.

Du hollst tosoamen all' Dien Lüüd.
Fliet, beet dat. Fliet un nochmoal Fliet!
Weet Eener sien Lektschoon moal nich,
Denn schellt Maurice ganz wuderlich.

Betoahlt ward Jeder good un fir,
Weg, beet dat, mit dem Dögenix;
Doch wer sien Pflicht deiht, de hett't good,
Im Celler noch sien Happen Brod.

De Dichters oof vergitst Du nich,
Büst gegen jem nich knauserig,
Un so'n Cantiöme in Diene Bood,
Smeckt armen un oof rieken good.

Drum Ehr dem Mann un grote Ehr,
De Ehr verdeent, wie Nümmens mehr.
Ick wünsch in düssem Oogenblick,
Ut vullem Harten Di väl Glück!
Good sall et Di im Celler goahn,
Dien Huus sall fast wie Felsen stoahn!
De Kunst to Freid holl Di recht fliew,
Un wie Du büst, mien Fründ, so bliew!

Dann kümmt in fiefuntwintig Joahr
Düt Fest noch eenmoal, dat is kloar;
Dann sett Di op den würd'gen Kopp
Dien Lüüd den goldnen Loorbeer op.

Hefft mi de swatten Kerls noch nich
Leggt in de Kuhl, dann säterlich
Stipp wedder ick mien Fedder in,
Wies, dat ick noch de Ohle bin.

Un schriew, dat Oog vor Freiden natt,
Wat mi to schriewen heet mien Hatt,
Un roop denn luud: „Et lew' de Ohl,
Bit an sien Enn'n, gesund un woll!"

Die Hoffnungen des Dichters haben sich für ihn, wie für
den Jubilar erfüllt, und so hat er denn nun von Neuem
seine Feder „eingestippt" und dem wackeren Director auch zum
50jährigen Jubiläum einen herzlichen poetischen Gruß dargebracht.

Die zweite Jubelfeier

beging Director Maurice am 9. November 1868. An diesem
Tage waren 25 Jahre seit Eröffnung des neuen Hauses, des
Thalia-Theaters, verflossen, als dessen Leiter einen gleichen
Zeitraum hindurch Maurice fungirt hatte. Auch bei dieser
Gelegenheit war derselbe natürlich wieder Gegenstand zahl-
reicher, schmeichelhafter Ovationen, und häuften sich die
Gratulationen und Depeschen. Am Vormittag erfolgte die
solenne Begrüßung durch die Mitglieder, und eines derselben,
ein gewandter Gelegenheitsdichter, W. Drost, hatte für diesen
Zweck ein hübsches, kleines Stück verfaßt. Das Haus war
mit Flaggen und Kränzen geschmückt und Abends festlich beleuchtet. Aufgeführt wurde zunächst ein scenischer Prolog:
„Die Weihe der Elfen" von Feodor Wehl. Hierauf: 4. Act,
1. und 2. Scene von Lessing's „Minna von Barnhelm" (Scene
des Riccaut), der 2. Act des idyllischen Familiengemäldes
„Hermann und Dorothea" nach Goethe von Carl Töpfer; der

2. Act des Gustav Freytag'schen Lustspiels „Die Journalisten"
(Piepenbrink - Scene); zum Schluß das einactige Vaudeville
„Haussegen" oder „Berlin wird Weltstadt" von Kalisch,
Musik von Bial. Dieses gemischte Programm gab sämmtlichen
beliebten Mitgliedern Gelegenheit, in geeigneten Aufgaben
vor dem Publikum zu erscheinen. Dasselbe war in der
animirtesten Stimmung und rief begeistert den Jubilar, der
dann einige Worte innigsten Dankes sprach. Nach der Vor-
stellung fand Festmahl und Ball im Foyer des Theaters statt.
Das Souper wurde natürlich durch eine Menge von gelungenen
Vorträgen gewürzt. Unter Anderem steuerte unser Landsmann,
Theodor Reusche (der im August 1881 auf so traurige Weise um's
Leben gekommene Künstler), damals Mitglied des Berliner
Wallner - Theaters, einen poetischen „Wespen"-Gruß von
Jul. Stettenheim bei. Der Berliner Verleger des „Kladdera-
datsch", Hofmann, feierte in einem launigen Gedicht die
silberne Hochzeit der Thalia. Mit gemüthvollen Versen be-
grüßte Heinrich Triebler, der ausgezeichnete Künstler, Schwiegersohn des Jubilars, seine Collegen. Und in einer höchst gelungenen, aus Titeln von Stücken zusammengesetzten Pièce
schilderte Emil Thomas die Leiden und Freuden des Theater-
Directors. Im Leben unsers Maurice haben freilich, wenn
man heute, gelegentlich der goldenen Hochzeit Thalia's, die
Bilanz zieht, die Freuden überwogen.

Jn der circa zwölfjährigen Periode, die seit jenem Haus-
Jubiläum bis zu dem nunmehrigen 50jährigen Directions-
Jubiläum verflossen sind, sahen wir ferner auf dieser Bühne
erfolgreich wirken: Dr. Julius Hübner (gest. 28. Octbr. 1878)
Carl Salomon, Marie Swoboda, Clara Heese, Anna Rossi

Clara Horn, Elvira Egli, Marie Barkany, Paul Jensen, Fanny Link, Gustav Kober, Frau Frenzel, Susanne Feust-Goethe, Carl Mittell, Hegel (gest.), Flashar, Hermann Nissen, Franz Siegmann, v. Kühns, Camilla Kirchhöffer, Ludwig May, Jenny Engelhardt, Capellmeister Catenhusen mit seiner Gattin, der beliebten Soubrette, Capellmeister Adolph Mohr u. s. w. Der geniale Charakter-Komiker Emil Thomas, der das Thalia-Theater verlassen hatte, um in Berlin Director des Woltersdorff-Theaters zu werden, kehrte an die hiesige Kunststätte zurück und blieb mit seiner Gattin, der liebenswürdigen und talentvollen Soubrette Frau Betty Thomas-Damhofer, bis zum Ende der Saison 1880—81 dem Thalia-Theater treu. Decennien hindurch wirkten ferner in Maurice' Diensten u. A.: die vorzügliche und beliebte Inspectrice Frl. Emilie Faller und das Orchester-Mitglied R. Berens, ein jetzt 72jähriger und noch immer tüchtig mitwirkender Flötist, der jetzt gleichzeitig mit seinem Director sein 50jähriges Jubiläum feiert. — Zu allen Zeiten sehen wir eine stattliche Genossenschaft ausgezeichneter Künstler und Celebritäten an dieser Bühne glänzen, und stets bleibt derselben ein tüchtiger bewährter Stamm erhalten in der unwandelbaren Gunst der Direction und des Publikums, — und die Lücken, die durch Todesfälle, Engagementswechsel und dergleichen entstehen, werden stets durch begabte neue Mitglieder glücklich ausgefüllt.

Manchem ausgezeichneten Mitgliede war es vergönnt, im Verbande dieses Theaters, unter schmeichelhafter Theilnahme des Chefs und der Freunde der Bühne, hohe Ehren- und Freudentage zu feiern. Heben wir hier einige besonders glänzende Erscheinungen aus neuerer Zeit hervor:

Die seltene Feier des 60jährigen Schauspieler-Jubiläums beging am 23. März 1865 der treffliche Darsteller Otto Bachmann, der im Jahre 1799 geboren, als sechsjähriger Knabe zuerst die Bühne betreten hatte und am 16. September 1817 sein Engagement am Thalia-Theater antrat (gestorben im Mai 1870). Einige Wochen später, am 12. April 1865 feierte Altmeister Heinrich Marr (geboren in Hamburg, 30. August 1797, gestorben hierselbst 16. September 1871) unter der Theilnahme der gesammten Künstlergenossenschaft und der Hamburger Bevölkerung sein 50jähriges Künstler-Jubiläum. Unmittelbar an die zweite Jubelfeier des Directors Maurice schloß sich — am 11. November 1868 — das Jubiläum der Frau Lucie Petzold, geb. Thiele, verw. Hübsch, der vorzüglichen Darstellerin bürgerlicher Mütter und komischer Alten, welche dem Thalia-Theater seit seiner Begründung angehört hatte (geboren 1816 in Berlin, gestorben 20. Februar 1880 in Hamburg). Im April 1872 wurde an mehreren deutschen Bühnen das 50jährige Künstler-Jubiläum des überall so hoch verehrten, als Darsteller, Schriftsteller und Regisseur so außerordentlich verdienten, am 29. Januar 1806 in Berlin geborenen Carl August Görner gefeiert; speciell am hiesigen Thalia-Theater fand die interessante Feier am 6. April statt und nahm hier einen besonders glänzenden Verlauf, — auch in diesem Falle betheiligte sich die ganze Stadt an den Ovationen für einen ihrer berühmtesten Mitbürger. — Am 5. Januar 1880 beging Emil Thomas unter vielen überaus ehrenvollen Ovationen die Feier seines 25jährigen Künstlerjubiläums.

Und das Jahr 1881 bringt nun das merkwürdigste, die Krönung aller Bühnenereignisse:

Cheri Maurice'
halbhundertjähriges Directions-Jubiläum!

Die würdige Gestaltung dieser beispiellosen Feier war eine
hohe Aufgabe, welche seit Jahresfrist in Hamburg und vielen
anderen Städten, wohin die Beziehungen der Direction und
des Personals des Thalia - Theaters reichen, weitgedehnte
Künstler- und Privatkreise beschäftigte. Vor Allem constituirte sich
hierorts eine Fest-Commission des Thalia-Theaters
aus folgenden Persönlichkeiten: Oberregisseur C. A. Görner,
Regisseur Franz Bittong, Wilhelm Hungar, Carl
Mittell, Franz Siegmann, Robert Lanius, C. F.
Mayer (als Vertreter des darstellenden Personals); Capell-
meister Adolf Mohr und Ferdinand Kültzau (für das
Orchester), C. Baetke (für den Chor), Decorationsmaler F. W.
Lucas als Vertreter des technischen Personals; diesen Mit-
gliedern des Theaters schloß sich der Kunsthändler August
Bock (in Firma Louis Bock und Sohn) an. Die Seele der
Commission war Herr Bittong, der sich, unterstützt von so
manchem ausgezeichneten Collegen, der Erledigung der laufenden
Geschäfte, deren Last bald riesig anwuchs, mit regstem Eifer
unterzog. Wenn man bedenkt, daß er gleichzeitig auch seinem
Beruf als Regisseur und Schriftsteller mit gewohntem Ernst
oblag, so muß man der rastlosen Thätigkeit dieses Mannes
mit besonderer Anerkennung gedenken. Nachdem im engeren
Kreise die Grundprincipien, die Basis der Ovationen, namentlich
derjenigen des Personals des Thalia - Theaters, festgestellt
worden waren, trat jene Commission mit ihren Kundgebungen
an die Oeffentlichkeit. Mit dieser Commission Hand in Hand
ging ein „städtisches Comité", welches zusammengetreten

war, „um den Antheil, welchen die Bevölkerung Hamburg's
an dem Jubiläum nimmt, einen würdigen Ausdruck zu geben".
Folgende hochgeachtete Bürger unserer Stadt gehörten diesem
Comité an: Freiherr von Westenholz (österr.-ungar.
Generalconsul), Dr. O. Schröder, Dr. Albert Wolffson,
Ed. Behrens jr., Gustav Godeffroy, Ferd. Jacobson,
Hugo Stammann, Siegmund Hinrichsen, Julius
Schlüter, Ed. A. Lippert, Anton May, Alfred
Kayser, J. C. T. Lanezzari.

Unter den vielen Comités, welche sich ferner an hiesigen
und auswärtigen Bühnen in diesem Anlaß bildeten, verdient
gewiß dasjenige des Hamburger Stadt Theaters besondere Beachtung. Ein vom Director B. Pollini, sowie
dem technischen Director W. Hock, den Regisseuren Robert
Buchholz und Carl Baum und dem Capellmeister Josef
Sucher unterzeichnetes Circular an den gesammten Personal-
Verband dieses Instituts forderte denselben zu gemeinsamer
Betheiligung an den zu veranstaltenden Ovationen auf und begegnete überall der gleichen Sympathie, so daß, wie erwartet,
das bedeutende Schwester-Institut, dem einst Maurice als Mit-
director vorgestanden, in der Lage ist, dem Jubilar wahrhaft
imposante Huldigungen darzubringen. Hier war es Wilhelm
Hock, der mit seinem vielbewährten Talent und Geschick das
Arrangement derselben in die Hand nahm. Er widmete dem
Jubilar eine sinn- und schwungvolle Fest-Hymne, in welcher die
Muse Thalia durch ihre acht Schwestern, in erster Reihe Melpomene, sowie Apoll vertreten durch die ausgezeichnetsten Mitglieder
der Pollini'schen Muster-Oper begrüßt und gepriesen wird.
Der geniale Componist und Capellmeister Sucher schrieb die

Musik zu dieser Dichtung für Soli, Chor und Orchester. Dank
der allseitigen werkthätigen Betheiligung, unter Aegide der
Direction, konnte unser Stadttheater auch hinsichtlich des Ehren-
Geschenkes in erster Reihe glänzen.

Gegen Schluß der vorigen Saison, im Mai d. J., erließ
die Fest-Commission des Thalia-Theaters eine würdig gehaltene
Einladung an Hunderte hervorragender Persönlichkeiten der
Bühnenwelt.

Diese Einladung fand natürlich überall die freudigste Zu-
stimmung, und wer immer die Zeit zu finden hoffte, den
Feierlichkeiten an Ort und Stelle beizuwohnen, acceptirte
mit größter Freude; die Anderen drückten in der verbindlichsten
Weise das Bedauern über ihre Verhinderung aus. Sämmtliche
Antwortschreiben bekundeten die tiefste Verehrung und Sympathie für den berühmten Director, — zumal diejenigen ehemaliger
Mitglieder seiner Bühne, denen derselbe nicht nur Chef, sondern
auch edler Gönner, Förderer und Freund gewesen. Besonders
herzlich äußern sich: Baronin Friederike Prokesch-Goßmann;
der bekannte Komiker Herm. Butterweck, jetzt Regisseur am
Hoftheater in Darmstadt, „wohl unbestritten das älteste noch
lebende active Mitglied des „Zweiten Theaters", und zwar
vom Jahre 1858"; Heinrich de Marchion (jetzt am Dresdener
Hoftheater), der vor 45 Jahren von Maurice angagirt wurde;
Baronin Bruck (Marie Boßler), W. Eichenwald, Zerline
Gabillon-Würzburg, Césarine Kupfer, Clara Heese, Julie
Lutze, geb. Herrmann, Emil Thomas und Frau, Friedr. Ludw.
Schmidt rc. — Ernst Possart, der Director des königlichen Schau-
spiels in München, avisirte namentlich eine Adresse von Seiten
dieses Instituts. Der greise Dichter Eduard von Bauernfeld schrieb

selbst mit zitternder Hand. Sehr anziehend sind auch die Antworten der Frau Haizinger und ihrer Tochter Gräfin Schönfeld (Julie Neumann), — der Berliner Haizinger: Frau Frieb-Blumauer, sowie einiger fremdländischer Celebritäten: des dänischen Kammerherrn Fallesen, Intendanten des königlichen Theaters in Kopenhagen, Franz Hedberg's, des bekannten schwedischen Dichters und Intendanten des königlichen Theaters in Stockholm, des Herrn Perrin, General-Administrators der ›Comédie française‹ und Mitglieds der Akademie in Paris, des französischen Dichters Emile Augier, dessen Stücke stets großen Beifall am Thalia-Theater fanden. Und so könnten wir noch viele erfreuliche Kundgebungen erwähnen, welche die Absender und den Jubilar zugleich ehren. Diese Briefe bilden in der That eine hochinteressante Autographen-Sammlung, die denn auch dem Jubilar als eine originelle Ehrengabe in einem kunstvoll-gestickten Album überreicht wird.

Nachdem nun die Liste abgeschlossen war, stand fest, daß nicht nur die größte Zahl der deutschen Theater, sondern auch die vorzüglichsten fremden Bühnen bei dem hohen Feste vertreten sein werden, und daß Hamburg in den ersten Tagen des October 1881 eine imposante Zahl der interessantesten Persönlichkeiten der Bühnenwelt: Künstler, Directoren, Intendanten, Schriftsteller, Publicisten ꝛc., in seinen Mauern vereinigt sehen wird.

Das Programm der Feier
des 50jährigen Jubiläums.

Dieselbe nimmt drei Tage in Anspruch und wird schon am 30. September durch eine Festvorstellung eingeleitet. Dieselbe eröffnet ein vom Altmeister C. A. Görner, dem

genialen Nestor der Bühnenschriftsteller und Darsteller, ver-
faßtes humoristisches Festspiel, welches reizende Ueberraschungen
bringt. Dasselbe ist betitelt: „Früher und Jetzt, ein Mosaik-
Festscherzspiel", und führt, wie diese Bezeichnung errathen
läßt, eine größere Reihe von Hauptfiguren und Scenen aus
älteren und neueren Repertoirstücken, Reminiscenzen und
Allegorien in reizvoller Verbindung vor. Es wirken in diesem
Festspiel neben Mitgliedern des heutigen Personal-Verbandes
folgende ehemals bei Maurice engagirt gewesene Persönlichkeiten
mit: de Marchion, Reinhardt, der einst renommirte
Napoleon-Spieler, und seine Frau, geb. Cludius, Butterweck,
Julie Lutze, geb. Herrmann, Emil Hahn, Friederike
Goßmann (Baronin Prokesch-Osten), Friedrich Ludwig
Schmidt, Emil Thomas und Frau, geb. Damhofer, Marie
Barkany, Marie Swoboda, Carl Salomon, Gustav
Kober, Eugen Staegemann, Franz Wallner, Anton
Anno. Als „Thalia" figurirt in diesem historischen Rahmen
Frl. Anna Rossi. Das gemeinsame Auftreten so vieler einst
gefeierter Künstler an der alten Stätte ihrer Wirksamkeit,
die für Viele die Wiege ihres Ruhms war, ist sicherlich
geeignet, eine sensationelle Wirkung zu üben. Dem Festspiel
folgt die Première des bis jetzt nur auf dem Probetheater in
Warmbrunn gegebenen neuesten fünfactigen Lustspiels von
Moser und Schönthan: „Unsere Frauen", in exquisiter Be-
setzung. — Nach der Fest-Vorstellung findet in den auf das
Glänzendste decorirten Räumen des Convent-Gartens
ein von der Fest-Commission veranstalteter großer Künstler-
Polterabend statt. Dieses Künstler-Fest, bei dem die
Logen für die Damen reservirt sind, bietet den fremden Ehren-

gästen ein gemüthliches Zusammensein im fröhlichen Künstler-
kreise, Vorträge ꝛc. Um vielfach ausgesprochenen Wünschen seitens
der Freunde des Theaters Rechnung zu tragen, sind zu diesem
Feste in beschränkter Anzahl Billets zum Preise von M. 10,
und zwar zum Besten der Hamburger Armen, ausgegeben
worden. Ballcostüm ist für die Festlichkeiten vorgeschrieben.
Die Decoration des Saales ist dem bewährten Geschmacke der
Herren Werner & Piglhein und des Herrn Tümler anvertraut.
Ferner hat ein Consortium hiesiger Künstler die Ausschmückung
der in einem Nebensaale eingerichteten „Münchener Kneipe"
übernommen. Die Zeichnung der Karten zu diesem Künstler-
Polterabend ist einer Skizze jener Rococo-Karte nachgebildet,
welche zu dem Hofball in Versailles anläßlich der Feier der
Vermählung des Dauphins am 24. Februar 1745 benutzt
wurde; nur ist das Wappen durch die Initialen des Namens
unseres Jubilars C. M. ersetzt. Die Rückseite der Karte zeigt
den Plan des Festsaals und die Namen der „Tafelmarschälle".

Die **Hauptfeier**, am 1. October, wird in der Frühe
durch einen großen **Morgensegen** eröffnet, zu welchem
Herr Capellmeister Michaelis sein bewährtes Orchester be-
reitwilligst zur Verfügung gestellt hat. Hierauf, um 10½ Uhr,
versammeln sich die Mitglieder der Thalia und die Ehrengäste
im festlich decorirten Theater zu den dem Jubilar darzu-
bringenden officiellen Ovationen. Die Festreden und die
Ueberreichung der Ehrengabe seitens der Mitglieder auf der
Bühne eröffnen die Feierlichkeiten. Das Personal widmet
seinem Chef einen höchst prachtvollen und kostbaren, in Silber,
Gold und Email ausgeführten **Ehrenschild**, auf welchem,
von Lorbeer umkränzt, die Namen von etwa siebenzig der er-

lesensten Mitglieder des Instituts, die demselben im Verlaufe eines
halben Jahrhunderts zur Zierde gereichten, verzeichnet sind.
Zahlreiche Persönlichkeiten, Deputationen ꝛc. überbringen dem
Jubilar Adressen, Glückwünsche und Geschenke, resp. hohe
Decorationen, die demselben von mehreren Potentaten verliehen
sind. Nach Beendigung dieser Ovation begeben sich die Mitglieder
und Ehrengäste in feierlichem Zuge nach dem Foyer des
Theaters, woselbst die Enthüllung der von dem städtischen
Comité gestifteten Maurice-Büste stattfindet. Nach dieser
Ceremonie wird das Foyer, in welchem neben der Büste auch
die Ehrenspenden ausgestellt sind, für das mit Einladungs-
karten versehene Publikum geöffnet.

Diese Ehrengeschenke sind in so enormer Zahl eingetroffen,
sie sind so prächtig, so mannigfaltig und so sinniger Art, daß
diese grandiose Collection von sichtbaren Zeichen allseitiger
Verehrung wohl Alles übertrifft, was auf diesem Gebiete jemals einer geschätzten und beliebten Persönlichkeit dargebracht
worden ist; sie bilden ein geradezu wundervolles Material zu
einer kunsthistorischen Ausstellung ersten Ranges.
Auch der Bühnenraum selbst wird durch ein von Hamburger
Privatiers, Künstlern, Architekten ꝛc. gestiftetes Decorations-
werk, einen neuen reich ausgestatteten Vorhang, geschmückt.

Am Abend des 1. October findet eine Gala-Vorstel-
lung mit anderem, aber gleichfalls hochinteressantem Programm
statt. Den Anfang macht ein von G. zu Putlitz, dem
Intendanten des Karlsruher Hoftheaters, verfaßter scenischer
Prolog. Es sind darin repräsentirt: Madame Ackermann
(Frau Größer), Friedrich Ludwig Schröder (Herr Kühns),
Demoiselle Dorothea Ackermann (Frl. von Pistor), Demoiselle

Charlotte Ackermann (Frl. Rossi), die Poesie (Frau Siegmann-
Kirchhöffer) und Thalia (Frl. Engelhardt). — Hierauf folgt
die Wiederholung der ersten, unter der Direction von Maurice
am 1. Oct. 1831 gegebenen, oben bereits registrirten Vorstellung.

Der Zettel des Tages bringt die Namen der vor 50 Jahren
und der bei der jetzigen Reprise in diesen Stücken beschäftigten
Künstler. Die Letzteren sind: 1) die Herren Görner, Nissen,
Hülsen, Frl. Horn und Frl. Meinecke; 2) die Herren Kühns,
Formes, Siegmann, Max, Frenzel, Helmerding und Drost und
die Damen Größer, von Meersberg, von Seedorf und Goethe;
3) die Herren Mittell, Formes, Lanius, Otto und Drost und
die Damen Rossi und Engelhardt. Nach der Vorstellung findet
im großen Sagebiel'schen Saale ein von dem städtischen Comité
veranstaltetes solennes Banket mit Damen statt, zu welchem
die Ehrengäste und die Mitglieder des Theaters geladen sind
und ferner Karten à 20 M. ausgegeben wurden. Diese
Karten sind gleichfalls künstlerisch hergestellt und namentlich
mit dem Portrait des Jubilars, einer Ansicht der Façade des
Theaters, dem Hamburger Wappen und allegorischem Zierrath
versehen. Die Rückseite zeigt den Plan des Saales.

Da es der Fest-Commission unmöglich war, der enormen
Nachfrage nach Billets zu der Gala-Vorstellung am 1. October
Genüge zu leisten, so finden am 2. und 3. October Wiederholungen
derselben statt. Die Billets zu dieser Festvorstellung sind
durch einen zierlichen Goldrand und Umschrift der wichtigsten
Daten markirt. Auch in den Aeußerlichkeiten sollten diese
Festlichkeiten ein charakteristisches und einheitliches Gepräge
zeigen; tragen doch die Mitglieder an dem Ehrentage ihres
Chefs sogar ein gleichartiges Abzeichen mit dem Namen Chéri!

In der That ist es die Gemeinsamkeit der Verehrung, der sympathischen Gefühle, welche dieses herrliche Fest adelt und demselben seine ethische neben der kunstgeschichtlichen Bedeutung verleiht. Und auch wir bringen nur zum Ausdruck, was in diesen Tagen Tausende von Herzen bewegt, wenn wir Heil und Segen auf das Haupt des allverehrten Directors Chéri Maurice herabflehen, um den sich jetzt die Bühnengenossen von nah und fern schaaren, wie eine Familie um ihr theures Oberhaupt. Mögen dem vorzüglichen Bühnenlenker noch viele glückliche Lebensjahre beschieden sein, damit seine Intelligenz und Energie noch lange dem Wohle des Instituts diene, das so fest in der Gunst der Bevölkerung wurzelt. Und möge sein Geist, der zielbewußt aus bescheidenen Anfängen so Großes gestaltete, auch in seinen würdigen Söhnen und tüchtigen, liebenswürdigen Mitarbeitern, den Herren Emil und Gustav Maurice, fortwirken, die berufen sind, dereinst das schöne künstlerische Erbe zu übernehmen und in seiner ideellen und materiellen Blüthe zu erhalten. Doch noch strebt und wirkt Tag für Tag mit der Frische eines Jünglings der ehrwürdige Vater und treue und sorgsame Gatte, der erprobte Führer und Berather einer trefflichen, in echter Collegialität vereinten Künstler-Gemeinde, deren geistige und materielle Interessen ihm gleicherweise am Herzen liegen. So gelte denn auch das Schlußwort dieses Capitels unserem Herzenswunsche, daß Chéri Maurice sich noch lange der Früchte seiner edlen rastlosen Wirksamkeit erfreue, daß der seltene Glanz, der von dieser herrlichen Feier der goldenen Hochzeit Thalia's ausstrahlt, noch recht lange den Lebensabend dieses hochverdienten, charaktervollen Mannes, unseres ausgezeichneten Mitbürgers, erhellen und verklären möge!

Director B. Pollini.

E s liegt ein eigener Reiz in dem „erſten theatraliſchen Verſuch", und man kann immerhin von Glück ſagen, wenn derſelbe nicht zugleich der erſte und — „letzte Verſuch" geblieben iſt. — Dies war nun in der That bei mir nicht der Fall: ich habe weitere theatraliſche Verſuche mannigfacher Art unternommen, bis ich nach weit-gedehnten Künſtlerfahrten zu längerer Raſt in den Freihafen von Hamburg eingelaufen bin, mit dem das Geſchick des nachbarſtädtiſchen ſo eng verknüpft werden ſollte, und mir ſcheint, daß der theatraliſche Zollanſchluß Hamburg's und Altona's noch kein deutſches Gemüth verbittert hat, — nobis bene nemini male! . . . . Zwiſchen meinem erſten Debut auf den Brettern der Metropole des Rheins und der Uebernahme der Direction in der nordiſchen Elb-Metropole liegt ein Zeitraum von ungefähr zwei Decennien. Am 11. December 1857 machte ich als blutjunger Mann in meiner altehrwürdigen Vaterſtadt Köln, wo ich vordem das Gymnaſium beſuchte und ſodann in dem angeſehenen Kauf-mannshauſe Elzbacher thätig war, meinen veritablen

1

„erſten theatraliſchen Verſuch", und zwar als Sir Richard
Forth in der dreiactigen Belliniſchen Oper „Die Puritaner".
Derſelbe fiel günſtig genug aus, um mich dauernd an das
Bühnenleben zu feſſeln; ich hatte fortan „Sitz und
Stimme" im Theaterſtaat, mit der Zeit auch im engeren
Rathe der Directionen. Seit jenem „puritaniſchen" Abend bin
ich dem Zauber des Bühnenlebens verfallen geblieben mit
Leib und Seele, mit dem Geiſt und dem Herzen, dienend oder
leitend, oder um mit dem Dichter zu reden: immer ſtrebend
zum Ganzen, und konnt' ich ſelber kein Ganzes ſein, mich an
ein Ganzes anſchließend; — häufig auch, was der Dichter
nicht ſagt, ſelber ein Ganzes oder ſogenanntes Enſemble
herſtellend, um mit vereinten Kräften zu wirken. Aber einen
Stillſtand gab es fortan nicht mehr für mich, denn auch in
der Kunſt, — das ſagte ich mir von früheſter Jugend an —
bedeutet jeder Stillſtand einen Rückſchritt. Der „Kampf um's
Daſein" muß auch auf den vielgenannten weltbedeutenden
Brettern, in dieſem geſtaltenreichen Mikrokosmos, geführt
werden, — ein Kampf, welchen der Laie zwar nicht durch
das Opernglas betrachten kann, welches ihm nur die holdeſten,
freundlichſten Bilder zeigt, den der Eingeweihte aber und
Alles was „vom Bau" iſt, bald genug auch ohne Mikroſkop
erkennt. Ich habe indeſſen Kampf und Opfer niemals
geſcheut, — das „Vorwärts" war allezeit meine Deviſe, die
ich mir immerfort wiederholte, und über das „enge Bretter-
haus" habe ich ſtets in die große Welt ſelbſt hinausgeſtrebt,
welche die Bretter nur bedeuten, — anfänglich, um meinen Ge-
ſichtskreis, ſpäter, um meinen — Geſchäftskreis zu erweitern,
und habe mir ſo allmälig einen hervorragenden Platz auch auf

Eisenbahnen und Dampfern erobert, — getreu dem alten
Spruch: „Rast' ich, rost' ich." Als eine Art Bretterwelt-
reisender begann ich von der deutschen Heimath aus meine
theils rein künstlerische, theils durch praktische Bestrebungen
potenzirte Thätigkeit im Herbst des Jahres 1865, und schon
diese erste Tournée, auf eigene Kosten und Gefahr war um-
fassend genug: sie führte mich weit über Land und Meer und
in ungefähr anderthalb Jahren habe ich, die Brust von frohen
Hoffnungen geschwellt, ein Odysseus des Theaters, viele
Menschen und Städte gesehen, die mannigfachsten Sitten und
den buntesten Scenenwechsel kennen gelernt, oder, um mit
Sr. Ehrwürden dem „Wanderer" Wotan in Wagner's „Sieg-
fried" zu reden: Auf der Erde Rücken rührt' ich mich viel. Aber
niemals haben dieses internationale, kosmopolitische Leben
und Treiben, die polyglotten Erfolge, zu denen ich damals
den Grund legte, meine deutschen Anschauungen und Ge-
wohnheiten und meine Liebe zu der damals weniger schönen
deutschen Heimath zu alteriren vermocht, wie ich denn auch
im Norden des deutschen Vaterlandes, in der freien Hanse-
stadt an der Elbe, schließlich das vornehmste Feld meiner Wirksamkeit mir erobert habe.

Als ich vor nunmehr 15 Jahren zum ersten Male die
große Wanderung begann, da lockte es mich zunächst nach
Paris, das nach Victor Hugo ja nicht nur eine, sondern
schlechtweg die Welt für sich, das Maß und Richtung gebende
Centrum des Weltalls, der Inbegriff der „Schöpfung" ist, zu
welcher die Seine-Babylonier nicht einmal die Haydn'sche
Musik gebrauchen. Von Paris reiste ich nach Mailand und
dann mit kurzem Aufenthalt wieder nach Paris zurück. Aber

auch diesmal war die französische Hauptstadt für mich nur
eine Durchgangsstation. Ueber Paris und London zog ich
nach dem freien Amerika und besuchte sämmtliche Hauptstädte
der Vereinigten Staaten: Newyork, Chicago, Cincinnati, Louis-
ville ꝛc. Aus dem großartigen Westen Nordamerika's kehrte ich
zu kurzer Rast nach Newyork zurück, dann besuchte ich die
herrliche Havannah, deren duftiges Kraut eine meiner
kostspieligsten Passionen geblieben ist.

Nachdem ich sattsam mich an der „Perle der An-
tillen" geweidet, bereiste ich Mexico, von dort kehrte ich über
die Havannah nach Newyork, dann — über Havre nach
Paris zurück. Und nunmehr versenkte ich mich tiefer in die
entzückenden Landschaften der schönen Italia, die lange genug
das Ziel meiner Sehnsucht und Gegenstand meines Lieblings-
studiums gewesen, in deren Zeichen ich Bellini-Puritanisch
begonnen und auf Flügeln des Gesanges — der göttlichen
Patti, der Diva Adelina, glücklich mich fortbewegt habe. Ich
betrachtete mit Bewunderung Mailand und Florenz, aber
immer weiter trieb mich der innere Drang, nach Civita
Vecchia, nach Messina, bis ich eines schönen Tages — am
„goldenen Horn" landete. Constantinopel und die Türkei
waren damals schon eine „sehr nette Gegend", und wenn man
den fatalistischen Glauben und die Geduld des Sultans oder
noch besser die der europäischen Großmächte besitzt, dann
kann man es sicherlich auch im Reiche der Padischahs, der
Muftis, der Roßschweife, der Tschibuks, Minarets und —
Harems zu etwas Bedeutendem bringen, aber ich hatte weder
die eine, noch die andere, und so verließ ich die „halbmond-
süchtige" Residenz, ging an Bord und fuhr durch's Schwarze

Meer, „mündete" in die Donau und durchfuhr die ganze
Länge des majestätischen Stromes bis in's Herz der Länder
der Stefanskrone, nach Pest, dieser reizenden Stadt, die nur
an der Praetension des „ungarischen Globus" schwer und,
wie es nach Schluß des Deutschen Theaters scheint, unheilbar
darniederliegt. Von Pest fuhr ich nach dem prächtigen
lebenslustigen und kunstfreudigen Wien, und als ich — „Fati-
nitza, was hast Du Alles durchgemacht?" — von Wien in
Lemberg ankam, wo ich — Qui si sana — meine italienischen
Hütten aufzuschlagen gedachte, war eben der Frühling des
Jahres 1867 in's Land gekommen. Alles blühte neu auf,
auch meine Hoffnung, obgleich ich aus der Noth eine Tugend
machen mußte. Denn an mein weiteres touristisches „Fort-
kommen" war vorläufig nicht zu denken; hatte ich doch, als
ich am 16. April in der galizischen Hauptstadt ankam, nicht
mehr als — 4 Kupferkreuzer im Vermögen! Dieses
Geständniß wird hoffentlich heute meinem Credit nicht mehr
schaden. Indeß, was ich außerdem besaß, war nicht gering
anzuschlagen: ungebrochener Muth, Vertrauen zu der Zukunft,
ja sogar schon zu der Gegenwart und eine Fülle von Ver-
bindungen, von persönlichen und künstlerischen Beziehungen,
von denen ich mir — und Anderen die höchsten Vortheile
versprach. Und so beschloß ich, bis auf Weiteres in Lemberg
zu bleiben, und dort übernahm ich zum ersten Male
selbstständig die Leitung einer italienischen Opern-
Gesellschaft. Das Glück hat mich bald begünstigt und
mich zu weiteren derartigen Unternehmungen ermuthigt, in
denen ich, wie man weiß, eine Reihe von Jahren hindurch —
ich darf es, ohne anmaßend zu erscheinen, behaupten — be-

deutende künstlerische und materielle Erfolge, den Beifall der
Höfe, wie des Publikums und der Presse errungen habe. Das
Geheimniß derartiger Erfolge beruht natürlich in erster Linie
in der Wahl der Kräfte, in der zweckentsprechenden Zusam-
menstellung der Gesellschaft und des Repertoirs. Von den
mannigfachen Schwierigkeiten, mit denen derartige Directionen
verbunden sind, will ich die Leser des „Dekamerone" nicht
unterhalten, ganz abgesehen davon, daß ich überhaupt recht
wohl in diesem Stadium die Skizzirung meines Lebenslaufes
abschließen könnte, dessen Fortsetzung ja ziemlich bekannt ist.
Aber an ein paar komischen Episoden, die noch dazu für das
Leben und Treiben auf diesem Kunstgebiete sehr charakteristisch
sind, will ich es doch nicht fehlen lassen. Unter Anderem
hatte ich einen Tenor, Sgr. S., engagirt, der mit einer
voluminösen und sympathischen Stimme begabt war. Leider
klang dieselbe bald angegriffen und krank, so daß er schließlich,
nachdem er nur ein Mal glücklich durchgekommen war, kaum
noch einen gesunden Ton hervorbringen konnte. Unter diesen
Umständen mußte ich natürlich auf diesen „Sänger" verzichten
und zahlte ihm eine Monatsgage aus. Nachdem er sein Geld
und seine Kündigung erhalten, überraschte er mich eines
Morgens in meinem Zimmer, als ich gerade im Begriffe war,
Toilette zu machen. Sgr. S., ein großer robuster Patron,
trat mit energischen Schritten auf mich zu und erklärte kate-
gorisch, aber mit heiserem Organ: „Ich fühle mich schon besser,
ich bleibe bei Ihnen und Sie zahlen mir wieder die Gage
aus!" Als ich dankend ablehnte, zog er im Nu ein ungeheures
Messer, fuchtelte damit in der Luft herum und bemerkte sehr
offenherzig: „Entweder Sie engagiren mich auf der Stelle,

oder ich steche Sie nieder!" Ich nahm diese Drohung des
Bramabas nicht ernst, ergriff aber ohne irgend ein Zeichen
der Furcht und des Schreckens — das Lavoir, aus dem ich mich
eben waschen wollte und goß ihm den ganzen Inhalt über
Kopf und Gesicht. Dieses kalte Sturzbad verfehlte seine
Wirkung nicht: Sgr. S. ließ das Messer sinken und lief
spornstreichs davon, aus gepreßter Kehle ein über das andere
Mal rufend: ›O Dio, o Dio, — mia voce! la perdero!‹
Der Aermste, — er hatte längst seine Stimme verloren, als
er mir sein „schneidiges" Ultimatum stellte.

An Capricen aller Art war natürlich in keiner Stagione
Mangel. Zu einer großen Virtuosität hatte es in dieser Richtung die im Uebrigen vortreffliche Primadonna R. gebracht.
Einmal ließ sie sich am Mittag um 2 Uhr plötzlich krank
melden und erklärte sich absolut unfähig, am Abend die
„Norma" zu singen. Die Vorstellung war längst in den
Zeitungen und an den Straßenecken affichirt, das Haus ausverkauft, meine Verlegenheit somit eine peinliche. Da bin ich
denn nach einigem Grübeln auf eine Kriegslist verfallen,
welche ihren Zweck auf's Beste erfüllt hat. Signora R. hatte
einen heillosen Respect vor der deutschen Polizei, die sie für
ein ganz grausames Corps hielt, und vor aller bewaffneten,
uniformirten, überhaupt amtlichen Macht, und sie kannte
nichts Fataleres als eine Berührung mit der „hohen Obrigkeit". Auf diesen Widerwillen baute ich meinen Plan; ich
bestellte mir einen jener schwarzlockigen polnischen Jünglinge,
die sich stets beim Theater herumtrieben, steckte ihn in feierliche Tracht, wobei Frack und weiße Cravatte die Hauptrolle
spielten, staffirte noch zwei andere Individuen ähnlich aus,

beschwerte sie auch mit ein paar gewichtigen Actenbündeln,
trug ihnen auf, in der entscheidenden Scene die nöthige strenge
Amtsmiene zu zeigen und schickte sie, mit allen weiteren Instructionen versehen, in die Wohnung der widersetzlichen
Sängerin. Die Intrigue ging denn auch effectvoll von Statten.
Die heilige Dreieinigkeit machte mit beängstigender Würde
ihre Aufwartung bei der tödtlich erschreckten Signora, ließ sich
an ihrem Tisch nieder und nahm unverzüglich ein ausführ-
liches Protokoll über den „Stand der Angelegenheit" auf,
während die Sängerin, die kaum ein Wort verstand und nur
begriff, daß es sich um eine gewaltige „Haupt- und Staats-
action" handelte, einer Ohnmacht nahe war. Einer der drei
unheimlichen Männer schlug mit einem Stöckchen auf jeden
Koffer, so daß Sgra. R. bereits eine förmliche Beschlagnahme
ihrer Effecten befürchtete. In diesem verhängnißvollen Augenblick erschien ich auf der Bildfläche; die verzweifelte Sängerin
stürzte weinend auf mich zu und klagte mir ihre Noth in
bitteren Worten. „Ja, ja", sagte ich achselzuckend, „das ist
schlimm, aber auch der Chef des Theaters ist schlimm daran,
wenn die Stagione mit solchen Unterbrechungen beginnt; er
wird sich wohl an Ihre Sachen halten, wenn Sie ihn im
Stich lassen. Ich rathe Ihnen: versuchen Sie heute zu
singen, sonst giebt's eine Menge Scheereien und wir kommen
nicht vor einem Vierteljahr von hier fort!" — Das half, nach
kurzer Ueberlegung erklärte Sgra. R. mit edler Todesverachtung: „Gut, so will ich denn singen, und wenn ich daran
sterben muß!" Ja ihre Güte erstreckte sich nun sogar auf die
Ueberreichung von zwei Gulden an jeden der drei „Beamten",
als dieselben endlich abzogen, und mir gegenüber hat sie sich

sogar bei einer Conventionalstrafe von 500 Frcs. für jeden
verschuldeten oder unverschuldeten Fall schriftlich verpflichtet,
nie mehr eine Vorstellung zu stören. Das war viel mehr als
ich erwartet hatte. Und in der That hat Sgra. R. nie mehr
absagen lassen.

Unter den vielen Reise-Abenteuern, die ich erlebt habe,
gehört folgendes zu den tragikomischesten. Ich machte mit der
berühmten Alboni eine Concert Tournée durch Frankreich.
Wir saßen Nachts, unserer sechs, in einem Eisenbahn Coupé
und bald sanken wir in Schlummer, der sich zum festen Schlaf
entwickelte. Während der Fahrt verlöschte plötzlich das Licht;
die Alboni wachte zuerst auf und war von der tiefen Finsterniß,
die sie umfing, unangenehm überrascht; sie weckte uns und
auch wir waren ob der Dunkelheit recht verstimmt, ungleich
mehr aber darüber, daß auch der Zug still gestanden war.
Das war denn doch ein unerträglicher Zustand, — wir schrieen
aus vollen vereinten Leibeskräften durch's Fenster, die Stimmen
verhallten spurlos, Niemand hörte uns. So vergingen Stunden
der Angst, die dadurch noch gesteigert ward, daß wir uns die
Katastrophe gar nicht erklären konnten. Endlich, als der
Morgen graute und auf einmal auch in ziemlicher Entfernung
ein Licht schimmerte, wurde uns die Situation klar, fiel es uns
wie „Schuppen" von den Augen. Kurz vor irgend einer Station
war nämlich das Coupé-Licht erloschen, die Bahnarbeiter
hielten den Waggon für leer und schoben denselben mit seiner
theuren Last ohne Weiteres in einen Schuppen. In diesem
hatten wir fast die ganze Nacht verbracht, und waren so zwar
vor Entgleisung und sonstigen Eisenbahn-Gefahren geschützt,
hatten dafür aber auch nicht rechtzeitig unser Ziel erreicht,

und das für den nächsten Tag angesetzte Concert war natürlich für uns und das verehrliche Publicum verloren. — Ich schließe mit einer kleinen Mittheilung, die vielleicht für einige meiner geschätzten Collegen einer moralischen Nutzanwendung nicht entbehrt. Bei einer meiner Gesellschaften waren zwei rivalisirende Tenoristen engagirt, welche beide die Ambition hatten, fortwährend in denselben Rollen aufzutreten. Ich habe sie einfach um dieselben — Karten spielen lassen und hatte dann, wenn sie um die Partie ihr „Partiechen" gemacht hatten, wiederum Ruhe vor ihrem unheimlich glühenden Ehrgeiz. Ja, ihr Kartenspiel hat mir beinahe besser gefallen, als ihr theatralisches.

Director Maurice.

Gern würde ich einen ausführlichen Beitrag in das „Hamburger Dekamerone" liefern, wenn ich das nöthige Material bei der Hand hätte. Leider habe ich aber versäumt, ein Tagebuch zu führen, so daß ich nicht in der Lage bin, in chronologischer Folge manche interessante Episoden aus meinen bald 50jährigen Erlebnissen zu erzählen; mein Gedächtniß läßt mich hierbei im Stich. So ohne Leitfaden muß ich mich aphoristisch fassen. Meine liebsten Erinnerungen datiren eigentlich von der Zeit der Gründung des Thalia-Theaters, also vom Jahre 1843 an. Ich will nicht der unglaublichen Hindernisse, welche mir von dem Augenblicke an, wo das Thalia-Theater an Bedeutung gewann, in den Weg gelegt wurden, erwähnen. Ich will nur von angenehmen Dingen reden. Mit unendlicher Mühe und Ausdauer gelang es mir nach und nach, meine conservativen Mitbürger zu überzeugen, daß im Thalia-Theater eine anständige Comödie gespielt werde. Der Zufall wollte es, daß eine Reihe von bedeutenden Talenten sich bei mir Geltung verschafften. In Folge dessen wurde ich K. K. Oesterr. Hofburgtheater-

Lieferant wider Willen! Nach und nach lieferte ich: Bogumil
Dawison, Marie Seebach, Zerline Würzburg (Frau Gabillon),
Marie Boßler, Friederike Goßmann, Helene Schneeberg (Frau
Hartmann), Charlotte Wolter, Antonie Janisch u. A., — lauter
hervorragende Talente, welche das Glück hatten, von dem
Theater-Edison, Heinr. Laube (wie er sich in seiner bekannten Bescheidenheit ausdrückt) „erfunden" zu werden! Unter
allen diesen Kunstnotabilitäten haben mich Bogumil Dawison
und Friederike Goßmann am meisten interessirt. Beide waren
außergewöhnliche originelle Künstlernaturen. Der ·polnische
Künstler Bogumil hatte sich vorgenommen, deutscher Schauspieler zu werden. Mit einer Empfehlung von Louis Schneider
versehen, kam er zu mir. Sein polnischer Dialect war so auf-
fallend stark, daß ich es kaum für möglich hielt, ihn auftreten
zu lassen. Da fiel mir das Maltitz'sche zweiaktige Schauspiel:
„Der alte (polnische) Student" ein. Ich ließ ihn den Zolky
studiren. Nun ging es zur Theaterprobe. Gleich nach der
ersten Scene engagirte ich ihn fest auf drei Jahre. Nach
einigen Monaten, bei anstrengendstem Fleiße, war sein Dialect
fast ganz verschwunden, und bald wurde er der erklärte Liebling
des Publicums. Bogumil hatte leider den Fehler, welcher sehr
vielen seiner Kunstgenossen anhaftet, nämlich gerade das
spielen zu wollen, wozu er sich am wenigsten qualificirte. Mit
großer Vorliebe spielte er die Liebhaber- und Bonvivantrollen,
obschon seine nichts weniger als schöne Persönlichkeit und sein
etwas näselndes Organ ihn gewiß dazu nicht beriefen. Während
er als Zolky, Bonjour, Lord Harleigh, Lumpensammler, Bam-
boche u. a. das Unübertreffliche leistete, war er als Don Carlos,
Benedikt, Perrin, Reinhardt (in „Dorf und Stadt") ꝛc·

mittelmäßig. — Apropos Reinhardt. Es war eine seiner
Lieblingsrollen. Ich erinnere mich dabei eines kleinen Vorfalls.
Bei der ersten Vorstellung von „Dorf und Stadt", in der Scene
des zweiten Actes, wo das Lorle ihm ihre Liebe offenbart,
wollte er seine Empfindungen pantomimisch ausdrücken; das
that er auch, indem er beide Hände auf seine Brust preßte,
sich dabei wie ein Wurm krümmend und ein Gesicht schneidend,
als ob er in eine Citrone gebissen hätte. „Wenn Sie das
Fratzenschneiden nicht nachlassen," rief ich ihm von der ersten
Coulisse aus zu, „so werf' ich Ihnen etwas an den Kopf!"

Dawison's Fleiß war außerordentlich. Seine Ausdauer,
wie der folgende Fall es darthut, nicht minder erstaunlich.
Er hatte das Unglück, ein etwas schiefes Bein zu haben.
Wohl wissend, daß ein Liebhaber, welcher er einmal sein
wollte, mit krummen Beinen keine Sympathie erwecken kann,
beschloß er, in ein orthopädisches Institut zu gehen. Ein volles
Jahr lag er auf einem Streckbette, und siehe da, nach dieser
Pferdekur blieb sein linkes Bein gerade — ebenso schief wie
früher! Man sah doch seinen ernsten eisernen Willen.

In denselben Fehler der Unkenntniß ihrer selbst verfiel
meine liebe geniale Friederike Goßmann. Ich lernte sie bei der
Birch-Pfeiffer kennen. Sie hatte eben das Königsberger
Engagement verlassen. Ich forderte sie auf, mir vorzuspielen.
In einigen Scenen des Gretchen ließ sie mich völlig kalt, dagegen
entzückte sie mich in einigen Scenen der Marianne in Goethe's
„Geschwistern". Ich schlug ihr für das Fach der naiven und
munteren Liebhaberinnen einen längeren festen Contract vor.
Darauf wollte sie nicht eingehen. „Wo bleiben Gretchen,
Clärchen, Julia?" sagte sie. Ich suchte so zart als möglich, ihr

plausibel zu machen, daß ihr sprödes Organ und ihre ganze
Persönlichkeit sich für die idealen Gestalten der Tragödie durchaus nicht eigneten, daß sie mir vielmehr für das muntere,
naive Fach prädestinirt erschien. Nur nach großer Mühe und
unterstützt von der Birch-Pfeiffer, gelang es mir, sie zu bestimmen,
die Tragödie fahren zu lassen. Was wäre aus der Goßmann
geworden, wenn sie ihren tragischen Schrullen gefolgt wäre?

Wenn ich bei dieser Gelegenheit richtig prognosticirte, so
hat mich mein Scharfblick ein anderes Mal schmählich im Stich
gelassen. Im Winter 1859/60 veranlaßte mich mein alter
Wilke, seine arme Nichte zu engagiren. Es war eine kleine,
gedrungene, semmelblonde, etwa 15 jährige Novize. Ich versuchte
sie in allen möglichen kleinen Rollen, aber ohne jeden Erfolg,
die kleine ungeschickte Pute war nicht zu gebrauchen. Bei einer
Aufführung der Kotzebue'schen „Pagenstreiche", worin sie eine
kleine Dienstmädchenrolle spielte, machte sie mich durch ihre
Tölpelhaftigkeit und Ungeschicklichkeit so rabiat, daß ich ihr
entgegen rief: „Du bist doch der größte S.....f, der mir
je vorgekommen!" Ich entließ sie bald. Nach kaum drei bis
vier Jahren las ich in den Blättern von einer jungen Künstlerin,
die großes Aufsehen machte. Das war meine als unheilbar
Entlassene. Aus dem „größten S.....f" wurde eine der
größten Schauspielerinnen ihres Genres. Ihr Name ist

Hedwig Niemann-Raabe.

Wie stehe ich nun mit meinem sogenannten Scharfblick da?!

In meinem langen Theaterleben habe ich Vielen geholfen —
der Dank blieb stets aus. Nur eines Ausnahmefalls erinnere ich
mich mit wahrem Vergnügen. Ein Schauspieler, Namens Döbbelin,
gastirte vor ungefähr 40 Jahren auf meinem kleinen „Hof"-Theater

in der Steinstraße. Das Gastspiel führte nicht zum beabsichtigten Engagement. Der arme Kerl hatte die geringe Monatsgage verzehrt und war nun von allen Mitteln entblößt.

„Herr Director", sagte er mir, „ich bin in der größten Verlegenheit, helfen Sie mir mit Reisegeld. Ich verspreche es Ihnen, so bald ich es kann, unaufgefordert zurückzuerstatten. Sie verpflichten einen dankbaren Menschen!"

Der arme Bursche dauerte mich, ich gab ihm einige 30 Mark. — Vier bis fünf Jahre vergingen, von Döbbelin keine Spur. Den Vorschuß hatte ich längst „zu den übrigen gelegt," als plötzlich ein Geldbrief in meine Hände kam, in welchem Döbbelin sich der Verzögerung wegen entschuldigte. „Er habe das Geld nicht früher erübrigen können!"

In 49 Jahren ist Döbbelin von den zahlreichen Schauspielern, welche beim Verlassen meines Engagements noch einen Rest schuldig blieben, der e i n z i g e, der sein Wort gelöst hat!

C. A. Görner.

An den Herausgeber.

Verehrter!

ch soll Ihnen aus meinem Leben
Eine Episode zum Besten geben?
Soll ich nun dabei, wie so Mancher es thut,
Mich loben? — Ach, Eigenlob duftet nie gut,
D'rum — „episodire" ich nicht. Nehmen Sie
Dafür meine vollständige Biographie, —
Und ist die an Umfang und Selbstlob zu reich,
Dann streichen Sie Umfang und Selbstlob sogleich.

Ich bin ein ganz echtes Berliner Gewächs,
Geboren „Eintausend achthundert und sechs.".
Zur Bühne ging ich mit dem sechszehnten Jahr.
Mein Vorbild und Leiter der Devrient war,
Der Ludwig! — Sofort bei der ersten Lection,
Erhielt ich vom Meister zwei Ohrfeigen schon,
(Es folgten dann später noch mehrere nach,)
Weil stets ich statt „Gut bin ich", „Jud bin ich" sprach.
Er wollte zum Ritter mich ohrfeigen, doch —
Ich ward nur ein Knappe, und der bin ich noch.

2

Als Knappe ging's knapp mir, doch knappt ich mich durch.
Man machte mich endlich im Land Mecklenburg —
(Nachdem ich schon mit dem achtzehnten Jahr
Director der Köth'ner Gesellschaft war)
Zum Hoftheater-Directeur.
Jetzt bin ich bei Chéri Maurice Regisseur
Und hab' in effectu bedeutend zu thun
In Stücken, die schon seit geraumer Zeit — ruh'n.

Nun wissen Sie Alles. — Nein — 's fehlt noch der Schluß:
Ich ritt, zügellos, oft den Gaul „Pegasus";
Befasse mit Märchen mich gern, wie Ihr wißt,
Weil's ganze Leben ein Märchen nur ist.
Hab' hundert und sechszig Comödien geschrieben,
Von denen man heute noch einige sieht, —
Bin trotzdem ein ganz armer Teufel geblieben,
Und das ist das wirkliche Ende vom Lied.

Wilhelm Hock.

ielfache Anekdoten und Theaterscherze existiren ja
schon über Schiller's „Räuber", — auch die
neueste — wonach der alte Moor seinen Sohn
Franz beim Beginn der Vorstellung ganz gemüthlich fragte:
„Ist Dir auch wohl, mein Sohn?" und der erstaunte und
verblüffte Franz zögernd antwortete: „Ganz wohl, mein Vater,
und Ihr?" wird wohl seit dem 8. Januar 1876, da dieser
Scherz sich factisch ereignete, seinen Weg durch die deutschen
Theatergarderoben — die der Stammsitz jedweden Theater-
humors — gemacht haben; allein eine „Räuber"-Vor-
stellung, wie ich sie im Frühjahr 1864 erlebt habe, dürfte
ihresgleichen wohl nicht aufzuweisen haben.

Das neu erbaute Stadttheater in R. war in jenem Winter
eröffnet und am Schlusse der Saison wurde noch 4 Wochen in
M., einem kleinen Städtchen einige Meilen von R., gespielt.
Das Schauspielhaus daselbst war in einem höchst trübseligen
Zustande, und zumal im strengen Winter, wo die W.'sche
Theatergesellschaft dort Vorstellungen gab, sah man das
Publicum in Schuppenpelzen und großen Decken im Theater

sitzen; — die Damen stellten auch wohl sogenannte Feuerkieken mit Holzkohlen unter ihre Füße, um das Erstarren der Gliedmaßen zu verhindern. Bei einer Vorstellung der Birch-Pfeiffer'schen „Grille" hatten die Schauspieler über ihre Bauernanzüge — Ueberröcke und Pelze angezogen, um sich vor der furchtbaren Kälte zu schützen, und öffneten diese Oberkleider ab und zu während der Scene, um zu zeigen, daß sie darunter im Costüm waren. Das Haus war nur eine Holzbaracke und konnte eben nicht genügend erwärmt werden. Als nun die Stadttheater-Mitglieder von R. nach M. kamen, curfirten natürlich sofort die haarsträubendsten Erzählungen, die unsere Lachlust herausforderten, und da unsere vorgesetzte Theater-Behörde, das Comité, wie der technische Leiter des Unternehmens Director Dr. H., ohnehin den Aufenthalt in M. nicht dazu ausersehen hatten, um glänzende Geschäfte zu machen, so betrachteten auch wir den Aufenthalt daselbst mehr im rosigen Licht des hereinbrechenden Frühlings und freuten uns der schön verlebten Tage, die uns, im gesellig-collegialen Kreise vereint, nur zu schnell verrannen, umsomehr, da wir nur bereits gespielte Opern und Stücke zur Darstellung brachten — also mit Proben uns nicht zu quälen brauchten.

An einem bestimmten Tage nun wurde nach altem Brauch und Herkommen — zur Festesfreude des Pferdemarkt-Publikums — stets eine Mittags-Vorstellung gegeben, die um 12 Uhr begann, aber um 2 Uhr — bei Anfang des Gottesdienstes in der nahegelegenen Kirche — beendet sein mußte. Wir hörten zwar, daß diese Vorstellungen nie gut besucht wurden, aber es war jedes Jahr so und deshalb mußte es auch diesmal wieder so sein. Schiller's „Räuber" waren angesetzt —

das versammelte Auditorium bestand ungefähr aus zwanzig bis dreißig Personen, unter denen sich einige „Freiberger" und überdies meistens gute Bekannte und Freunde der Darsteller befanden. Draußen war das herrlichste Wetter und lud uns in's freie — jedoch wir sollten mimen. Unser Director hatte wohl das leere Haus gesehen, meinte aber, es müsse dennoch gespielt werden, da das Comité für diese Vorstellung dem Magistrat contractlich verpflichtet sei, — aber wir könnten ja streichen und Sprünge machen wie wir wollten, damit die Komödie früh zu Ende sei; das wäre uns're Sache. Gesagt — gethan! Das war Wasser auf uns're Mühle! — Leider war unser Franz „ein forscher Spieler" und ließ sich in der ersten Verwandlung nichts streichen, aber nun kam die Wirthshausscene.

Karl tritt auf: kurzer Monolog, da kommt Spiegelberg dazu und nach wenig Worten schon stürzt Schwarz in's Zimmer und: „Bruder! Bruder! Ein Brief!" rufend, über-giebt er Karl'n denselben, der wiederum sogleich nach „Meines Bruders Hand!" abrennt.

Kaum hatte Roller den Brief zu Ende gelesen, kommt auch Karl wieder herein:

„Menschen — Menschen! falsche heuchlerische Krokodilen-brut!" 2c. 2c.

Schon nach dem ersten Absatz dieses Wuthausbruches fällt ihm Roller in's Wort: „Laß dich doch weisen! Komm' mit uns in die böhmischen Wälder! Wir wollen eine Räuberbande sammeln — und Du — sollst unser Hauptmann sein!"

Karl: „Räuber und Mörder! So wahr meine Seele lebt! Ich bin Euer Hauptmann!"

Alle: „Es lebe der Hauptmann!"

Karl: „Nun denn, so laßt uns geh'n! Jeden ereilt endlich
sein Tag, es sei auf dem weichen Kissen von Flaum oder im
rauhen Gewühle des Gefechts oder offenem Galgen und Rad!
Eins davon ist unser Schicksal!" Actus.

Die ganze Verwandlung hatte circa fünf Minuten gespielt.

Zweiter Act: Franz war wieder unerbittlich und sprach
Alles. Hermann machte zwar schüchterne Sprungversuche,
allein vergebens — er konnte nicht durchdringen; — da kommt
die Verwandlung der großen Räuberscene: Vorhang auf!
Alle Räuber stürzen mit Karl auf die Scene: „Freiheit! Freiheit!
Du bist im Trocknen, Roller!" Man sieht sich jedoch vergebens
nach Roller um, — der war garnicht da, sondern saß noch oben
in der Garderobe und schminkte sich die nöthige Todesbläße.
Da faßte sich Spiegelberg resolut und rief sofort: „Seht, da
kommt schon so ein Hetzhund der Gerechtigkeit angestiegen!"

Mit diesem kühnen Sprung waren wir also schon bei der
Paterscene. Der eigentliche Darsteller dieser Rolle aber hatte
sich um 12 Uhr, da er das leere Haus gesehen und im
Glauben, es werde doch wohl nicht gespielt werden, beim
Director entschuldigt und, Kopfschmerzen vorschützend, sich nach
Hause oder auf einen Spaziergang begeben — böse Zungen
behaupteten jedoch, er sei zu einem solennen Frühstück geladen
gewesen. Genug — es war total vergessen worden, diese
Rolle zu besetzen und im letzten Augenblick wurde schnell unser
College T., der eine andere kleine Rolle inne hatte, in die
Paterkutte hineingesteckt und dem Aengstlichen zuversichtlich
gesagt: „Du kommst über Deine erste Phrase nicht hinaus —
dann wirst Du 'rausgeworfen!" Er riskirte es, und, muthvoll
auftretend, sprach er:

„Mit Eurer Erlaubniß, Ihr Herren! Mich sendet die hohe Obrigkeit, die über Leben und Tod spricht, und draußen stehen Siebenzehnhundert, die jedes Haar auf meinen Schläfen bewachen!" Den Hut von dem total kahlen Schädel herabnehmend, flüsterte er uns zu: „Nun schmeißt mich aber 'raus!"

Unserm Karl war aber plötzlich eine neue Nuance eingefallen, um unserer Lachlust weiteren Stoff zu geben, und, sich auf seinen Degen lehnend, sprach er ganz ernsthaft zu dem erschrockenen Pater: „Nun, mein Herr! Was läßt mir der hochlöbliche Magistrat durch Sie kund machen?"

Das war unserm Pater aber gegen die Verabredung und er flüsterte uns wieder ängstlich zu: „Aber schmeißt mich doch 'raus!"

Die Räuber hatten jedoch schnell das Komische der Situation erfaßt und traten ihm ruhig lächelnd entgegen: „Sprechen Sie, Herr Pater — was haben Sie uns zu sagen?"

Unserm Pater rann der dicke Angstschweiß über das urkomisch verdutzt d'reinschauende Gesicht, und verlegen stotternd, repetirte er seine erste Phrase nochmals, worauf ein schallendes Gelächter erfolgte und wir wider Willen in Schweizer's Ruf einstimmten: „fort mit Dir, Du Canaille!" und hinaus wurde er befördert; aber nicht nur in der Coulisse schimpfte er, auch noch in der Garderobe und die nächsten Tage hindurch hatten wir von seinen Zornesausbrüchen zu leiden, da er uns die Todesangst, die er ausgestanden, nicht vergeben konnte. Kaum war der arme gequälte Pater unter allgemeinem Gejauchze abbefördert, donnerte Karl seine Schlußworte — der Vorhang fiel und die ganze große Räuberscene hatte wiederum vielleicht höchstens drei Minuten gedauert.

Um nun weitere Kürzungen vorzunehmen, hatte Karl Moor

vorgeschlagen, sogleich nach der ersten Hälfte von Kosinsky's
Erzählung nach Franken aufzubrechen, — allein man hatte
die Rechnung ohne den spielwüthigen Kosinsky gemacht. Als
dieser den ersten Abschnitt seiner Erzählung mit den Worten
endete: „Im Kampfe zwischen Ehre und Liebe entschied sie für
das Zweite und ich war gerettet!" sprang Karl Moor auf
und mit dem Rufe: „Auf! hurtig! Alle! nach Franken! In acht
Tagen müssen wir dort sein!" stürzen Alle von der Scene, im
Glauben, der Vorhang falle. Aber nur zur Hälfte kam er
herab, denn Kosinsky stand mannhaft vorne und hielt mit
emporgerecktem Arm den fallenden Vorhang auf. Was sollte
in dieser peinlichen Situation geschehen? — man zieht ihn
langsam zögernd wieder auf und — Kosinsky spricht seine
Rede weiter: „Da stand ich wie von tausend Donnern getroffen!" 2c. 2c. bis zum Schluß „und sich unter das Joch des
Despotismus krümmen muß."

Nun war aber unser redeluftiger Kosinsky wirklich zu
Ende und er wußte nicht, da er vergebens einen Applaus
erwartend, sich verlegen auf der Bühne umsah, was er allein
da noch beginnen sollte. Doch siehe da — die Rettung winkt —
ein vereinzelter Räuber ist langsam zurückgekehrt und lehnt,
melancholisch blickend, an den Baumstamm einer Coulisse.
Es war ein von uns Allen wegen seiner lakonischen Einfälle
und seiner trockenen Komik sehr beliebtes Mitglied, das
im Chore zweiten Baß sang. Dieser nun rief plötzlich dem
staunend sich umschauenden Kosinsky im tiefsten Baß und
etwas angesächseltem Dialect gemüthlich zu: „Sie, Kosinsky, nu
wollen wir aber en bischen nach Franken: der Hauptmann
ist schon lange voraus!"

Der Vorhang überschlug sich ebenfalls unter homerischem Gelächter, wie alle Collegen in den Coulissen sich vor Lach-krämpfen nicht zu halten wußten. Die Situation war eine ungemein komische und hatte auch die wenigen Zuschauer, die den Zusammenhang sofort begriffen hatten, mit angesteckt, und Held Kosinsky wurde unter dem donnernden Applaus der im Auditorium und auf der Bühne Befindlichen dreimal so hervorgejubelt, wie er es sich nicht besser wünschen konnte.

Bei dieser losgelassenen Heiterkeit war es selbstverständlich, daß auch alle übrigen noch bekannten Räuberscherze in der Folge mit angebracht wurden — die unsinnigsten Versprechen wurden geliefert — der alte Moor sang das Räuberlied im Thurm — allein — mit. Franz wurde viel zu früh aus dem Schlosse abgetragen, dann wieder in der Verwandlung sofort beim Auftreten in den Thurm geworfen, und factisch wurde diese Räubervorstellung mit den unglaublichsten Sprüngen, Strichen, Versprechen und Allotrias in kaum 2 Stunden zu Ende gespielt. Noch oft haben wir uns, wenn sich Collegen aus jener Zeit im gemüthlichen Kreise zusammenfanden, an jene überaus heitere Episode in M. erinnert.

F. W. Hock

Eugen Gura.

o will ich's denn versuchen, in mein Leben „hineinzu-
greifen". Ob ich durch diesen Griff für ferner Stehende
etwas Interessantes erfasse, ist eine andere Frage.
Mein Leben wurde nicht unterbrochen von mannigfachen
Wechselfällen, und mußte ich mich auch manchmal ein bischen
anstrengen, so kann ich doch nicht von heißem Ringen im
Kampfe um das Dasein, ja nicht einmal von interessanten
Abenteuern berichten.

Ich wurde am 8. November 1842 in einem kleinen ab-
gelegenen Dorfe im nordwestlichen Böhmen, in Pressern bei Saaz
an der Eger geboren, woselbst mein Vater vom Jahre 1857 bis
1874 das bescheidene aber mühevolle Amt eines Volksschullehrers
bekleidete. Meinem Vater war durch die Ungunst der Verhältnisse nicht vergönnt, das zu erreichen, wozu ihn seine Talente
und sein unermüdliches Streben berechtigten; daher war er nach
Kräften bemüht, mir, seinem einzigen Sohne, ein besseres Loos
zu schaffen. Von früher Jugend auf wurde meine Erziehung
mit eiserner Strenge gehandhabt; meist auf so nachdrückliche
Weise, daß ich in die musikbeflügelten Worte: „O selig, ein

Kind noch zu fein", niemals so recht mit Ueberzeugung ein-
stimmen konnte.

Mein Vater, ein tüchtiger Musiker, ertheilte mir von
meinem fünften Jahre an, außer den gewöhnlichen Schulstunden,
regelmäßigen Clavierunterricht und brachte es mit mir auch
bald so weit, daß ich in meinem achten Jahre von den benachbarten Schullehrern in Betreff des Clavierspiels, als eine Art
Wunderkind angestaunt wurde. Nebenbei erwachte aber die
Neigung zu einer andern Kunst in mir, zu welcher die Anregung
am allerwenigsten von meinen Aeltern ausgehen konnte. Ich
war kaum des Schreibens kundig, als ich schon zahlreiche Blätter
mit bildlichen Darstellungen aller Art bedeckte.

Lächelnd verfolgten wohl meine Eltern die ersten unbe-
holfenen Anfänge meiner Kunstbestrebungen, und wenn ich
zuweilen den Wunsch „Maler zu werden" laut werden ließ,
dann suchten sie mir stets das abschreckendste Bild von dem
Loose eines Jüngers dieser „brotlosen" Kunst zu entwerfen,
denn zur Zeit meiner frühen Kinderjahre, also im „vor-
märzlichen" Oesterreich, galten wohl im Allgemeinen die Künste
als schädliche oder mindestens nutzlose Auswüchse des über-
müthigen Menschengeistes, und ihre Erzeugnisse als sehr ent-
behrliche Luxusartikel.

Nach und nach fand ich mehr Vergnügen am Clavierspiel,
und die dem Kinde Anfangs so peinlichen Musikstunden wurden
später immer erfreulicher. Als ich so weit gekommen war,
um mit meinem Vater die Sonaten Beethoven's für Clavier
und Violine spielen zu können, da empfand ich erst den Hochgenuß,
den die edle Tonkunst gewähren kann, und mir wurden an der
Seite meines Vaters Stunden des reinsten Genusses.

Wie danke ich dem vortrefflichen Mann, der leider nicht mehr unter den Lebenden weilt, jetzt für die Strenge, mit welcher er mich zu unaufhörlicher Uebung anspornte; ward doch die Musik zum Hauptelement meines gegenwärtigen Berufes!

Gerade zur Zeit, als ich anfing, das Wesen der Musik mehr und mehr zu erfassen, mußte ich ihre Ausübung erheblich unterbrechen, denn ich verließ in meinem zwölften Jahre das Elternhaus, um in einer benachbarten Stadt, in Komotau — am Fuße des Erzgebirges in anmuthiger Gegend gelegen — die Realschule zu besuchen. Der practische Sinn meines Vaters war dahin gerichtet, in mir einst einen Chemiker, Mechaniker oder Baumeister zu sehen, dabei, meinte er, „könnte der Junge auch richtigen und würdigen Gebrauch von seinem Zeichentalent machen".

Nach den üblichen drei Jahren verließ ich Komotau, um weitere drei Jahre die Ober-Realschule in Rakonitz, einem altersgrauen Städtchen im Prager Kreise, zu besuchen. Während dieser Zeit begann ich wieder eifriger Musik zu treiben. — Bei dem knapp zugemessenen Raum in meiner engen „Bude", die ich noch dazu mit drei Collegen theilen mußte, war an die Aufstellung eines Instruments allerdings nicht zu denken. — Ein liebenswürdiger Musikfreund stellte mir seinen Bösendorfer Flügel und seine Musikbibliothek an bestimmten Tagen zur Verfügung.

Wer war glücklicher als ich? Ich lernte da zum ersten Male manche Perle der klassischen Opernliteratur kennen. Eines Tages kam mir auch der Clavierauszug von R. Wagner's „Tannhäuser" unter die Hand. Begierig, dieses Werk kennen zu lernen, brachte ich stundenlang am Clavier damit zu, und

wurde dadurch in eine bisher ungeahnte Zauberwelt entrückt.
Ein großer Hang zu den Künsten überhaupt bemächtigte sich
meiner dabei mehr und mehr, und zuweilen befiel mich
eine recht trübe Stimmung mit der Vorahnung eines verfehlten
Lebens, denn die mathematischen Formeln wurden mir zu
wahren Schreckgestalten. Doch mußte ich mich dem weiteren
Beschlusse meiner Eltern fügen. Ich ging also im Herbst des
Jahres 1860 nach Wien, um dort die polytechnische Hochschule
zu besuchen. Ich lernte nun zum ersten Male das Treiben
einer glänzenden volkreichen Residenz kennen. Der Anblick der
in Wien so reichlich vorhandenen Kunstschätze der Malerei, die
Concerte und Opernaufführungen, die ich hier zum ersten Male
und noch dazu in großer Vollendung hörte: alles das fing an,
mächtig, mit magischer Gewalt, und wie es mir schon damals
schien, dauernd auf mich zu wirken. Ich muß erwähnen, daß
ich nach meiner Ankunft in Wien, als achtzehnjähriger Jüngling,
überhaupt zum ersten Male eine Opernaufführung sah, und
zwar auf keiner geringeren Bühne, als der des k. k. Hofopern-
theaters, woselbst damals die leuchtendsten Sterne in ungetrübtem
Glanze strahlten. Ander, Beck, Walter, Schmidt, die Damen
Dustmann, Csillag u. A. bildeten ein unvergleichliches Ensemble.

Uebergroß mußten die Genüsse dieser bisher kaum geahnten
Herrlichkeiten auf mich wirken und meine Begeisterung für
Musik und Theater zu hellen Flammen entzünden, die von
nun an nicht mehr erlöschen sollten.

Das erste Werk, welches ich im Hofoperntheater sah, war
noch dazu Wagner's „Tannhäuser"; dieses hochromantische
Werk, welches mir ein Jahr vorher beim Durchspielen am
Clavier meines Gönners schon das höchste Entzücken bereitet,

und von dessen Verkörperung auf der Bühne ich mir bisher
eine nur dürftige Vorstellung machen konnte, wirkte nun mit
seiner ganzen Macht auf mein naives Jünglingsgemüth, das
in seiner bisherigen ländlichen Abgeschiedenheit von Blasirt-
heit himmelweit entfernt geblieben war. — Ein Blindgeborner,
der plötzlich in den Besitz der Sehkraft gelangt, zum ersten
Male eine blühende Landschaft mit allen Reizen der Natur
gewahrt, kann nicht mehr überrascht, gefesselt, bezaubert sein!
Was Wunder, wenn ich in dem Berufe eines dramatischen
Sängers fortan das beneidenswertheste Loos auf Erden sah!

Der Zweck meines Aufenthaltes in Wien wurde leider,
zur Betrübniß meiner Eltern fast vergessen, und arg enttäuscht
lasen sie in meinen umfangreichen Briefen fast nur von Kunst-
eindrücken aller Art, die ich im Burg- oder Hofoperntheater,
in Concerten, in Gallerien und Kunstsammlungen aufgenommen.
Die Antworten auf meine begeisterten Schilderungen waren
natürlich sehr nüchtern: ernstliche Ermahnungen, „an meinem
Brotstudium festzuhalten." So verbrachte ich ein Jahr voll
moralischen Katzenjammers, sehnsüchtig nach einer Künstlerlaufbahn ausblickend, die mir so gut wie unerreichbar erschien,
und zugleich mich selbst mit Vorwürfen quälend, daß ich, als
einzige Hoffnung meiner Eltern, ihre Erwartungen doch einstens
entsetzlich täuschen müßte. Das Jahr verlief, und ich sollte
ohne Erfolg zu meinen betrübten Eltern zurückkehren. Ich
hielt es für gerathen, einen vorbereitenden Brief vorauszuschicken.
Eine, mehrere Wochen andauernde abenteuerliche Fußreise, von
Wien über Linz durch das südliche und westliche Böhmen bis
in die Heimath, mußte mir Zeit gewinnen, um den ersten
Zorn meines enttäuschten Vaters zu mildern. Ich erreichte

auch wirklich meine Absicht, und fand ihn nachsichtiger, ge-
faßter, als ich bei seiner gewohnten Strenge erwartet hatte.
Da faßte ich mir ein Herz und erklärte frischweg, daß ich nur
als Künstler Glück und Befriedigung finden könne, worauf
meine Eltern, allerdings mit schwerem Herzen, meinem Drängen
nachgaben, und mir gestatteten, die Akademie der bildenden
Künste in Wien zu besuchen. Im October 1861 fing ich an
in dem altehrwürdigen Gebäude in der Annagasse nach der
Antike zu zeichnen. Doch nach einem Jahre verließ ich aus
eigenem Antriebe Wien, um mich nach dem Ziel meiner
Sehnsucht, der vielgerühmten Künstlerstadt München zu wenden.
Daselbst kam ich im October 1862 an. Keine bekannte und
befreundete Seele wußte ich dort; ganz und gar unbekannt mit
den Einrichtungen der Akademie, kurz, als Wildfremder
stand ich, als ich in München den Bahnhof verlassen, nun
plötzlich mitten im Getriebe einer hin- und herwogenden
Menschenmasse. Schaaren von Bauern und Bäuerinnen, bunt-
farbig angethan, Hünengestalten mit nackten Knieen, verwegene
Gebirgsjäger, prächtige broncefarbene Mädchen aus der Gegend
von Miesbach, mit dem zierlichen Spitzhütchen auf reichem
Haargeflechte, dann wieder täppische Gesellen aus der Gegend
von Dachau mit ihren, durch die scheußlichste Tracht entstellten
und verkrümmten Weibern. Alles drängte sich lachend,
schreiend, plaudernd, jauchzend durcheinander.

Ich hatte keine günstige Zeit zu meiner Ankunft gewählt, denn das alljährlich wiederkehrende Octoberfest lockte
Tausende aus allen Gauen Bayern's in die fröhliche Hauptstadt. Der mühsam aufgefundene Droschkenkutscher fuhr mich
und mein federleicht Gepäck vergeblich an die Thore von

ungefähr zwanzig Hotels und Herbergen, bis ich in später
Nachtstunde in der Vorstadt Au ein Unterkommen fand. Am
anderen Morgen miethete ich mir ein freundliches Zimmer in
der Schwanthalerstraße.

Zuerst besuchte ich den Professor Anschütz, welcher der
Malschule, der vorbereitenden Klasse für die Meisterschulen,
als Lehrer vorstand. Anschütz (erst vor kurzer Zeit in
München gestorben) war ein Schüler des großen Cornelius,
kam mit diesem in den zwanziger Jahren nach München, als
die deutsche Kunst unter Ludwig I. einen neuen großartigen
Aufschwung nahm, und war bei der Ausführung der großen
monumentalen Werke des Meisters hervorragend thätig. In
Folge seiner ganzen Kunsterziehung war Anschütz selbstverständlich auf strenge Zeichnung und edle Formengebung bedacht. Es wurden unter seiner Leitung hauptsächlich Köpfe
und Acte nach der Natur gezeichnet, also in erster Linie die
Formen des menschlichen Körpers in das Bereich unserer
Studien gezogen, verbunden mit der Unterweisung in der
Technik der Oelmalerei. Als später die naturalistische Richtung mehr und mehr in den Vordergrund trat und ein
Hauptgewicht auf glänzende Technik und virtuose Farben-
gebung gelegt wurde, fühlte sich der greise Meister aus der
Zeit der „strengen Richtung“ nicht mehr an der Akademie
heimisch und zog sich in den Ruhestand zurück. Als ich ihn
im Sommer 1879, also ein Jahr vor seinem Tode, in München
besuchte, beklagte er sich laut über die jetzt herrschende
Kunstrichtung. „Ich passe nicht mehr in die neue Zeit, die
ich nicht mehr verstehen kann und will“, sagte er bitter.

Ich spreche etwas ausführlicher über Anschütz, weil er

die erste Anregung zu einer wichtigen und entscheidenden Wendung meines ferneren Lebensweges gegeben hat.

So fand ich denn, als Schüler der Akademie, umgeben von einer Schaar begeisterter Kunstjünger, bald die lebhafteste Anregung, die auch erfreuliche Fortschritte zur Folge hatte. Das geräumige, hohe, mit Bildern alter Meister geschmückte Atelier am Ende des großen Corridors, in welchem auch die Meisterschulen der Professoren v. Schwind, Schrandolph, Schlothauer, Ph. Foltz sich befanden, war häufig auch der Schauplatz des fröhlichsten Treibens. Lauter Gesang und übermüthig tolle Scherze wurden oft nur durch den Eintritt des alten Professors unterbrochen, der alsbald corrigirend von Staffelei zu Staffelei schritt. Mancher aus diesem heiteren Schulkreise hat es zum gefeierten Künstler gebracht, z. B. die später aus Piloty's Schule hervorgegangenen Meister Defregger, Grützner, Benczur etc.

Eine Anzahl Malschüler hatte sich vereinigt, und gründete eine Gesellschaft, die den Namen „Fidelia" erhielt. Der Aufforderung, Mitglied zu werden, folgte ich bald, und fast an jedem Abend vereinigte sich ein frohes Völkchen in der gemüthlichen Hinterstube eines Münchener Bräuhauses vom alten Schlage. Um den Zechraum so behaglich als möglich zu gestalten, trug Jeder zur Ausschmückung Etwas bei. Da prangten Wappen in mannigfaltigen Farben und Formen, dazwischen ernste und heitere Sprüche, wie auch bildliche Darstellungen aller Art. Eine stattliche Reihe Krüge und Humpen durfte natürlich auch nicht fehlen. Eines der wichtigsten Inventarstücke war das köstliche Carricaturenalbum. Als die Weihnachtszeit herannahte, beschlossen wir, das Fest in unserer

heiteren Weise zu feiern und zugleich den Kreis der Theil-
nehmer durch eine Anzahl geladener Gäste zu erweitern. Ein
geistreicher Humorist, — der jetzt in Newyork in glänzenden
Verhältnissen lebende Maler Lamprecht — hatte ein Trauerspiel verfaßt, „Kuno von Eberstein" betitelt. Mit der ernstesten
Miene las er uns sein Werk vor, und erregte mit seinem
tragi-komischen Geistesproduct unser steigendes Gelächter. Es
wurde beschlossen, dieses Stück, worin natürlich am Schlusse
Alles stirbt, zur Aufführung zu bringen. Das geräumige
Zimmer eines der Unserigen mußte zum Malsaale für
Theaterdecorationen dienen. Bald standen Felsen und Wald,
ein finsteres Burgverließ, eine trauliche Kemenate, wie auch
ein Burghof fertig da. Costüme und Waffen wurden auch,
so gut es eben gehen konnte, beschafft, und, wohl einstudirt,
konnte unser Trauerspiel als Mittelpunkt im Festprogramm
am 25. December über die Bühne schreiten. Letztere wurde
in einem an unser Kneipzimmer stoßenden Saal aufgeschlagen.
Ich spielte den Helden des Stückes, Ritter Kuno; mein Freund
Ewald, (damals mein Mitschüler, jetzt als Tenorbuffo ein
gefeiertes Mitglied der königlichen Bühne in Kassel) stellte
das Ritterfräulein Emma in jeder Hinsicht wahrhaft köstlich
dar. Er sah in seiner Verkleidung wirklich reizend aus; sein
jugendliches bartloses Gesicht bedurfte nur einer geringen
Nachhülfe, sein zartes Tenororgan wirkte wie ein melodi-
scher Alt. Der unerschütterliche Ernst, mit dem er seine
sentimentale Mädchenrolle durchführte, erregte natürlich die
größte Heiterkeit. Die Personen des Stückes mischten sich nach
Beendigung der Aufführung, zum Theil noch in ihren
Costümen, unter die Zuschauer, welche in drolligster Weise

der reizenden Emma Aufmerksamkeiten aller Art erwiesen, die aber bald eingestellt wurden, als sie, — Weiblichkeit und Jungfräulichkeit ganz vergessend, — sich der Bequemlichkeit halber eines Theils ihrer Umhüllungen und zuletzt sogar der künstlichen Attribute ihres Geschlechtes entledigte. Neue Aufmerksamkeit erregte ein reisender Virtuose, der nach langer ausführlicher Rede, — gewisse Charlatane trefflich parodirend, — seine neu erfundenen Musik-Instrumente, das „Ofenrohrophonicon" und das „Sägolodicon", vorführte. Ein altes Ofenrohr, ein Stiefelknecht und ein Sägebock bildeten den Hauptapparat. Hierauf wurden die an einem mächtigen Tannenbaum hängenden Weihnachtsgaben von einem gewandten Redner angepriesen und versteigert. Die witzigen Gegenreden, der Eifer, mit dem man sich bei den unbedeutendsten Dingen zu überbieten suchte, gab wieder Anlaß zu ununterbrochenem Gelächter.

Nach so vielen heiteren Vorkommnissen folgte ich einer allseitigen Aufforderung, mich auf dem Gebiete einer ernsteren Richtung zu zeigen. Ich sang verschiedene Lieder von Fr. Schubert und zuletzt Beethoven's „Adelaide". — Unter den älteren Zuhörern befanden sich auch Meister Moritz von Schwind und mein Lehrer Anschütz, die sich inmitten der tollen Jugend herzlich wohl fühlten und bis spät nach Mitternacht unter uns, ganz gegen ihre Gewohnheit, aushielten. Meine Vorträge erregten die Aufmerksamkeit meines Lehrers Anschütz derartig, daß er mir mit den eindringlichsten Worten rieth, einen umfassenderen Gebrauch von meiner Gesangsgabe zu machen, ja vielleicht einst meinen Lebensberuf darin zu suchen. Ich belächelte Anfangs ungläubig diesen Vorschlag, doch drang er später während der Unterrichtsstunde zum Oefteren in mich, so daß ich mich entschloß, den ersten Schritt zu thun, nachdem er mich bei Franz Hauser, (damals Director des Conservatoriums für Musik in München) angemeldet hatte.

F. Hauser, geb. 1793 in Böhmen, wirkte einst als gefeierter Barytonist in Wien, Leipzig, Berlin zc.; er war nicht nur von Haus aus ein gründlicher Musiker, sondern auch ein universell gebildeter Geist. Er besaß eine kostbare Sammlung seltener Manuscripte von Bach und Händel. Dabei war sein Verständniß für bildende Kunst ebenso warm und echt. Sein Arbeitszimmer war reich mit werthvollen Gemälden — darunter Studienköpfe von Rubens, und mit Stichen und Radirungen berühmter Meister wie Rembrandt und Dürer, geschmückt. Als ich ihn kennen lernte, schrieb er eben sein vorzügliches Werk: „Gesangs- lehre für Lehrende und Lernende".

Die Erscheinung dieses bedeutenden Mannes war schon eine fast ehrfurchtgebietende. Sein geistreicher, energischer Kopf, von dichten grauen Locken eingerahmt, der auf kraftvoll gedrungenem Körper saß, gemahnte unwillkürlich an Beethoven. Mochte auch sein rasches, heftiges, ja barsches Wesen Anfangs überraschen, so fühlte man sich doch bald mehr und mehr von seiner eigenartigen Persönlichkeit angezogen. Eine längere Unterhaltung mit ihm war stets anregend und belehrend. Er war Derjenige, der die erste Feile an mein unvollkommenes und zum Theil verkommenes Organ anlegte und mir eine feste Basis zu weiteren Studien ebnete. Hauser war Keiner von jener Sorte, die gläubigen, blind vertrauenden Schülern durch bizarre Stimm-Exercitien, hochtönende Phrasen und gewagte Behauptungen zu imponiren suchte. Er lehrte,

aus dem Quell seiner eigenen reichen Erfahrung und erfolg-
reichen Sängerpraxis schöpfend, klar und faßlich, nach einfachen
naturgemäßen Regeln, uneigennützig nur das Wohl seiner
Schüler im Auge behaltend. — Zu seinen Lieblingsschülern,
die mit mir zugleich das Conservatorium besuchten, zählten auch
die am Hoftheater in München thätigen Sängerinnen Frau
Weckerlin und Frau Vogl.

Hauser starb in seinem 77. Lebensjahre am 14. August
1870 in Freiburg im Breisgau. Im Conservatorium setzte ich
nach Hauser's erstem Unterricht, da er seines vorgerückten Alters
wegen nicht mehr regelmäßig als Lehrer, sondern nur als oberster
Leiter thätig war, meine Gesangsstudien unter der Leitung
des tüchtigen Gesanglehrers und ehemaligen Sängers Jos. Heger
fort. — Die ersten Parthien studirte ich bei dem noch jetzt am
Hoftheater thätigen Capellmeister Meyer.

Zu gleicher Zeit frequentirte ich noch die Malschule von
Professor von Anschütz; denn ich wagte noch immer nicht an
meinen Sängerberuf zu glauben, und konnte mich zugleich auch
schwer entschließen, der so geliebten Kunst der Malerei gänzlich
Valet zu sagen. Auch fürchtete ich mit Recht in den Augen
meiner Eltern als ein unstäter und wankelmüthiger, unbeharr-
licher Mensch zu erscheinen, der kein einziges vorgestecktes Ziel
je zu erreichen vermag. — Nachdem ich zwei Jahre das
Conservatoium besucht hatte und einen entschiedenen Fortschritt
in meiner Gesangsfertigkeit, wie in der Veredlung des Organs
wahrnahm, entschloß ich mich fest, auf der Bühne als drama-
tischer Sänger mein Glück zu versuchen. Dieser Entschluß
fand seine endliche Verwirklichung, als Generalmusikdirector
Franz Lachner auf mich aufmerksam gemacht wurde, der mich

zu einem Probegesang auf der Bühne des Hoftheaters auf-
forderte. Die erste Probe fiel zur Zufriedenheit Lachner's aus
und ich wurde kurz darauf (im April 1865) auf die Dauer von
drei Jahren für die königl. Hofbühne engagirt. — Ich hatte
nun endlich die Genugthuung, so weit gekommen zu sein, der
Unterstützung meiner Eltern nicht mehr zu bedürfen, und zum
ersten Male, wenn auch auf schwachen, so doch auf eigenen
Füßen zu stehen. Ich studirte nun mit Jos. Rheinberger, dem
rühmlichst bekannten Componisten, mehrere Partien, während
Regisseur Jenke mich in der Action unterwies.

Am 14. September 1865 betrat ich im königl. Hoftheater
zum erstenmal die Bühne als Graf Liebenau in Lortzing's
„Waffenschmied". Ich wurde zwar vom Publicum mit auf-
munterndem Beifall bedacht, doch glaubte man mir keine
besonders glänzende Laufbahn prophezeihen zu können. Ich
stand damals allerdings erst im 23. Jahre, und ich hatte daher
die Ueberzeugung, daß meine Stimme, die für den großen
Raum des Hoftheaters kaum ausreichte, sich noch kräftigen
mußte. Ich sang in München von größeren Parthien u. a.
den Jäger im „Nachtlager" vier mal mit recht schönem Erfolge.
Da ich aber im Laufe von zwei Jahren allzuwenig, — nicht
einmal in kleineren Partien, — beschäftigt wurde, also meine
Schwingen unmöglich entfalten konnte, und für die Zukunft
kein Heil ersah, so ersuchte ich im August 1867 um Auflösung
meines Contracts, welche mir auch vom 1. September 1867
ab zugestanden wurde.

Ich verließ also München, um ein vortheilhafteres Engagement am damals neu erbauten Stadttheater zu Breslau
anzunehmen. Daselbst erreichte ich nach Verlauf eines Jahres

durch beharrliches Studium, durch häufige Beschäftigung in Oper und Schauspiel, eine bedeutend höhere Stufe und errang Erfolge, die ich mir vorher nie hätte träumen lassen. Ich muß hier mit großem Dank meines damaligen Directors, des trefflichen Schauspielers Theodor Lobe, gedenken, der von Anfang an meine Befähigung würdigte und mich allmälig mit bedeutenderen Aufgaben vertraut machte.

Nachdem ich im Februar 1868 meinen eigenen Herd gegründet, schien mir ein besonderer Glücksstern aufgegangen zu sein. Mit jeder neuen Aufgabe fand ich mehr Vergnügen und Befriedigung in meinem Berufe. Da wurde im Juli 1870 die Kriegserklärung Frankreichs bekannt, und schon am 10. Juli wurden sämmtliche Verträge „wegen bevorstehender Kriegsgefahr" gelöst. Im Laufe des Monats August gelangte eine Engagementsunterhandlung mit der Direction des Leipziger Stadt-Theaters zur Reife. Am 5. September 1870 trat ich zum ersten Male in Leipzig auf als Wolfram von Eschenbach in Wagner's „Tannhäuser", und errang glänzenden Erfolg, der sich am 9. September, als ich den Tell sang, noch steigerte. Mein auf zwei Jahre lautender Contract wurde sodann auf sechs Jahre verlängert.

Meine Thätigkeit in Leipzig erstreckte sich auf das Gebiet des Concert-Gesanges, wie auf das der Oper. Ich war nicht nur mit dem Theater als engagirtes Mitglied, sondern auch mit dem gesammten Musikleben Leipzigs innig verwachsen; namentlich durch häufige Mitwirkung in den Gewandhaus-Concerten. Von Leipzig aus unternahm ich viele Gastspiele und Concertreisen nach verschiedenen Städten Deutschland's, Holland's und der Schweiz. — Am 30. Juni

1876 beschloß ich meine Leipziger Wirksamkeit mit der Rolle des Hans Sachs in Wagner's „Meistersingern". Mit mir zugleich schieden an diesem Abend in Folge des Directions-wechsels die Mehrzahl der ersten Opernmitglieder unter stürmischen, beinahe unerhörten Ovationen von Seiten des Publicums. Am 1. Juli zog ich nach Bayreuth, woselbst ich schon zu den Proben der „Götterdämmerung" erwartet wurde. Ich hatte die Partie des Gunther im letzten Theil der Festspiele übernommen. Sofort nach Beendigung derselben eilte ich nach Hamburg, um daselbst in der Partie des Wolfram im „Tannhäuser" (am 3. September 1876) meine neue Stellung anzutreten.

Herr Director Pollini erschien schon ein Jahr vor Ablauf meines Vertrages in Leipzig, um mir die glänzendsten Anerbietungen zu machen. Anderweitige Unterhandlungen wurden deshalb rasch abgebrochen und ich gab mich Pollini und mit ihm Hamburg zu eigen.

Diesen Schritt hatte ich nicht zu bereuen. Die liebens-würdige Aufnahme, die mir sofort zu Theil wurde, die freudigste Anerkennung, die ich fortan gefunden habe, machte mich in meiner neuen Heimath zum zufriedensten Menschen. Hamburg ist mir lieb und werth geworden. Ich kann aus vollem Herzen ausrufen: „Wenn es nur immer so bliebe!"

Eugen Gura.

Martha Prochaska.

Was könnte ich erzählen, daß es Euch fesseln oder das Herz bewegen oder wenigstens doch für einige Momente amüsiren könnte? Von dem Alle habe ich nur wenig in der Vorrathskammer meiner Erinnerungen aus meiner bisherigen, erst zweijährigen Bühnencarrière.

Das Theaterleben ging an mir bisher wie die Eindrücke einer recht angenehmen Reisetour durch früher ungekannte Gegenden vorüber, die neben mannigfachen Strapazen und verschiedenen kleinen Unannehmlichkeiten, wie sie eben eine Reise mit sich bringt, doch dem Geist und Sinn so vieles Neue, und oft Ueberraschendes bietet, daß man sich harmlos dem Laufe der Dinge überläßt und gar nicht darüber weiter nachdenkt, was man verloren, was man verlassen hat. Es erscheint mir jetzt wirklich recht sonderbar, wie ich in die Welt des „erhabenen" Scheins hineingerathen bin. Von Kindheit an gewöhnt, meinen Gefühlen in Tönen Ausdruck zu geben, war mir Musik und insbesondere Gesang stets als eine der kostbarsten Gaben erschienen, die der Himmel den Sterblichen verliehen hat, um ihnen das irdische Leben zu

versüßen und zu verklären. Die seligsten Erinnerungen aus
meiner Kindheit sind so innig mit Lied und Gesang verwebt,
daß ich mir jetzt gar nicht anders denken kann, als daß ich
doch einmal Sängerin werden mußte.

Ein wohlwollend Schicksal wollte es auch — lieber wollte
ich es eine gütige Vorsehung nennen —, daß ich einen Mann
gefunden (Dr. Ludw. Prochaska), der mich nicht nur mit gren-
zenloser Liebe zu beglücken, sondern auch, selbst ein feinfühlender, für das Höchste und Edelste begeisterter Künstler, mir
das wahre Wesen der Kunst zu erschließen berufen war.
Meine erste Begegnung mit ihm war eine musikalische, er
leitete einen großen, distinguirten Gesangschor in Prag, der
Stätte seiner vieljährigen ersprießlichen künstlerischen Thätigkeit; ich trat mit meiner älteren Schwester diesem Chore bei
und nach einigen Tagen schon fanden sich unsere Herzen. Das
bekannte Abt'sche Lied:

Bleib' bei mir und geh' nicht fort,

An meinem Herzen ist der schönste Ort,

das ich ihm ahnungslos bei unserer ersten Begegnung im elterlichen Hause vorgesungen, war für uns Beider Zukunft entscheidend
geworden. Von dem Momente an gehörten wir uns für unser
ganzes Leben an, und unserer Herzen innigster Bund ward
durch die zwingende Macht des Gesanges für immer besiegelt.

In wenigen Wochen war ich glückliche Braut und in
einigen Monaten darauf führte er mich zum Altar. In ungetrübtem Glücke verflossen uns die Stunden; Gesang und
ernstes Studium der musikalischen Literatur, insbesondere der
alten Classiker, ward unser zweites Lebenselement, und so
kam es, daß ich mich bald in meinem lieben Heimathsort, der

hundertthürmigen Moldaustadt, zur beliebtesten Concertsängerin
aufgeschwungen habe. Mein erstes Concertdebut war gleich
von einem äußerst glücklichen Erfolge begleitet, und so reihte
sich Erfolg an Erfolg. Wie viele glückselige Momente hat
mir mein Gesang gebracht im trauten Familienkreise, wo
mich meine Eltern, meine Geschwister, sämmtlich musikalisch
begabt, mit Liebesbezeugungen überhäuften, sowie wenn ich
dem Publikum gegenüberstand. Ich hatte in jener Zeit,
überall von Liebe und Wohlwollen umgeben, gar keine weiteren
Wünsche und Pläne. In unserem Hause gingen die vor-
nehmsten Künstler gerne aus und ein, und immer mußte ich
es betonen hören, daß ich doch eigentlich die Bühnencarrière
einschlagen sollte, um meine stimmlichen und geistigen Anlagen,
die mir die Mutter Natur gütig bescheert, zur vollen Ent-
faltung zu bringen. Die Versuchungen hiezu gestalteten sich
immer verlockender, und so schwer es mir wurde, meinen
glücklichen Hausstand, in dem ich mich so wohl fühlte, aufzugeben, meine Vaterstadt zu verlassen und in die Fremde zu
ziehen, so entschloß ich mich schließlich dennoch, die Bühne zu
betreten, und ein günstiges Schicksal ließ mich gerade eine Bühne
finden, die mir Alles bot, um mein Talent nach jeder Richtung
hin gedeihlich zu entwickeln und zur Reife zu bringen. Was
mir für die dramatische Laufbahn noch fehlte, konnte ich mir
bald an der unter der genialen Leitung des Director B. Pollini
blühenden Hamburger Musterbühne aneignen, die der wahrhaft bildenden künstlerischen Elemente in Hülle und Fülle
bietet. Von der Gunst eines liebenswürdigen Publikums getragen und von wohlwollender Kritik in meinem glühenden
Bestreben, stets nur Gutes zu leisten, wesentlich gehoben, von

lieben Collegen freundlich gefördert, fand ich bald in meinem
neuen Berufe die innere wohlthuende Befriedigung, welche
die eigenen Kräfte unaufhörlich steigert und zu immer höherem
Streben stets mächtiger anspornt.

Wie hätte ich mir vordem in meiner stillen Häuslichkeit
träumen lassen, daß ich einst über die mannigfachen Schwierigkeiten und Aufregungen des Bühnenlebens so leicht hinweg-
kommen werde; aber ich waffnete mich gleich vom Anbeginn
mit festem Sinn und unverdrossenem Muthe und steuerte
unverrückten Blickes auf mein ideales Ziel los. Hatte ich ja
doch an meinem guten Manne, der sich durch sein Wissen
und Können in meiner neuen Berufsstätte, die mir jetzt schon
beinahe zur zweiten Vaterstadt geworden, bald eine ehrenvolle
Stellung zu schaffen wußte, eine vortreffliche musikalische
Stütze und in meinen felsenfesten Grundsätzen einen guten
Halt. Wie dankbar gedenke ich stets auch der leitenden
Factoren des Hamburger Stadttheaters, unter deren wohlmeinen-
dem und ersprießlichem Beistande ich gleich im ersten Jahre
meiner Bühnenwirksamkeit die höchsten dramatischen Aufgaben
mit Erfolg zu lösen im Stande war.

Wie unendlich scheint mir nun der Abstand zwischen
meinem früheren, harmlos stillbewegten Leben und dem
jetzigen, wo es nur immer heißt:

Immer zu, immer zu,

Ohne Rast und Ruh. —

ein ewig Sehnen, ein ewig Drängen, so groß, so unbegrenzt,
und doch nur eine süße Qual!

Die höchste Befriedigung fand ich indeß bisher immer nur
in meinem eigenen Innern, dem sichersten Horte, zu dem ich

stets meine Zuflucht nehmen will, wenn Aeußeres an mich
ungestüm herandrängt. Aus eigener Seele Trost und Muth
schöpfen zu können, ist doch des Menschen höchste Seligkeit!
Wie lebhaft kommt mir da ein Erlebniß aus meiner frühesten
Mädchenzeit vor den Sinn, wo ich bis zur Auflösung trostlos,
dennoch wieder an meinem eigenen Herzen mich aufrichtete.

Meine Großeltern hatten in der Nähe von Prag einen
reizenden Landsitz, wo ich in den Sommermonaten mit meinen
Geschwistern die glücklichsten Zeiten zu verleben pflegte.
Meine Großmutter, an der ich mit ganzer Seele hing, war
vor kurzer Zeit gestorben. Ihr Tod hinterließ eine klaffende
Wunde in meinem Herzen. Es nahte das Kirchweihfest im
Dorfe und ich wurde ersucht, bei der Festmesse den Solopart
zu übernehmen. Ich hatte nie zuvor vor einem größeren
Auditorium gesungen, doch war ich gerne bereit, auf meine
Stimme alles Vertrauen setzend, meine bescheidenen Kräfte zu
solch festlicher Gelegenheit zu leihen. Der Unterlehrer studirte
mir meine Partie sorgfältig ein — es war eine Horak'sche
Messe —, und ich freute mich recht herzlich auf mein aller-
erstes öffentliches Debut. Die Dorfkirche war in der Mitte
des Friedhofes gelegen, den ich seit dem Begräbniß der Großmutter nicht betreten hatte. Ihr Grab lag links am Ein-
gange zum Kirchenchore. Ich mußte also an ihrer Ruhestätte
vorüber, wollte ich auf den Musikchor gelangen. Ganz durch-
drungen von meiner musikalischen Aufgabe und mit klopfendem
Herzen eilte ich um die bestimmte Stunde der Kirche zu, um
meine ersten Lorbeeren zu holen, — da werde ich am Friedhofe
der Grabesstätte meiner unvergeßlichen Großmutter gewahr;
ein jäher, verzweiflungsvoller Schmerz, als sollte mir das

Herz brechen, erfaßt mich, in eine Thränenfluth ausbrechend
werfe ich mich auf das Grab hin, meiner Umgebung, meiner
Aufgabe ganz vergessend. Die Zeit drängte schon, denn die
Messe hatte eben begonnen, kein Zureden brachte mich vom
Grabe fort, endlich raffte man mich willenlos auf und brachte
mich halb bewußtlos hinauf auf den Musikchor. Der Anblick
der vollgedrängten Kirche, die Messe mit all' ihrem feierlichen
Gepränge brachte mich wieder zur Besinnung, ich fühlte mich
wie von einem höheren Wesen berührt, ich vergaß Alles um
mich herum und lenkte meine ganze Seele auf meinen Solopart und die tiefsinnigen Worte des heiligen Textes. Es
wurde mir, als spräche ich mit Gott und seinen Heerschaaren,
und seliger Friede senkte sich auf mein tiefbetrübtes Herz
hernieder. Es war der weihevollste Moment, den ich in
meinem Leben zu verzeichnen habe, und dessen Eindruck unauslöschlich in meiner Seele fortleben wird. Nach der Messe
wurde ich von allen Seiten beglückwünscht und mit den über-
schwenglichsten Lobpreisungen überhäuft. Alles schwärmte
von der „merkwürdigen Innigkeit" und „rührenden Gewalt"
meines Gesanges, und doch war den Wenigsten bekannt, daß
er aus tiefstem Schmerz geboren ward. Ich war die Heldin
des Tages, und lange noch tönte in meinem Innern die
unsägliche Ergriffenheit jener Stunde nach. Und noch heute,
wenn ich jener sonderbaren geistigen Verzückung gedenke,
durchglüht mich ein heißer Empfindungsstrom, und stille
Thränen der Wehmuth und freudiger Rührung treten in
meine Augen.

Martha Frohäßkaff

Anna Rossi.

Interessantes habe ich eigentlich gar nicht erlebt, obwohl
manch Liebes und Gutes, das ich zeitlebens in
meinem Herzen bewahre, aber nicht erzählen mag,
sondern für mich ganz allein behalten will. Mit allen
Hoffnungen und Illusionen bin ich in die Welt geschickt
und danke Alles nur den Menschen. Ich habe immer an
gute Menschen geglaubt, und wenn einmal mir Schlechtes
begegnet, habe ich das glückliche Talent, es zu vergessen und
weiter zu glauben. Meine Kindheit in Mecklenburg war eine
sehr glückliche. Comödie habe ich gespielt so lange ich denken
kann, zu Haus, auf der Straße und in der Schule. Das erste
Mal war ich im Theater, als mein Papa den „Papageno" sang,
und bitterlich habe ich geweint, daß der bunte Mann mein Vater
sein sollte, jeden Tag habe ich ihn gebeten, es doch ja nicht
wieder zu thun; später habe ich meinem geliebten „Vatting" seine
Rollen soufflirt und wußte sie immer eher auswendig als er.
Der Traum seines Lebens war, den „Nathan" zu spielen. Wie
gläubig und vertrauend habe ich dagesessen, wie aufrichtig
meinen Vater bewundert; und wie viel Talent er hatte, habe

4

ich doch erst später begreifen können, als ich andere große
Künstler gesehen. Er hatte nie den Muth seines Talentes!
Das große Loos oder irgend ein unerwartetes Glück sollte
kommen, dann wollte er seine Lieblingsrollen spielen, und
hinterher zufrieden und glücklich seine Ritterstiefel schwarz färben
und — Bauer werden. Ich weiß noch, wie eines Tages die
Nachricht von einem Legat kam, das ein Großonkel, Bürger-
meister in einem kleinen Städtchen am Rhein, ihm und seinen
neun Geschwistern vermacht, — 150 Thaler! So oft ein Postwagen hielt, hieß es: „Kinder, die Erbschaft!" Und wie reich
und stolz bin ich mir vorgekommen und habe allen „Gören" in
der Schule erzählt, er liege bei uns in der Commode, der Onkel,
hätte zwei Orden auf der Brust, wir ließen ihn aber nicht
einrahmen, weil er uns nicht so viel vermacht, um ein Ritter-
gut zu kaufen und ein Theater, in dem wir ganz allein
Comödie spielen könnten. Mein erster Erfolg auf den Brettern
war der Mamilius im „Wintermärchen"; ich mag wohl schon
vorher gespielt haben, aber das ist ohne Eindruck auf mich
geblieben, das aber war schön und ich in meiner Schule sehr
berühmt. Dann habe ich bis zu meinem zwölften Jahre alle
Kinderrollen gespielt, die letzte Leistung war der Knabe Tell's,
den ich aber so lebhaft empfand, daß ich vor lauter Gefühl
kein Wort hervorbringen konnte und so dem Tell die ganze
Scene verdarb. Ich wurde fürchterlich gescholten, mir jedes
Talent abgesprochen, und mir hatte doch das Herz laut
geschlagen vor Glück und Weh, — nur Worte, Ausdruck für mein
Empfinden hatten mir gefehlt. Dann kamen zwei traurige
Jahre bis zu meiner Confirmation, in denen ich nicht spielen
durfte; aber endlich kam der liebe Tag. Auf dem Wege zur

Kirche begegnete uns der Intendant, gab mir freundliche Worte
und das Versprechen mit auf den Weg, mein Talent zu fördern.
Ich glaube, ich war die Glücklichste von Allen; ich hatte meinen
Gott so lieb, nahm mir vor, ein besserer Mensch zu werden
und meinen Eltern Freude zu machen. Die Orgel tönte in mein
Herz hinein und jubelnd sang ich die frommen Lieder, mit
dem Gedanken: du darfst nun bald Comödie spielen, Geld
verdienen und deinen Eltern ihre Sorgen erleichtern. Unter
den Gratulanten war die erste Liebhaberin, die ich lange Jahre
vergöttert hatte, und die mir nun anbot, meine Lehrerin zu
werden. Ach, was war das für ein schöner, unvergeßlicher
Tag! Noch in demselben Jahre durfte ich auftreten in einem
blauen Moirée-Kleid mit langer Schleppe; auf einem Zettel
gedruckt mit Hendrichs, — eine Hofdame in „Struensee"! Meine
ganze Schule war im Theater, aber sehr enttäuscht, da ich
Nichts zu sagen, nur tiefe Verbeugungen zu machen hatte und
immer abgehen mußte, so oft es interessant wurde. Ich war keine
glückliche Anfängerin, der Intendant meinte, nicht für 5 Thaler
monatlich wollte er mich haben; und so wurde ich denn in die
Welt geschickt, mein Heil zu versuchen. Wie der „Nathan" der
Traum meines Vaters, war für mich der liebste Gedanke, nach
Hamburg zu kommen; den Namen Maurice hatte ich von
meinem „Vatting" immer nur mit Ehrfurcht aussprechen hören;
so hatte ich denn auch keine Ruhe, bis ich in Hamburg war.
Es ging mir im Anfang nicht sehr gut, ein guter Freund rieth
mir sogar, vom Theater zu gehen; mir ging's ja immer noch
wie mit dem Knaben Tell's: ich fühlte Alles, ich konnte es nur
nicht sagen und zeigen! Nach Haus schrieb ich aber frohe
Briefe, ich war ja nun da, und mein „Vatting" nannte mich

stolz „die Hamburgerin"! Im zweiten Jahre meines Engagements
schenkte mir mein geliebter Director ein Benefiz; das ist ja
immer schön, aber so ein erstes — ewig unvergeßlich. Mein
„Vatting" kam zu meinem Ehrentag, und immer noch sehe ich
ihn unten im Parquet stehen mit leuchtenden Augen; ich hätte
ja immer herunter rufen mögen: freust du dich nun auch? und
jedem Einzelnen im Theater die Hand drücken für das große
Glück! Als wir nach Haus gingen und vor dem Theater noch
freundliche Menschen standen, die mich begrüßten, sagte mein
„Vatting" immerfort: zu viel! Wir waren so stolz und glücklich
und doch wieder so dankbar. So lauter Beifall und Lorbeeren
waren meinem geliebten Vater versagt, — nun wurden sie
seinem Kinde dargebracht. Wir waren zwei glückliche Menschen
in dem schönen Hamburg, mein Vater und ich, an dem Abend
meines ersten Benefizes.

Anna Rossi.

Ludwig Würzburg.

Es lebte in einem schlesischen Dorfe ein reicher Müller, der außerordentlich geizig und abergläubisch war. Seine Frau war todt, und sein einziges Kind, eine Tochter, Namens Marie, war ein hübsches und gutes Mädchen; Beide, Vater und Tochter, litten an jener schleichenden Krankheit, welche man Schwindsucht nennt. — Marie liebte den Conrad, einen jungen Burschen, der die unpraktische Eigenschaft hatte, durchaus kein Geld zu besitzen, nichtsdestoweniger aber sehr in Marie verliebt war. Für den Müller war die Armuth Conrad's schon hinreichend genug, die Einwilligung zu einer Ehe mit seiner Tochter zu versagen; was ihm aber diesen Conrad geradezu widerwärtig machte, war der Umstand, daß derselbe die Flöte blies. Wieso Conrad gerade dieses Instrument erlernt hatte, konnte ich nicht erfahren; Thatsache ist, daß er besonders in schönen Mondscheinnächten vor dem Hause seiner Geliebten seine Weisen zum Besten gab und den alten Müller hierdurch oft in einen Zustand der Raserei versetzte.

Die Flöte kann eben nicht Jedermann vertragen, und der Müller, an und für sich schon eine recht unangenehme

Persönlichkeit, fortwährend durch seine Krankheit, die ihn viel
zu husten zwang, in einer gereizten, ärgerlichen Stimmung,
quälte die arme Marie mit ihrer unglücklichen Liebe derart,
ihr seinen Fluch versprechend, wenn sie nicht von jenem „Flötenmann" Conrad ließe, daß das Mädchen immer bleicher, immer
trauriger, immer kränker wurde und wirklich keine ruhige
Stunde mehr bei ihrem Vater hatte. Ich habe bereits gesagt,
daß der Alte sehr abergläubisch war; er hatte eine große
Furcht vor dem Tode, weil er sich dann von seinem Gelde
trennen mußte. Sein bester Freund war der Todtengräber,
ein pfiffiger, humoristischer Mann à la Shakespeare; dieser
mußte dem Müller immerfort mit Rath und That zur Seite
stehen. Er brachte ihm z. B. Erde von einem frischen Grabe,
welche, auf die Brust gelegt, außerordentlich heilsam gegen
die Schwindsucht wäre; er sagte ihm, daß, wenn der Müller
sich in der Christnacht diese Erde selbst holen würde, dies
eine noch größere Heilkraft hätte, und dergleichen Dinge mehr.

Nun war in dem betreffenden Dorfe die Sage verbreitet,
daß mit dem Schlage 12 Uhr in der Christnacht die kleine
Kirche auf dem Friedhofe plötzlich von unsichtbarer Hand erleuchtet würde, und alle Diejenigen, welche im Laufe des
folgenden Jahres im Dorfe sterben würden, als Gespenster
in die Kirche schritten, um dort eine Messe zu hören; um
einhalb ein Uhr wäre Alles vorüber, der ganze Spuk verschwunden. Wer nun die Courage hätte, in dieser Nacht den
Friedhof zu betreten, der könne Alles sehen. Unser Conrad
haßte, begreiflicher Weise, seinen Zukunfts-Schwiegerpapa,
und wir dürfen es ihm nicht schlecht anlegen, daß er gern
gewußt hätte, wann der Müller sterben müßte, weil dann ja

seiner Ehe mit Marie nichts mehr im Wege stünde. Es war gerade wieder Weihnachtszeit, und er ergriff mit Begierde die Gelegenheit, die Sache näher zu untersuchen. Er verfügt sich also in der Christnacht gegen 11½ Uhr auf den Begräbnißplatz des Dorfes und setzt sich auf eine Rasenbank, die sich auf dem Platze vor der ganz stillen und dunklen Kirche befindet. Es ist eine schöne, nicht eben kalte Winternacht, und Conrad, von Müdigkeit überwältigt, schläft ein. Da hört er plötzlich die dumpfen Schläge der Kirchthurmuhr; beim Ausklingen derselben ist die Kirche, wie von Geisterhand, tageshell erleuchtet, die Orgel läßt ihre Accorde erklingen, die Kirchthür öffnet sich von selbst, und in langsamem, feierlichem Zuge schreiten Männer, Weiber, Kinder, alle in weißen Sterbegewändern, in die Kirche. Conrad sieht viele bekannte Gesichter: den Bäcker, die Frau des Tagelöhners, der neben ihm wohnt, das Kind des — —, aber, o Jammer! — auch seine geliebte Marie sieht er! Sie blickt ihn mit thränenschweren Augen wehmüthig an, ihr Blick verläßt ihn nicht, bis sie in die Kirche verschwindet. Der Letzte im Zuge ist der alte Müller; gebückt und blaß schleicht er daher, seine hohlen Augen starren vorwurfsvoll nach Conrad. Dieser, von Aufregung und Schreck übermannt, erwacht; er ist noch ganz verwirrt und weiß nicht, ob er wacht oder träumt. Aber es ist tiefe, stille Nacht, die Kirche ganz finster, nichts von dem Spuk zu sehen. Da hört er in der Nähe Stimmen, er lauscht, — er täuscht sich nicht, — es ist seine Stimme, — die Stimme des Müllers!

Dieser und der Todtengräber kommen gerade auf ihn zu. Der Müller will Erde von einem frischen Grabe holen, der

Todtengräber will ihm dabei helfen. Entsetzt schreit Conrad auf, als Beide vor ihm stehen.

„Hinweg, Gespenst! Willst Du von den Todten auferstehen?!" — Dieser Angstruf entwischt seinen bebenden Lippen, und er stürzt fort.

Der Müller ahnt sogleich, daß Conrad ihn „gesehen" hätte, und mit den Worten: — „Der verfluchte Flötenmann hat mich gesehen!" — fällt er ohnmächtig dem Todtengräber in den Arm.

Von dieser Zeit an war der Alte wie gebrochen; der Gedanke, daß ihn Conrad in der heiligen Nacht in die Kirche gehen sah, verfolgte ihn fortwährend und machte ihn schwächer und kränker. Die Vorwürfe gegen seine Tochter, daß sie einen Menschen liebe, der auf seinen Tod speculire, wurden immer heftiger, und nur ein einziges Mal wurde er ruhiger: als Marie ihm nämlich gestand, daß Conrad auch s i e „gesehen" hätte in der Christnacht, — da fühlte er Mitleid mit ihr und nannte sie „armes Kind".

Aber sein Geld, sein sauer erworbenes Geld wollte er, da er nun doch sterben müsse, dem verhaßten Schwiegersohne nicht hinterlassen, er hatte beschlossen, es zu vergraben, damit es Niemand fände. So sehen wir ihn in einer stürmischen Nacht, mit Goldsäcken schwer beladen, schaudernd und hüstelnd in den Garten schleichen, Hacke und Spaten mit sich schleppend. Schon ist die Arbeit im Gange, keuchend müht er sich ab, eine Grube zu graben, — da kommt Conrad, in der Absicht, seiner Geliebten wieder eine Flötenserenade zu bringen, in den Garten. — Der Alte, nur auf seine Schätze achtend, hört ihn nicht. — Conrad sieht einen Menschen, den er nicht

erkennt, — er vermuthet einen Dieb, packt den Müller von
rückwärts, dieser stößt einen wahnsinnigen Schrei aus und
stürzt todt zu Boden. — — Der Schlag hatte ihn gerührt.
Ob Marie von ihrer Krankheit geheilt wurde und ihren
Conrad heirathete, oder ob auch sie starb? — Ich habe es
vergessen, ich glaube übrigens Ersteres.

Der freundliche Leser muß nun nicht etwa annehmen,
daß diese Erzählung in Beziehung zu meinem Leben steht.
O nein! — solch' merkwürdige Begebenheiten habe ich nicht
aufzuweisen. Es ist dies vielmehr der Inhalt eines fünfactigen Schauspiels von Raupach, betitelt: „Der Müller und
sein Kind", das in Norddeutschland wohl ziemlich unbekannt
sein dürfte. In Oesterreich dagegen kennt man es besser.
An jedem 2. November, dem Allerseelentage, wird es an
sämmtlichen Theatern des Reiches aufgeführt, sogar das ehrwürdige Hofburgtheater bleibt nicht zurück. Alle Schauspielerinnen
und Schauspieler, die in Oesterreich engagirt waren, werden
sich dieses Stückes wohl entsinnen; jede tragische Liebhaberin
hat die Marie gespielt, jeder jugendliche Liebhaber den
Conrad, und jeder Intriguant und Charakterspieler —

Nun, auch ich war in Oesterreich engagirt, und zwar in
der schönen Hauptstadt der Steiermark, dem reizenden Graz.
Ende October bringt mir der Theaterdiener eine Rolle, mit
dem Bemerken, „zum 2. November". Ich lese das Stück, und
finde es zwar etwas grob, aber sehr geschickt gemacht und
von treffender Charakteristik; ein Volksstück im guten Sinne
des Wortes. Besonders meine Rolle interessirte mich sehr:
ein alter schwindsüchtiger Geizhals und dazu noch abergläubisch, — ganz brillant! —

Mit einem wahren Feuereifer mache ich mich an das
Studium; in kurzer Zeit bin ich mit meiner Rolle fertig, und
erfahre nun erst, daß das Stück stets nur am Allerseelentage
gegeben werde. Weiter sagte man mir am Theater nichts
darüber, und nur meine näheren Bekannten aus Privat-
kreisen, denen ich erzählte, daß ich jetzt den Müller in Raupach's „Müller und sein Kind" studire, schmunzelten so eigenthümlich, ohne daß ich jedoch sonderlich darauf achtete. Nach
zwei Proben kommt der Abend der Vorstellung. Ich hatte
mir eine neue, sehr hübsche Perrücke anfertigen lassen, die
mir von Seiten eines Collegen die Bemerkung zuzog, daß ich
zwar gut aussähe, aber zu anständig für den alten schäbigen
Kerl. Nun, dachte ich mir, lieber zu anständig, als zu ab-
stoßend, und gehe auf die Bühne, um meinen Auftritt zu erwarten. Der Requisiteur bringt mir eine Flinte und eine
ausgestopfte Eule, die der Müller soeben erlegt hat, weil sein
Aberglaube ihm zurannte, der arme Vogel, der in der Nähe
seines Hauses saß, krächze sein (des Müllers) Todtenlied. —
Da tritt der Director des Theaters auf mich zu und äußert
folgende inhaltschwere Worte:

„Hören's, lieber Würzburg, i mach' Sie darauf aufmerksam,
daß heut' Abend viel über Sie gelacht werden wird; aber
machen's sich nix d'raus, das gilt nur der Rolle, nit Ihnen!"

„Gelacht?" frage ich sehr erstaunt, „warum denn? ich
spiele doch keine komische Rolle, oder bin ich etwa so komisch
in der Rolle?"

Zu weiterer Erörterung war keine Zeit, mein Stichwort
wurde gesprochen, ich mußte auftreten.

Sowie ich mit meiner Eule sichtbar wurde, empfing mich

ein donnernder Jubelschrei, und als ich meine ersten Worte
sprach, die den Vogel mit dem Beinamen „Mitternachtskü̈ster"
beehrten, kannte der Jubel keine Grenzen mehr! — Ich war
entsetzt!! — Das wird ja recht munter, dachte ich, und spielte
mit Todesverachtung weiter. Bei jedem Hüsteln — ausge-
lassene Heiterkeit, und gar beim ersten großen Hustenanfall
solche Fröhlichkeit, als wenn ich den witzigsten Einfall zum
Besten gegeben hätte. Ganz geknickt gehe ich nach meiner
Scene von der Bühne, und in allen Coulissen stehen die
Collegen mit den vergnügtesten Gesichtern; der Director freut
sich am meisten.

„Das ist ja schrecklich!" rufe ich, „wie soll denn das
werden, die Situation steigert sich ja doch immer mehr?!"

„Ja, haben Sie denn das nicht gewußt?" lautet die
Antwort. „Vormittags besucht man hier am heutigen Tage
die reichgeschmückten und erleuchteten Gräber und Abends
den „Kind und sein Müller", (wie es in der Volkssprache
heißt) um eine „Hetz" zu haben."

Wie gesagt, das größte Vergnügen hatte der Direktor
über meinen Schreck; — aber ich sollte gerächt werden, noch
an demselben Abend, denn auch er sollte unfreiwilliger
Weise zur Heiterkeit des Publikums beitragen.

Der Director war ein Original; ungemein leicht erregt,
konnte er mit irgend Jemand vom technischen Personal sich
furchtbar ärgern und schreien, daß man glaubte, die Seele
ginge ihm aus dem Leibe, während er sich in demselben
Athem mit dem gemüthlichsten Tone an einen neben ihm
stehenden Schauspieler mit den Worten wendete: „Hören's,
machen wir morgen eine Parthie nach Kirchdorf? — es giebt

schön' Wetter! — Er war selbst Regisseur der Oper, und
diesem Umstande konnte man es vielleicht zuschreiben, daß er
großen Sinn für Aeußerlichkeiten hatte; es machte ihm ein
Hauptvergnügen, wenn er lebende Bilder stellen konnte, und
wenn es nur irgendwie ging, so brachte er im Schauspiel, um
das er sich sonst gar nicht kümmerte, einen weiblichen Genius
mit zwei Flügeln oder dergleichen an. So hatte er für den
„Müller und sein Kind" nach langem Suchen etwas Neues erfunden: er wollte die Kirchhofscene recht unheimlich machen,
und meinte, daß ein lauter und für das Publikum vernehm-
barer Pendelschlag der Kirchthurmuhr die beabsichtigte Wirkung hervorbringen müsse. Nachdem zu diesem Zweck bereits
Mehreres versucht und wieder verworfen war, hatte ihn ein
Theaterarbeiter darauf aufmerksam gemacht, daß sich an
jeder Coulisse eine Art Schieber von Eisen befindet, der den
Zweck hat, die vorgeschobenen Decorationsstücke zu befestigen,
wie man es übrigens nur noch bei Theatern älterer Einrichtung findet. Wenn man nun diesen Schieber auf und
nieder zöge, so gäbe das ein Geräusch, als wenn sich in
einem rostigen, alten, sehr großen Schlosse ein Schlüssel
knarrend umdrehe: Knack, knack! Man versuchte, und siehe,
der Ton wurde ausgezeichnet gefunden; sehr laut, und doch
unheimlich, wie der Pendel einer alten ländlichen Kirchthurm-
Uhr wohl „knacken" konnte. Diese neue Nüance war natürlich
auf den Proben nicht gemacht, überhaupt keinem der Mit-
spielenden ein Wort davon gesagt worden, so daß fast Niemand etwas davon wußte.

Der dritte Act beginnt. Decoration: Kirchhof, Schneeland-
schaft, im Hintergrunde rechts die Dorfkirche; ganz im

Vordergrunde links eine Rasenbank, hinter dieser, bei der
ersten Coulisse, steht der Director, stolz auf seine Erfindung,
um den düstern Pendelschlag eigenhändig zu vollführen.

Knack — knack, — Conrad tritt auf, — dieser Conrad
stand mit dem Director auf sehr schlechtem Fuße, — knack —
knack, — Conrad setzt sich auf die Rasenbank. — Knack —
knack, — er beginnt seinen Monolog. — Knack — knack, —
das Geräusch, dessen Ursache er nicht kennt, stört ihn, er ruft
ein vernehmliches „Pst!" in die Coulisse. Der Director läßt
sich nicht stören, — knack — knack. — Conrad spricht weiter,
wird aber unruhig, da das Geräusch nicht aufhört; er vermuthet eine Intrigue, um seine Scene zu stören; — ein ge-
dämpftes „Donnerwetter!" fliegt in die Coulisse. Knack —
knack, — der Director wird aufmerksam, und ruft: „Sprechen's
weiter, das geht Sie nix an!" — Knack — knack. „Ver-
dammte Schmierenwirthschaft!" ruft Conrad zurück. — Knack,
knack, knack, — der Zorn des Directors beginnt zu steigen.
„Seien's ruhig, sag' ich!" — Der Pendelschlag kommt in ein
merklich schnelleres Tempo. — Conrad ruft zurück: „Ich gehe
von der Scene!" Der Director, in hellster Wuth, wirft Conrad
alle möglichen Sottisen an den Kopf, läßt aber dabei den
Schieber nicht los, zieht, je mehr seine Erregung steigt, immer
schneller, immer schneller an demselben, so daß der
Pendelschlag schließlich einen wahren Wettlauf beginnt
wie ihn selbst die ländlichste Uhr eigentlich nicht entwickeln
darf. Ein schallendes Gelächter des Publikums unterbricht
diese Scene, und wuthentbrannt stürzt der Director fort. Er
wurde den ganzen Abend nicht wieder auf der Bühne gesehen.

Nach diesem Zwischenfall fürchtete ich sehr für den

Kirchgang der Geister, aber der heruntergelaſſene Gazevorhang, der Nichts deutlich erſcheinen ließ, that ſeine Schuldigkeit, — es wurde nicht gelacht. Auch meine große Scene im vierten Acte, in der meine Tochter mir erzählt, daß ſie von Conrad ebenfalls „geſehen“ wäre, ging ruhig vorüber, — ich ſpürte allerdings, daß das Gelächter bereit war, auszubrechen, ich balancirte wie ein Seiltänzer mit meinen Worten, aber das Publikum blieb äußerlich wenigſtens ruhig, und ich konnte mich auch „unbelacht“ vom Schlage treffen laſſen. Ich war nicht wenig ſtolz, daß ich ſchließlich doch die Heiterkeit des Auditoriums beſiegt hatte und wünſchte nur, den alten Müller einmal vor einem unbefangenen Publikum ſpielen zu können. Im Anfang meines Engagements in Caſſel, fragte mich der nun verſtorbene Intendant, Carlshauſen, ein liebenswürdiger, feinfühlender Mann, welche Rolle ich beſonders gern ſpielen möchte, worauf ich ohne Beſinnen antwortete: den Müller Reinhold in „Der Müller und ſein Kind.“ — „Von wem iſt das Stück?“ — „Von Raupach.“ — „Ach, von Raupach! Ich werde es leſen.“ Nach einigen Tagen kam er mit einem ungemein bedenklichen Geſicht auf mich zu: „Sie wollen doch nicht in dieſem Stücke ſpielen?! Um Gotteswillen! Darin kommen ja Geſpenſter vor!!“

Er hatte Recht. — Schade, daß er Recht hatte!

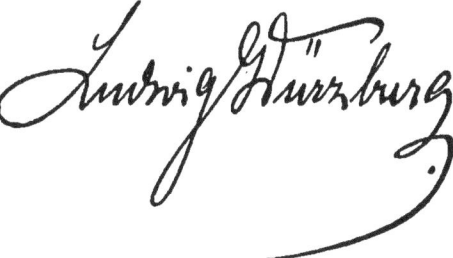

Paul Ehrke.

Mein Vater war Hofbeamter in Schwerin und hatte demzufolge freies Entree zu den weltbedeutenden Brettern der kunstsinnigen, großherzoglichen Residenz, eine höchst angenehme Vergünstigung, an welcher wir drei Kinder uns abwechselnd lebhaft betheiligten, und wenn nicht just schon zwei Geschwister im heiligen Musentempel saßen, konnte auch ich con amore in dieser Zauberwelt schwelgen. Dies ist die passende Bezeichnung für meine Theater Passion, welcher meine Eltern übrigens recht kühl gegenüberstanden: über die Erlaubniß, diese oder jene Vorstellung zu besuchen, erstreckte sich ihre Güte in dieser Richtung nicht. Im Uebrigen war längst im Familienrathe beschlossen, daß ich Kaufmann werden sollte. Zu diesem Behufe wurde ich, mit allen zweckentsprechenden Instructionen und sonstigem schätzbaren Material ausgerüstet, als sechszehnjähriger Jüngling, zu einem Kaufmann in Güstrow geschickt, der mich in die Geheimnisse der Manufactur- und Tabacks-Branchen einweihen sollte. Ich habe indeß auf diesem Felde weder meinem neuen Protector, noch dem Urheber meiner Tage Freude gemacht; meine

merkantilen Leistungen blieben höchst unbedeutend, — der
Theaterteufel steckte mir im Leibe, und die Werke der schönen
dramatischen und musikalischen Literatur lockten mich immer
wieder von Cladden, Conto- und Hauptbüchern fort. Leider
fand ich auch bei dem Commis dieses Geschäftes nicht das geringste
Verständniß und Interesse für meine theatralischen Neigungen,
so daß ich es für gerathen hielt, dieselben vorderhand noch
keusch zu verhüllen. Aber es sollte bald anders kommen:
jener barbarische Commis räumte eines Tages seinen Platz
einem Anderen, und dieser Andere, das war der Mann nach
meinem Herzen, den ich als Helfer, als Mitspieler und —
moralische Stütze brauchte. Es war ein hübscher blondgelockter
junger Mann, dessen ideales Exterieur das Beste versprach, —
und das hat er getreulich gehalten. Es lag weniger im
Interesse unseres Chefs, als in dem seiner beiden gleichgesinnten
„aesthetischen" Commis, daß das Geschäft nicht eben florirte,
und daß wir somit Zeit und Muße genug hatten, „Laden-
hüter" und auch andere, dankbarere Rollen zu spielen. Wir
hatten so furchtbar viel Zeit übrig, daß wir ganz nach Be-
lieben statt der Waarenstücke, die Zukunft vor uns aufrollen
konnten, zumal wenn der Herr Prinzipal verreist war und
von anderen Plätzen aus seinem Geschäfte zu Hülfe kam.
Bald meinten wir auch mit dem Dichter, daß nun genug der
Worte gewechselt seien, und gingen zu Thaten über, zu regelrechten ausgewachsenen Haupt- und Staatsactionen; an
„Proben" und geeigneten „Stoffen" zur Improvisation von
Bühnen-Costümen fehlte es uns ja nicht, und so metamorpho-
sirten wir uns, so gut es ging, täglich in neue poetische
Idealgestalten und tractirten unbarmherzig den Schiller und

andere für derartige meuchlerische Zwecke geeignete Dramatiker,
wobei es nicht nur äußerlich immer bunter herging, — und
unsere Dreistigkeit im Verkehr mit den berühmtesten Autoren
wuchs täglich. Eines Tages waren wir wieder in einem
Hinterzimmer mit vollem Eifer bei dieser wenig „verschämten
Arbeit" und erstatteten uns gegenseitig die schönsten Compli-
mente, als wir plötzlich durch das Klingeln der Ladenglocke
erschreckt wurden. Ohne das Herein! abzuwarten, stand
Jemand im Laden; wir waren in einer nicht geringen Verlegenheit, da wir Beide ziemlich groteske Figuren machten,
die nicht im geringsten Grade den geschäftlichen Usancen
entsprachen. Blitzschnell hatten wir uns einiger der über-
flüssigsten Requisiten entledigt; ich war der Erste, der einigermaßen „glaublich" wieder aussah, und trabte so schleunig, wie
es mir der eine Ritterstiefelschaft gestattete, in's Vorzimmer,
um den für uns sehr unbequemen Kunden zu bedienen. Ich
muß einen sehr komischen Eindruck auf ihn gemacht haben,
denn er lachte herzlich, als er mich in meinem curiosen Habit
erblickte. Er ahnte damals so wenig wie ich, daß wir dereinst
in engere künstlerische Beziehungen treten würden. Nachdem
er eine Kleinigkeit gekauft hatte, entfernte er sich wieder.

Jener damals so unwillkommene Herr ist später mein
Gesanglehrer geworden; es war der vorzügliche Tenorist
Friedrich Rebling, der am Rostocker Stadttheater unter
Heinrich Behr's Direction engagirt war, und mit Collegen, wie
Betz, Natalie Hänisch ꝛc. zu einem Monatsgastspiel nach
Güstrow gekommen war. Nun wirkt er seit Jahren mit
Auszeichnung als Professor am Leipziger Conservatorium, und
seinem rationellen Unterricht habe ich Alles zu danken, was

ich bin; denn aus dem Bann des Theaters ward ich nicht
wieder frei, während mein derzeitiger Mannfactur-College nur
auf kurze Zeit den Musen fröhnte und dann wieder reuig
zur Elle zurückkehrte, die er nie hätte verlassen sollen. Ich
hatte das Glück, meine Begabung in manchen guten Engagements verwerthen zu können, meist im deutschen Vaterlande.

Auf meinem Wege lag aber auch die herrliche Stadt
Wien, die mir durch mehrere für mich bedeutsame Erlebnisse
in besonders freundlicher Erinnerung geblieben ist; denn dort
habe ich meine jetzige Gattin kennen gelernt, habe bei dem
berühmten Capellmeister Dessoff, der nun in Frankfurt
a. M. fungirt, ersprießliche musikalische Studien getrieben, und
endlich ward ich dort dem Director Witte vorgestellt, der
mich für das Leipziger Stadttheater engagirte. In Leipzig
habe ich den wackeren Rebling, Güstrower Angedenkens,
wiedergefunden und fröhlich mit ihm zusammen gewirkt im
Zeichen Lortzing's und anderer liebenswürdiger Meister, und
die Trennung von diesem trefflichen Künstler, Collegen und
Lehrer ward mir besonders schwer. Aber mir winkte ein
neues Leben in der stolzen Elb-Metropole, und am Hamburger Stadttheater habe ich denn auch meine Wünsche voll
und ganz befriedigt gefunden; ob ich auch diejenigen des
Publikums erfüllt habe, — „davon schweigt des Sängers
Höflichkeit."

Paul Ehrke.

Emil Thomas.

Hol' dich der Teufel! — Das waren die letzten Worte meines seeligen Großvaters, als ich ihm (im Jahre 1855) meinen festen Entschluß, zum Theater zu gehen, mittheilte! — In seinem ehrbaren Hause, nach seiner Meinung zu einem gesitteten Kaufmann erzogen, erschien ich ihm mit meinem Vorhaben geradezu verdammungswürdig!

Das Ende vom Liede war: — entweder wirst du, wie ich's beschlossen, Kaufmann, oder du ziehst deinen eignen Weg — aber auch sofort aus dem Hause! — Was blieb mir übrig; mit fünf und zwanzig Thalern, die ich erhielt, ging ich in die Welt. Von Heinrich Smidt, dem bekannten Verfasser der Seeromane, erhielt ich ein Empfehlungsschreiben an den Berliner Theater-Agenten A. Heinrich. Dieser, ein Gott in seinem Reiche, fuhr mich, den schüchtern nahenden Jüngling von siebenzehn Jahren, in folgender Weise an: „Wo haben Sie bis jetzt gespielt?" — „Gespielt?" fragte ich erstaunt „noch gar nicht — ich will erst spielen". „Noch gar nicht aufgetreten und dann kommen Sie zu mir? — Sie sind wohl toll!" — Damit drehte er mir den Rücken und rauschte in seinem rothen Sammetschlafrock in ein

anderes Zimmer, die Thür hinter sich zuschlagend! — Ein
kleiner, liebenswürdiger Herr, an einem Pulte beschäftigt, sah
mein grenzenlos verlegenes Gesicht und erbarmte sich meiner.
„Sie wollen sich wohl der Bühne widmen?" — fragte er mich!
„Widmen" — wie schön klang dieses Wort nach der barschen
Abfertigung des Tyrannen von vorhin. „Ja wohl" — stotterte
ich. — „Nun, dann kommen Sie heute Abend acht Uhr in's
Uraniatheater in der Kommandantenstraße 76. Vorher gehen
Sie aber zum artistischen Leiter dieses Theaters, Herrn
Herrmann, und stellen sich ihm vor — wir brauchen noch junge
talentvolle Leute." Damit entließ er mich in wirklich vertrauen-
erweckender Weise. Also angenommen! Ein Engagement!
Wer kann die Empfindungen beschreiben, die sich da eines
für die Kunst glühenden Jünglings bemächtigten. Ich stürzte
die Treppe hinunter, und traf unten im Hausflur einen etwas
bejahrten Herrn mit langen Haaren und sonstigem genialen
Aeußeren, seinen Anzug mit einer Flüssigkeit benetzend und
dann tüchtig reibend. Erstaunt blieb ich stehen und fragte
unwillkürlich, was er da beginne. „Ich mache mich courfähig"
sagte er — „das ist Fleckwasser", und sofort versuchte er den
bereits sehr lange getragenen Frack von seinen überflüssigen Fettsubstanzen zu befreien; dann zog er ein paar
ehemals weiß gewesene Glacés hervor, rieb seinen Hut mit
dem Ellenbogen glänzend und sagte, sich die Treppe hinauf
bewegend: „Junger Mann, wenn ich jetzt hinauf komme, dann
ist mir Rostock sicher!" und verschwand nach oben. Rostock
also war das Ziel seiner Wünsche, — ach, wenn ich doch auch
erst nach Rostock könnte! — dachte ich, das Haus verlassend
und schlenderte, in tiefem Nachdenken über den kommenden

Abend, zu dem mir bezeichneten artistischen Director. — Auf
ein zweimaliges Klopfen öffnete sich die Thür des Allgewaltigen;
ich erblickte einen großen, nicht häßlichen, in einen phantastischen
Morgenrock gehüllten Künstler, eine Seite des Kopfes noch in
Papilloten, die andere schon gekräuselt. — Nachdem ich mein
Anliegen in höchst verwirrter und unzusammenhängender Form
vorgebracht, legte sich der Bedeutende nachlässig auf ein für
seine Figur etwas zu kurzes Sopha, so daß die Beine viel
höher lagen, als der noch nicht ganz frisirte Kopf, und sprach
in einer langen, gut gesetzten Rede von den Gefahren und
Enttäuschungen, die das Theater den Kunstjüngern brächte —
daß er es für seine Pflicht hielte, Jedem abzurathen, der sich
ihm wie ich mit meinem Anerbieten nähere! — Nachdem ich
ihm meine glühende Leidenschaft für den zu erwählenden
Beruf mitgetheilt — verlangte er einen Vortrag, eine Declamation von mir! — Jetzt hieß es sich zusammen nehmen;
er wollte also eine Probe machen! — Ich besann mich und
sagte das bekannte Gedicht von Rüthling „Der Polizeibericht"
mit aller mir zu Gebote stehenden Mimik und Pantomimik
her. — Manchmal lächelte mein Meister, dann verzog sich
sein Gesicht in Falten, ja er ging an's Fenster, öffnete dasselbe, sah auf die Straße, während ich, in fieberhafter Erregung
immer schneller werdend, nur noch die Verse herunterrasselte!
Nachdem ich mit meinem Aufsagedienst zu Ende, sagte er
etwas zerstreut: „Nun denn, kommen Sie heute Abend in's
Uraniatheater und melden Sie sich bei mir," und entließ mich mit
einer Handbewegung, die mich sofort an den Hofschauspieler
Rott erinnerte, der in einer Gesellschaft im Hause Dr. Heinr.
Smidt's, bei der ich auch zugegen war, dem aufwartenden

Dienstmädchen die Butterbrode, die zum Thee gereicht wurden, mit dem Citat: „Ich gebe euch Zeit, fern von Madrid darüber nachzudenken," ablehnte! Das arme Mädchen, das den großen Rott nicht verstand, heulte erschrecklich und meinte: so dumm sei sie doch garnicht, um gleich nach Madrid zu müssen!

Wieder also war ich einen Schritt näher und der Director selber hatte mich um 8 Uhr bestellt. — Nach Hause zu gehen, dazu fehlte mir die Ruhe — die Aufregung hatte sich meiner derartig bemächtigt, daß ich weder an Essen noch Trinken dachte — ich schlich die Linden und Strecken der Friedrichs-Straße wohl zwanzig Mal entlang, bis der Abend kam. Punkt acht Uhr stellte ich mich im Theater ein; im Versammlungs-zimmer saßen schon mehrere „Vergnüglinge". So wurden nämlich alle die Dilettanten genannt, die dort jeden Sonntag ihr Licht leuchten ließen. Als ich hereintrat, mußte ich mich einer unwillkürlichen Musterung unterwerfen; das noch eben sehr eifrig gepflogene Gespräch stockte, es wurde todtenstill. Da erschien plötzlich mein Gönner vom Morgen, kam auf mich zu und stellte mich der Gesellschaft als Kunstjünger vor, nahm mich mit auf die Bühne hinaus, und flüsterte mir dabei zu, daß er der Souffleur sei — ich sollte nur Alles sagen, was er mir vorsagen werde.

Jetzt begann die Probe! Der Director übergab mir eine Rolle, die ich in aller Eile durchsah, und achtete gar nicht auf meine Umgebung, die, wie ich dann später bemerkte, jede meiner Bewegungen beobachtete und mich mit neidischen Blicken verfolgte; es waren nämlich noch zwei andere Kandi-daten außer mir für diese Rolle da, die mich als den Bevor-zugtesten beargwöhnten. Das Klingelzeichen ertönte und die

Probe begann. Der Director gab mir einen Wink aus der Coulisse, auf die Bühne zu treten; da stand ich nun zum ersten Mal auf dem Theater! Der Director selbst spielte die Citelrolle — es wurde „Steffen Langer aus Glogau" gegeben und mir war der rothhaarige Seilergeselle Jonathan zuertheilt! Meine ersten Worte, die ich zu sagen hatte, stolperten kaum über meine Zunge, doch mein Gönner, der sich die erdenklichste Mühe im Souffleurkasten gab, mir Alles so deutlich wie möglich vorzusagen, hatte sehr bald einen gelehrigen Schüler an mir, denn die späteren Sätze meiner Rolle sagte ich, schon couragirter gemacht, sehr gut nach, so daß derselbe zu wiederholten Malen aus dem Souffleurkasten rief: „Der junge Mann hat Talent — der wird's ganz gut machen!" Der Director nickte bejahend, und nun erfuhr ich erst — als die anderen Kandidaten entlassen wurden — wie sehr dieselben meine Unbrauchbarkeit gewünscht und erwartet hatten! Ich war überselig und stand in den Scenen, in welchen ich nichts zu thun hatte, in den Coulissen, alle Arrangements, sowie die Probe und deren Vorkommnisse anstarrend. Während dessen wurden Erfrischungen hereingegeben — den Damen Thee, den Herren Kaffee. Auch mir präsentirte man eine Tasse Kaffee, die ich schüchtern nahm und ebenso verzehrte. Die Probe war zu Ende und spät in der Nacht kehrte ich in meine Behausung heim. Am nächsten Tage bei der Vorstellung ging Alles vortrefflich und innere Freude verzehrte mich förmlich, denn die Direction war zufrieden. Nicht lange währte mein Aufenthalt am Urania-Theater. Fort zog's mich in die Welt, und eine gute Gelegenheit dazu war auch bald zu finden.

Von einem durchpassirenden Schauspieler ermuntert, nach

Sachsen zu gehen und dort mein Glück zu suchen und zu finden, nahm ich diese Offerte an und reiste mit ihm nach Schneeberg in Sachsen. Der Director hieß Pitterlin; Gage gab es nicht, — man spielte für Victnalien. Dies Verhältniß war so: an der Casse stand ein großer Korb, in welchen die Zuschauer ihren Tribut hineinlegten: Brot, Kartoffeln, Käse und wenn's einer sehr nobel trieb — Eier! Wir spielten nur Stücke starken Kalibers: „Der Wahnsinnige", „Die Giftmischerin", „Die Grabesbraut" ꝛc.; bei letzterem Stücke erinnere ich mich, zwei Kohlrüben und ein Stück Brot als Antheil erhalten zu haben. Und dafür spielte ich den Gustav Wrangel! Vielleicht glich sich für die Zuschauer Leistung zu Leistung aus, — aber ich glaubte mehr erwarten zu dürfen!

Diese sogenannten Einnahmen wurden nach der Vorstellung vom Director unter die Mitglieder vertheilt.

Nachdem einige Monate unter diesen erschwerenden Umständen verstrichen waren, löste sich die Gesellschaft auf, und fort ging's per pedes durch Sachsen nach Dresden! Hier glaubte ich mein Heil zu finden, doch vergebens, — und Berlin hieß die Losung! — Da war ich nun wieder, und wer kann meine Freude ermessen, als mir beim ersten Besuche, den ich einem Agenten machte — mir sofort ein Anerbieten nach Rostock wurde! — Rostock, jetzt hast du's! Sofort fiel mir der alte Mime ein, den ich bei meinem ersten Gange zum Theater auf der Treppe des großen Agenten getroffen. Ich griff mit Freuden zu, — und der nächste Tag sah mich auf der Fahrt nach Rostock. Hier nun erblühten mir wirklich entzückende Tage, und oft gedenke ich derselben in froher Erinnerung.

Ja selbst die letzte Stunde, die damals eine etwas eigenthümliche Stimmung in mir hervorrief, hat mich später oft
lachen machen. — Damals waren die Paßangelegenheiten sehr
schwierige; man mußte, um keine Unannehmlichkeiten zu haben,
mit einem gut visirten Passe versehen sein. Dessen eingedenk,
begebe ich mich vor meiner Abreise in's Paßbureau, fordere
meinen Paß und ersuche um das betreffende Visa. „Wie
heißen Sie?" fragte der Beamte; ich nannte meinen Namen.
Er sucht und sucht, steigt von einer Leiter auf die andere —
findet Nichts. „Ihr Paß ist garnicht hier" ruft er mir schon
etwas gereizt zu „Sie haben ihn nicht abgegeben, — das wird
Strafe kosten!" „Aber erlauben Sie," bemerkte ich, „gleich am
ersten Tage habe ich ihn selbst hergebracht!" — „Merkwürdig"
murmelte er, „nicht zu finden." Da erhebt sich hinter einem
anderen Pulte im Zimmer ein älterer Herr und sagt mit nicht
wiederzugebender Hoheit: „Ja, was sind Sie denn?" „Schauspieler" antwortete ich. „Na so" entgegnete er, und zum
Ersteren sich wendend: „Sehen Sie mal bei V. nach, unter
„Vagabonden", da wird er wohl liegen!" Und richtig so
war's! — Ich erhielt mein Visa und reiste desselbigen
Tages ab. — — —

Beim weiteren Durchblättern meines Tagebuches fällt mir
der Zeitabschnitt Köln 1859 in die Augen. Eberhard Theodor
L'Arronge! — Wer den kleinen Mann, mit stark angelegtem
Embonpoint, dem runden Gesicht, und seinen freundlich blinzelnden
Augen gekannt hat, wird begreifen, daß derselbe demjenigen,
der mit ihm zu verkehren hatte, unvergeßlich sein wird. Als
Mensch in jeder Beziehung der liebenswürdigste, leutseligste
und streng rechtlichste Character, verband er damit als Director

ein gewisses Etwas, das heute so ziemlich im Theaterleben verschwunden ist. Seine Mitglieder bildeten gewissermaßen eine
Familienkette. Er war Helfer und Berather für Jeden und
mancher von Sorgen Gequälte hat durch ihn Erleichterung
erfahren. Dabei war Humor sein stetes Banner. Unermüdlich
auf den Proben und Vorstellungen mit seinen nie versiegenden
Scherzen, ging er, alle übrigen aufmunternd, wie ein Feld-
herr voran. Daß unter diesen Umständen ein stets harmonisches
Zusammenleben und fröhliches Arbeiten an der Tagesordnung
war, ist selbstredend. Wir Jüngeren schlugen auch mal über
die Klinge, machten unser Coulissenspäßchen; es wurde nicht
pedantisch gerochen — höchstens sahen wir L'Arronge mit
einem gewaltig ernst gezogenen Gesicht, das nebenher einen
erst recht komischen Eindruck machte, uns eine Pauke voll
Moral halten — und die Sache schloß mit einer Anecdote, die
er uns zum Besten gab, und die er unnachahmlich zu erzählen
wußte — so daß die Bestrafung für uns eigentlich zum
Genusse wurde. Wie schon gesagt — es wurde viel, sehr viel
Drolliges inmitten der Gesellschaft geleistet, — jedoch eine
Affaire, die mich heute noch lachen macht, trug sich bei einem
Gastspiel Döring's zu.

Der Altmeister kam zu uns nach Köln zum Gastspiel,
und trat als König Philipp in „Don Carlos" auf. Alles war
am Morgen auf der Probe zum üblichen Empfange des
großen Meisters auf der Bühne versammelt. L'Arronge erscheint
mit unserem großen Gast — und die herzlichste Begrüßung
des Bundes älterer Bekannten — sowie die Vorstellung der
Uebrigen findet wie üblich statt. Jetzt beginnt die Probe.
Unsere Souffleuse, — eine alte, magere, blasse Frau, — sitzt

im Souffleurkasten, bebend und zitternd, da ihr schon mitgetheilt war, daß mit Döring nicht gut Kirschen essen sei. —
Nur der Eingeweihte kennt und weiß, was der Souffleur
alles auf sich nehmen muß. Geht die Vorstellung gut, gefällt
der Schauspieler, — so ist das natürlich, selbstredend. Geht's
aber nicht so, gefällt Dieser oder Jener in den Rollen nicht,
so ist der Souffleur oder die Souffleuse schuld, und es giebt
bekanntlich Auftritte, die dem Laien fabelhaft vorkommen.

Also Döring tritt auf und spricht seine ersten Worte:
„So allein, Madame? Und auch nicht eine Dame zur
Begleitung? Das wundert mich!"

Jetzt hält er inne, sieht zum Souffleurkasten, ohne die
Insassin zu gewahren: „Erlauben Sie, das ist ein klassisches
Stück, — da muß man seine Rolle wissen, — also bitte,
schreien Sie nicht so, bitte nochmal von vorne!" Er fängt
also an: „So allein, Madame?" — und — natürlich ist die
Arme im Souffleurkasten still.

Nun fragt Döring: „Was ist los? den Anschlag wenigstens
muß ich doch hören, was treiben Sie denn da?" Jetzt erblickt
er erst das Gesicht im Souffleurkasten. Den Mund weit aufgemacht, den Kopf in die Schulter gesteckt, geht er, wie ein Panther
athmend, in großen Schritten rückwärts, zeigt mit dem rechten
Zeigefinger auf den Souffleurkasten, die lautlose Umgebung
endlich fragend: „Was ist denn das? Das ist ja eine Leiche,
von Leichen laß' ich mir nicht souffliren!"

L'Arronge, die einzelnen Mitglieder, Jeder giebt sich Mühe,
ihn zu beruhigen, — er bleibt dabei: von Leichen läßt er sich
nicht souffliren. Endlich läßt er sich herbei, die Probe
wenigstens zu Ende zu bringen. Nach derselben wird großer

Kriegsrath gehalten, was zu thun, wenn Döring auf seinem
Schein besteht. Endlich kommt L'Arronge zu der Ueberzeugung,
daß es am Abend — bessere Laune geben, das den großen
Meister bejubelnde volle Haus ihn gütiger stimmen wird. —
Nicht derselben Meinung war ich und mein nun verstorbener
College Albert Wisotzky. Wir wollen absolut den Bann, der
den großen Meister gefangen hält, brechen. Sofort geht's zu
einer Collegin, dort leihen wir uns einige Rosen und bunte
Schleifen, dazu ein helles elegantes Kleidchen, falsche Haar-
tour 2c. — und stürzen zur Souffleuse: „Dies müssen Sie für
heute Abend anlegen, machen Sie sich damit so schön, wie
Sie's vermögen, sonst ist's aus."

Die Frau, schon in Angst, daß ihre Stellung gefährdet
sei, geht auf den Vorschlag sofort ein.

Der Abend kommt. Das Haus ist übervoll und L'Arronge,
nicht ahnend, was wir vorhaben, geht schon, die Souffleuse
suchend, um sie für den Gang der Vorstellung nochmals zu
ermahnen, auf der Bühne hin und her. Wir hielten sie versteckt bis zum letzten Klingelzeichen und führen sie aufgeputzt
mit Rosen im Haar, die Wangen geschminkt, in den Souffleurkasten.

Die Vorstellung beginnt. Jetzt tritt Döring auf; stürmisch
empfangen, verneigt er sich und seine Blicke fallen auf die
total veränderte Souffleuse. — Er stutzt, lächelt, schüttelt den
Kopf und murmelt in sich hinein: „Bravo, bravo, sehr gut,
vortrefflich!" — Den auf der Bühne Beschäftigten wurde es
begreiflicherweise schwer, ernst zu bleiben; und mehr noch im
Laufe des Abends, als Döring jedem der Collegen versicherte,
die Alte habe sich merkwürdig seit dem Morgen erholt, sie sehe

ganz ausgezeichnet aus und mache einen „beruhigenden
Eindruck". Die Vorstellung verlief auf's Glücklichste. Döring
wurde bejubelt, und wir erhielten für unsern Einfall, über
den später noch herzlich gelacht wurde, vom alten L'Arronge
warmes Lob.

Betty Thomas=Damhofer.

Was für Erinnerungen knüpfen sich nicht an das erste Auftreten einer Kunstjüngerin, und wie stolze Hoffnungen, welche Luftschlösser werden nach dem vielleicht ziemlich glücklich ausgefallenen ersten theatralischen Versuch aufgebaut! Alles was zur Familie gehört, geht natürlich an dem großen Abend in's Theater; Freundinnen und Bekannte, selbst längere Zeit nicht gesehen, lassen es sich nicht nehmen, dem ersten Debut beizuwohnen, um ihr kritisches Urtheil abgeben zu dürfen. Ganz so war's bei dem meinigen. — Wochen vorher wurde ich befragt und bestürmt: „Woan tritt'st denn auf und in woas für a Roll'? wir sind allesammt im Theater."

Endlich war der Tag festgestellt und der Theaterzettel verkündete: Theater an der Wien, — „Der Bauer als Millionär" von Raimund, — mein erstes Auftreten als „Jugend". Auf der Probe ging Alles ganz gut, und die Collegen und Colleginnen beglückwünschten mich auf das Herzlichste. Im Laufe des Tages nahmen die Besuche von Theilnehmenden kein Ende, — sogar Schulgenossinnen erschienen, um mir ihre Freude kund

zu geben, mich am Abend bewundern zu dürfen. Aber
eigentlich war's, wie sie mir später eingestanden, doch auch
etwas Neugier, mich vorher noch einmal sehen zu können, ob
ich keine Angst empfände und was für ein anderes Gesicht
ich vielleicht bekommen habe u. s. w.

Nun kam der Abend! Die Rolle der „Jugend" hat bekanntlich nur im zweiten Act eine Scene. Ich trat aus der
Garderobe und soll, wie mir selbst die Colleginnen versicherten,
in meinem Costüm nicht übel ausgesehen haben. Meine
Lehrerin, die vortreffliche Frau Herzog, und mein Musikmeister,
der alte Müller, weithin durch seine entzückenden Compositionen
bekannt, nahmen begreiflicherweise den lebhaftesten Antheil
an dem Gelingen des ersten Versuchs. Carl Rott, der
berühmte „Aschenmann", trat zu mir und sagte: „Mäder'l,
Mäder'l, wenn Dir das Schicksal bestimmt, ewig die Jugend
so spielen zu können, wie Du heut' ausschaust, dann kannst
Dich beim lieben Herrgott bedanken!" Ich war selig, daß
endlich mein heißester Wunsch, die Bühne betreten zu dürfen,
in Erfüllung ging.

Nun begann der zweite Act, — keine Furcht beschlich
mich, keine Spur von Lampenfieber, — im Gegentheil, ich
war glücklich, endlich, — wie man sagt — losgelassen zu
werden! Da ertönen die ersten Takte der Musik für meinen
Auftritt. Ich stürze mit dem ganzen Ballet heraus, — ich
singe, tanze und agire, wie es meine Rolle mit sich bringt,
und fühle nicht, daß sich ein Schuh von meinen Füßen löf't,
der, nur durch ein Band gefesselt, die merkwürdigsten Figuren
in der Luft macht; tanze ich nach rechts, — ist mein Schuh
in einiger Entfernung links, — und so umgekehrt. Da plötzlich

bemerke ich, wie Director Strampfer, der bis dahin in seiner Loge der Vorstellung seine Aufmerksamkeit schenkte, auf die Bühne eilt und aus der Coulisse einer der Damen auf der Bühne zuwinkt, mir den Deserteur wieder zuzustellen. Dies geschieht nun auf die geschickteste Weise, indem mir plötzlich hinterrücks der betreffende Fuß in die Höhe geschnellt wird, und ich, die nicht wußte, was mit mir geschah, auf einem Fuße zappelnd, meine Scene mit Rott herunterspielte, der so herzlich zu lachen anfing, daß das Publikum kräftig mit einstimmte. Endlich war das Malheur geheilt: ich hatte meinen Schuh, und die Scene war zu Ende und mit ihr meine Rolle, worauf ich gerufen ward, die üblichen Debutanten-Bouquets in Empfang nahm und fröhlich und guter Dinge nach Hause fuhr. Hier erwartete mich schon mit hellem Jubel der Familien- und Bekanntenkreis. Alles umarmte mich, das Küssen und Herzen nahm kein Ende. Bei dem nun folgenden, höchst bescheidenen Nachtmahl wurde natürlich viel über mein Debut gesprochen, die Meinungen gingen hin und her, — doch den Hauptmittelpunkt bildete mein ent-wichener Schuh:

„Ich weiß nicht", sagte eine alte Tante, „das ist kein gutes Vorzeichen, Schuh verlieren bedeutet Unglück."

„O nein", erwiderte eine Andere, „im Gegentheil, Glück und Zufriedenheit."

Eine Dritte: „Schuh verlieren bedeutet im Lottospiel 44, morgen ist Linzer Ziehung, das werde ich sofort benutzen."

Und so ging's fort, bis man sich trennte. Mich aber, ich gestehe es, beschäftigte der Abend mit seinen Erlebnissen sehr lange! Nach einigen Tagen überkam auch mich die Neugier;

ich wollte wissen, was eine für mich so große Begebenheit
bedeute, und stracks eilte ich zu einer wohlbekannten Karten-
legerin in der Leopoldstadt! Die Alte fragte zunächst nach
allerlei gleichgültigen Dingen, endlich bat sie mich, ihr etwas
speciell mich Betreffendes zu erzählen; sofort hatte ich meine
Schuhgeschichte.

„Ei, ei!", hob sie an: „Sie verlassen Wien, gehen weit
in die Fremde hinaus, — heirathen, ja stehen mit einem Fuß
schon im Ehestande."

Trotz meines hellen Auflachens, versicherte sie mich noch
an der Thür: — „So steht es im Buche des Schicksals, so
wird es kommen und nicht anders!"

Wer kann sich in die Stimmung einer Wienerin versetzen,
wenn sie von ihrem schönen Wien Abschied nehmen soll!
Wien, der Inbegriff aller Glückseligkeit für jedes österreichische
Gemüth! Es ist nicht Heimweh, nicht das Vermissen des
Freundeskreises, — es ist der Gang des verzogensten und
verwöhntesten, herzlich geliebten Kindes aus dem Elternhause.
Mit diesen Gefühlen nahm ich einen mir gebotenen Engage-
mentsantrag nach Berlin an! — — —

Die alte Sibylle jedoch hat Recht behalten, und glücklich
und zufrieden denke ich noch oft an mein erstes Debut und
an die Prophezeihung der Alten aus der Leopoldstadt.

Betty Thomas-Damhofer

Franziska Ellmenreich.

enn ich als ganz kleines Mädchen — es ist noch gar
nicht so sehr lange her — in der Geographiestunde
saß und unser Hauslehrer mit seinem zwei Meter
langen Lineal, das er noch von seinem Vater, der Zimmer-
meister gewesen, besaß — an der großen Landkarte, wo die
Städte kaum mit ihren Anfangsbuchstaben bezeichnet waren,
hin und her fuhr und das gefürchtete Lineal auf einem Punkte
ruhen blieb — es war immer noch gut, wenn es blos auf
der Landkarte ruhen blieb und sich nicht zu oft mit den spitzen
Ellenbogen des mageren Kinderarmes in Berührung setzte,
eine Lieblingsrichtung besagten Lineals, — wenn ich zur Strafe
eine halbe Stunde lang eine schwere, schwere Bibel hoch halten
mußte und Arm und Hand von Zeit zu Zeit erlahmten;
wenn wir dann die Namen der Städte nach ihrer Lage nennen
mußten, — da durchschauerte es mich jedesmal, wenn ich an die
Reihe kam und so unsanft in meinen schönsten Träumereien
gestört wurde.

Geographie war von vielen schwachen, stets meine
schwächste Seite, und dann dachte ich auch in meinem Kinder-

sinn: was gehen mich denn alle die Städte an, wo sie liegen und wie sie aussehen, die ich doch nie sehen werde! Hätte ich ahnen können, daß gerade ich später so viel reisen sollte in meinem bewegten Leben — ich würde Ohren und Augen besser aufgemacht und meinem guten Lorenz weniger Kummer verursacht haben, als ich es in der That gethan, durch ein oft in's Blaue hinein geschleudertes: Paris, Berlin, Hamburg oder London, wenn er berechtigt war, ganz etwas Anderes zu verlangen. In der Folge nun lernte ich alle diese Städte genauer kennen, nicht blos mit dem Gedächtniß, auch mit dem Gemüth, mit dem Herzen, — keine aber auf eine seltsamere Weise, als die stolze Hauptstadt der Britten, das riesengroße, überwältigende London, das ich für so unerreichbar hielt.

Es war zwar freilich nicht zur Zeit der season, sondern zur Zeit eines eigentlich für Petersburg geplanten Gastspiels, als ich nach einer langen Reihe von Telegrammen und Briefen nach London folgende Depesche richtete:

Dover; 8.25; Lohengrin.

Diese drei Worte bedeuteten, daß ich mit dem am nächsten Tage 8 Uhr 25 Minuten früh hier abgehenden Zuge nach London abfahren würde, daß mich Adressat in Dover abholen sollte, und daß ich für die in Her Majestys Theater stattfindende nächste „Lohengrin"-Vorstellung Billets vorfinden möchte.

Mit dieser Reise nach London, beiläufig bei 22 Grad Reaumur Kälte, im December, bei sehr stürmischer Ueberfahrt, hatte ich den Zweck, mich dort — trauen zu lassen, und der Adressat dieses Telegramms war mein jetziger Gatte, der, zu dieser Zeit in London weilend, dort die Hochzeit vorbereitet hatte.

Goethe sagt irgendwo, daß man kein Fest demüthiger, stiller und freier von äußerem Pompe feiern sollte, als das Fest der Hochzeit, welches auf das ganze Leben von so unberechenbarer Wirkung sei. — Wie wenig auch heutzutage das Wort des Dichters im praktischen Leben gelten möge, so sehr waren wir Beide doch erfüllt von der Wahrheit dieses Ausspruchs.

Da war kein glänzendes Brautgefolge, keine ellenlange Hochzeitsschleppe und Predigt, kein Singsang, kein Schmuck, kein Ball mit Vertanzen des Brautkranzes — kein Flitterstaat! Myrthe und Orangenblüthe fehlten nicht, aber — — wir waren allein unter fremden Menschen, die unsere Sprache nicht einmal verstanden......

Nachdem der feierliche Act vorüber, dinirten wir in St. James Hall, nachdem wir eine Spazierfahrt durch Hyde-Park gemacht, an einem ziemlich klaren Wintertage, und fühlten kaum, daß das Thermometer 22 Grad Reaumur Kälte anzeigte; der Abend war jenem herrlichsten Liebesgesange, dem „Lohengrin" in Her Majestys Theater geweiht.

Begreiflicher Weise war die Woche, welche mir mein kurzer Urlaub in London gönnte, — denn ich hatte noch Gastspielverpflichtungen zu lösen, bevor ich als Frau in mein Heim zurückkehren konnte — besonders den dortigen Theatern, deren die Riesenstadt circa 50 mit größeren Bühnen zählt, gewidmet. Prince of Wales Theater ist als Musterbühne mit dem Théâtre Français zu Paris rivalisirend, bekannt. Das Lyceum (monatelang vorher ausverkauft) gab zu der Zeit die sechszigste Vorstellung des »Merchant of Venice«. Irving als Shylock und Miß Ellen Terry als Portia waren durchaus conventionell in ihrem Spiel, manierirt und zum Theil nach

unserem Geschmack carricaturenhaft, ungenießbar; der
Engländer in überwiegender Zahl jubelt über diese Leistungen.

In Drury lane war ›King Henry V.‹, zum hundertsten Male
mit einem Personale von 500 Köpfen dargestellt, zu einer Aus-
stattungscomödie geworden. Das Globe Theater gab damals die
›Cloches of Corneville‹ zum fünfhundertsten Male. Am meisten
interessirte uns ›Drink‹, eine sehr geschickte Bühnenbearbeitung
des Zola'schen Assommoirs im Princess Theater mit einer
Vollendung in den Einzelleistungen, wie im Ensemble dargestellt,
dabei allerdings mit einem Realismus, daß ich mich eines
ähnlichen erschütternden Eindrucks von der Bühne herab nicht
entsinnen kann; u. A. spielt eine Scene in einer Volkswasch-
küche, die so treu ist, daß man die 20 bis 30 Weiber bis über
die Ellenbogen im Seifenschaum ganz correct waschen sieht, und
der Geruch der qualmenden Lauge bis in die Ränge hinauf
steigt. Der Intriguantin des Stückes gießt ferner am Actschluß
nach einem Wortwechsel die erbitterte, bis auf's Blut gereizte
Frau des Geliebten der Person einen Eimer heißen Seifen-
wassers über den Kopf und wir sehen im Fallen des Vorhangs
die triefende Gestalt dastehen und gönnen ihr fast dieses
entsetzliche Bad, das sich die arme Künstlerin nun bereits zum
zweihundertsten Male gefallen lassen mußte; man wird eben
nicht einen Moment aus der Illusion gerissen. Diese und
ähnliche realistische Durchführungen erstrecken sich aber auch
auf die colossalen Einzelleistungen, die in diesem echten Volkstheater in so lebensvoller Form einen Eindruck auf die oberen
Ränge besonders hervorbringen, daß ich glaube: dies Institut
ist eine wirkliche Läuterungs-Anstalt durch solche wahre
Menschendarstellung.

Kürzlich erzählte uns ein Engländer, es sei öfter vorgekommen, daß der Held des »Drink«, Charles Warner,
der eine geniale Leistung geschaffen, von Frauen aus dem
Volke rührende Dankschreiben erhalten, in welchen aus-
gesprochen, wie ihre Männer durch die Wahrheit seiner Darstellung vom Trunke geheilt und ihren Familien wieder-
gegeben seien; gewiß der höchste Triumph der Kunst!

In gleicher Vollendung sahen wir im Adelfi Theater
„Niklas Nickleby", in welch ergreifender Comödie jedes Kind
künstlerisch vollendet mitwirkt, und stehen die Gestalten alle in
einer Frische und Lebendigkeit vor mir, als hätte ich sie gestern
gesehen, und nie werde ich diese Eindrücke vergessen.

„Mademoiselle Favart" im Strand-Theater von einer
französischen Truppe und der obenerwähnte „Lohengrin" von
einer italienischen Gesellschaft in Her Majestys Theater
waren, milde gesagt, stümperhafte Vorstellungen, für die man
bei uns nicht ein Drittel des hohen Preises zahlen, nicht einen
Schritt thun würde, sie zu genießen; dort stets großes Publicum,
Beifall und Enthusiasmus in Fülle. Mittelmäßig war auch
die Vorstellung eines modernen Dramas im Adelfi Theater.

Abgesehen von dem Interesse an der englischen Comödie,
waren die Theater auch die einzigen Orte, wo man der
unbeschreiblichen Kälte entfloh, denn sonst gab es keine
Stunde während meines ganzen Aufenthaltes dort, in der
ich gemüthliche Wärme empfunden hätte. In England
kennt man solche Winter, wie der verflossene, schon seit einem
halben Jahrhundert nicht mehr, und so findet man nirgends
Doppelfenster, nirgends einen anheimelnden Ofen, der unser
deutsches Zimmer so unendlich gemüthlich macht.

Eine riesige Oeffnung im Kamin läßt immer die Gluth eines Fabrikofens sehen und auch die eine Stelle, die dem Feuer am nächsten, empfinden; der ganze übrige Mensch bleibt Eis, innen und außen.

So fehlte auch die Elasticität, alle Sehenswürdigkeiten dieser unerschöpflich reichen Stadt, so viel als wünschenswerth gewesen wäre, zu genießen und recht zu würdigen, und mußten wir uns mit einem kleinen Theil genügen lassen, alles Andere auf eine mildere Jahreszeit versparend.

Dresden, October 1880.

Franz Bittong.

Es sind jetzt elf Jahre her, daß Richard Wagner's „Meistersinger" zum ersten Male in Mannheim aufgeführt wurden. Das war ein Ereigniß. Alles, was sich für Musik und Kunst interessirte oder zu interessiren glaubte, hatte schon mit Gier die Referate der Münchener Aufführungen verschlungen, man hatte die widersprechendsten Urtheile über die Oper gehört, und Wagner's Broschüre: „Das Judenthum in der Musik", hatte nicht wenig dazu beigetragen, die Aufregung auf den höchsten Grad zu treiben. Wie willkommen war da nicht die Gelegenheit, die Oper nun in nächster Nähe hören zu können! Ich hatte von Mainz aus, mit einem mir befreundeten Musiker, das Referat über die Mannheimer Aufführungen für eine größere Zeitung übernommen und wir machten uns nun emsig an das Studium der Partitur.

Ich hatte schon lange vorher in dem mir nahe verwandten Hause Schott (Verleger Wagner's), das Textbuch und einzelne Theile der Musik kennen gelernt und war entzückt davon; aber je mehr wir uns in das Studium der Musik vertieften,

um so mehr surrte und schwirrte es uns im Kopf, es war als
ob wir eine fremde Sprache hörten, — man hört nur Laute,
ohne Worte unterscheiden zu können — so daß wir sehr geneigt
waren, uns im Voraus den abfälligen Urtheilen, die uns zu
Ohren gekommen waren, anzuschließen. Dazu kam noch, daß
wir, ich weiß nicht mehr, aus welchem Grunde, nicht zu der
ersten Aufführung nach Mannheim reisen konnten, und daß
mehrere uns bekannte Musiker, welche der Première beigewohnt, uns nicht genug von den Geschmacklosigkeiten der
Oper zu erzählen wußten. Wir kamen also mit einem recht
netten Vorurtheil zur zweiten Aufführung nach Mannheim.

Die Vorstellung begann. Von Moment zu Moment
lauschte ich mit größerem Interesse dem Werke; jetzt, wo die
Tondichtung verkörpert vor mich trat, wurde mir plötzlich klar,
was Wagner gewollt. Ich war entzückt. Ich hatte nun
Zeit, meinen Freund zu fragen:

„Nun, was sagst Du jetzt?"

„Großartig, großartig," flüsterte er.

Der zweite Act begann. Wir folgten mit gespanntester
Aufmerksamkeit der Oper, nicht ahnend, daß für diesen
Abend die Anti-Wagnerianer eine große Demonstration vorbereitet hatten und daß der Zufall uns gerade im Parquet
mitten unter die demonstrationslustige Clique postirt hatte.
Der zweite Act mit seinen herrlichen Hans Sachs-Scenen
hatte unsere Begeisterung nur noch erhöht und wir fielen von
ganzem Herzen in den Applaus ein, der dem Actschlusse folgte.
Jetzt brach der gut vorbereitete Sturm los. Ein minuten-
langes, betäubendes Pfeifen und Johlen machte plötzlich den
Applaus verstummen. Darauf einen Moment lang Todtenstille.

Da erfaßte mich eine unbeschreibliche Wuth, wie ich sie nur
ein einziges Mal in meinem Leben empfunden, die Wuth,
daß man ein Kunstwerk entgelten lassen wollte, was man
etwa an der Person des Meisters auszusetzen hatte. In
meinem Zorne war ich auf den Sitz gesprungen und hatte
aus vollen Lungen: „Bravo, Bravo! Hinaus mit den
Pfeifern!" geschrieen. Jetzt brach der Beifallssturm von
Neuem los, ein kurzer, aber sehr energischer Kampf, und die
Opposition war besiegt. Als der Vorhang unter donnerndem
Applaus zum dritten Male gefallen war, sammelte mein
Freund und Mitreferent, der mich während der stürmischen
Scene immer an den Rockschößen festgehalten hatte, mit
trauriger Miene die Blätter der Partitur zusammen, die ich
auf der Rücklehne der Vorderbank in Stücke zerhauen hatte.

„Wo sind die Pfeifer? Sie müssen hinausgeworfen
werden. Wo sind sie?" tobte ich, noch immer aufgeregt,
weiter.

„Aber, Mensch, siehst Du denn nicht? wir sitzen ja mitten
unter ihnen", flüsterte mir mein Freund ängstlich zu, und in
der That sah ich verschiedene Gesichter um mich, die mich
mit sehr scheuen Blicken betrachteten. Sie glaubten jedenfalls,
einen sehr streitbaren Klopffechter Wagner's vor sich zu
haben. Die Plätze direct vor uns blieben aber für den Rest
des Abends leer. Meine Wuth verwandelte sich indeß sehr
bald in große Heiterkeit, als verschiedene Bekannte, die gleich
uns nach Mannheim gereist waren, im Zwischenacte mit der
Frage auf mich losstürmten:

„Um Gotteswillen, was hatten Sie denn? Sie waren ja
der wahre Berserker." Auch der Verleger Wagner's kam

im Foyer lachend auf mich zu: „Ich muß Dir zur Belohnung eine neue Partitur schenken." — Ich habe sie aber bis heute noch nicht erhalten.

Am anderen Morgen besuchte mich der unter dem Namen Wallys bekannte Schauspieler von Moser, der Bruder des Lustspiel-Dichters; er war Mitglied des Mainzer Stadt-Theaters gewesen und hatte für den Sommer ein Engagement an der Sommerbühne angenommen. „Ich habe nächstens mein Benefiz" sagte er „können Sie mir nicht ein kleines Stückchen dazu geben?" Blitzschnell schoß mir die Idee durch den Kopf: wie wäre es, wenn man die Grundidee der „Meistersinger" selbst benutzte und dieselbe realistisch, in humoristischer Weise verwerthete, Richard Wagner selbst als Walther von Stolzing, Hans Sachs als komischen Unpartheiischen, und die Componisten unserer Tage, Verdi, Flotow, Meyerbeer, Offenbach, Halevy, Mendelssohn u. s. w. unter den Gestalten des Beckmesser und der übrigen Meistersinger im Streite gegen die neuere Richtung vorführte? Jeder der auftretenden Componisten müßte nur seine eigene Musik singen und das Ganze in lustiger Weise nach allen Seiten Hiebe austheilen, so daß Wagnerianer und Antiwagnerianer sich gleichermaßen daran erfreuen könnten. Gedacht, gethan! „Lieber Freund, ich schreibe Ihnen das gewünschte Stückchen." „Erst schreiben? Mein Benefiz ist aber schon sehr bald." „Schön, morgen sollen Sie es haben." „Morgen?" sagte von Moser etwas gedehnt, indem er mich etwas ungläubig, schräge über die Brillengläser ansah. „Ja, morgen." Ich machte mich an die Arbeit, die rasch von Statten ging, da die Handlung bereits gegeben war; ich arbeitete die Nacht durch, und am Abend des anderen Tages lag der

parodistische Scherz: „Die Meistersinger und das Judenthum
in der Musik" fertig vor mir. Der Musikdirector stellte die
Musik aus den verschiedenen Opernpartituren rasch zusammen.
Die Proben, die ich selbst leitete, gingen vortrefflich. Sänger
und Schauspieler waren mit ganzem Herzen bei der Sache,
kurz, ich konnte mit den Vorbereitungen sehr zufrieden sein.
So kam der Tag der Aufführung heran.

Das Haus — doch ich kann eigentlich nicht sagen das
„Haus", ich müßte eher sagen der „Hain" war sehr gefüllt.
Das Sommertheater war damals, wie überhaupt die meisten
süddeutschen Sommerbühnen, in etwas primitiver Art construirt.
Das verehrliche Publicum saß unter schattigen Platanen in
Gottes freier Luft, das Orchester dito, nur die Bretter, die die
Welt bedeuten, hatten ein Dach, das sie vor dem Zorne des
Himmels schützte. Wenn es regnete, spannte das Publicum
seine Schirme auf, das Orchester dito, und wenn es gar zu
arg wurde, hob man die Vorstellung für ein Viertelstündchen
auf, man ging in corpore in das nahegelegene Restaurant,
und war der Regen vorbei, wurde wieder weitergespielt. Die
Beleuchtungseffecte wurden natürlich alle der lieben Sonne
überlassen, die denn auch, selbst wenn es auf der Bühne Nacht
sein sollte und mußte, ruhig weiterschien. Beleuchtungsapparate
wie Oellampen oder Gasflammen konnte man auch um so
mehr als strafbaren Luxus betrachten, als die Vorstellungen
stets mit Sonnenuntergang zu Ende waren. Im Uebrigen
war es ganz nett.

Der große Tag war also da. Mein Stück sollte den
Schluß der Vorstellung machen. Was vorher gegeben wurde,
war mir selbstverständlich sehr gleichgültig, ich bemerkte auch

gar nicht, daß überhaupt etwas vorher gegeben wurde, ich
bemerkte noch weniger, daß, als mein Stück begann, sich die
Sonne schon bedenklich zum Untergange neigte, und doch sollte
die Vorstellung noch eine ganze Stunde währen. Was war
mir Hekuba, — mein Stück gefiel, man lachte viel und Scene um
Scene wurde mit lebhaftem Applaus aufgenommen, ich
schwamm in Wonne und hätte mich durchaus nicht darüber
gewundert, wenn die Sonne mir zu liebe still gestanden hätte;
doch ach, sie sank und sank immer tiefer, und immer tiefere
Schatten breiteten sich auf die Erde. Die Nase des Musik-
Directors versank immer tiefer in die Partitur, die, wie ich
erst später erfuhr, nur aus Bleistiftnotizen bestand. Auch die
Orchestermitglieder neigten sich immer tiefer über die Noten
herab; ich bemerkte, wie einzelne derselben hülfesehende
Blicke nach Licht umhersandten, ich stürzte aus dem Zuschauerraum nach der Bühne. „Schnell Lampen her, die Musiker
sehen nichts mehr!" „Lampen?" antwortete man mir mit
bewunderungswürdiger Ruhe, „Lampen haben wir nicht".
Verzweifelnd laufe ich wieder nach vorne, es ist noch dunkler
geworden, doch der Mann an der großen Trommel hat in
seiner Tasche ein Lichtstümpchen gefunden und es triumphirend
auf sein Pult geklebt. Gott sei Dank, ein Lichtstrahl, aber
die große Trommel kann mich auch nicht mehr retten. Der
Musik-Director fängt an in der Partitur zu blättern und zu
suchen, er hat den Faden verloren, im nächsten Augenblick
muß Alles aus den Fugen gehen. Da tritt Offenbach auf die
Bühne, das Orchester hat dabei die Gallopade aus „Orpheus"
zu spielen, der damals gerade noch en vogue war. Die
Gallopade kennen sie und spielen sie auswendig. Oben auf

der Bühne beginnt ein Tanz, das Orchester setzt kräftig ein,
es geht vortrefflich. Doch es muß Alles in der Welt ein
Ende haben, auch die Gallopade aus „Orpheus". Oben auf
der Bühne wollte die Handlung doch weiter gehen, und ein
Theil des Orchesters machte auch den schüchternen Versuch,
ein anderes Thema zu nehmen, aber die Majorität, die keine
Noten mehr sehen konnte und doch die Waffen nicht strecken
wollte, fing von Neuem den „Orpheus"-Galopp an, und sie
spielten immer wieder „Orpheus" und oben auf der Bühne
tanzten sie immer noch weiter, wie die Gespensterschatten um
das Grab des Verworfenen. Ich stürze hinauf, sie spielen
immer noch „Orpheus", dort oben werfen sie verzweifelte
Blicke in die Coulissen und fragen: „Was soll geschehen?"
Aber sie tanzen, die Braven. „Vorhang herunter!" schrie
ich. Wir waren mit dem Stücke kaum über die Hälfte
gekommen. Und man war noch so freundlich zu applaudiren.
Als ich wieder herunter in den Garten kam, war er leer
und öde, wie meine Seele. Nur unter einem Baume saß im
tiefen Schatten „ein Mann von Politur", — er war ein Möbel-
händler, er kam auf mich zu, quälte sich ein Lächeln heraus
und versicherte mir, es sei sehr hübsch gewesen. Ich habe
dem Biedermann die Hand gedrückt.

Wenige Tage später begegnete mir der nun verstorbene
Theater-Agent Ferdinand Röder, der zufällig in Mainz anwesend war. „Hören Sie mal, Sie sollen da eine Meistersinger-
Parodie geschrieben haben, geben Sie mir das Ding doch einmal zu
lesen". Wie jeder junge Autor hatte ich selbstverständlich das
Buch in der Tasche. „Ich werde es sogleich vornehmen,
besuchen Sie mich morgen in Wiesbaden." Ich brauche nicht

zu versichern, daß ich am andern Tage pünktlich nach Wiesbaden fuhr. Es schien mir noch zu früh, einen Besuch zu
machen, und ich beschloß, noch ein wenig nach dem Cursaal zu
gehen. Wie ich nun arglos unter der Menge der Spaziergänger einherschlendere, höre ich plötzlich mich mit einer
Stentorstimme anrufen, so daß sich alle Blicke nach mir richteten
und ich vor Schreck fast in die Erde sank.

„Das Ding ist nett, ich kaufe es Ihnen ab."

„Verkaufen möchte ich es nicht," stammelte ich, „aber
wenn Sie den Vertrieb" — —

„Schön, ich schicke Ihnen den Contract. Der Gustav
Michaelis muß die Musik neu arrangiren und eine Ouverture
dazu schreiben". Schon im Herbste brachte mein unvergeßlicher
Freund L'Arronge das später viel gegebene und viel belachte
Stückchen auf dem Stadt-Theater in Mainz zur Aufführung,
und wenn die Gasbeleuchtung auch nicht die beste war, so
haben wir es doch glücklich zu Ende gebracht.

Franz Bittong

Hermann Winkelmann.

Zwar bin ich zur Bühne gegangen, aber auf die Bühne bin ich eigentlich gestoßen worden! Das klingt paradox, aber man wird bald sehen, wie die Sache zusammenhängt. Vor sechs Jahren, als ich aus meiner Vaterstadt Braunschweig nach Berlin gekommen war, besuchte ich daselbst den Vertreter der bekannten Theater-Agentur des vor einiger Zeit verstorbenen Ferdinand Roeder, Herrn L. Toussaint, der kürzlich sein fünfundzwanzigjähriges Jubiläum als Vertreter dieses Geschäftes, unter lebhafter Theilnahme feierte und zum Commissionsrath ernannt ward. Auf eine bezügliche Frage erklärte mir dieser kundige Thebaner: „Der einzige Director, bei dem Sie vorwärts kommen, ist Ed. Sowade!" In der That hatte dieser Name in weiten Kreisen einen guten Klang; Sowade, Niemann's Vorgänger in Hannover, war zwar in seinem ganzen Habitus ein Original, im Uebrigen aber ein ebenso vortrefflicher Mensch, wie tüchtiger Künstler und Director. Er leitete periodisch das fürstliche Theater zu Sondershausen, d. h. immer drei Monate, nachdem er mit der für diese kurze Saison zusammengestellten Gesellschaft

von „Quartals-Sängern" eine Reihe anderer Städte von
bescheidenen Seelenzahlen, wie Mühlhausen, Nordhausen ꝛc.
bereist hatte. Damals „residirte" er in Bernburg, und dorthin
entsendete mich der eifrige Tonssaint mit der Weisung, mich
Herrn Sowade vorzustellen. Ich fuhr denn auch unverzüglich
diesem Ziele entgegen. In Bernburg fragte ich sofort nach
meinem Mann, und wurde mir darauf der Garten eines
Restaurants gezeigt, wo ich ihn finden würde. Da fand ich
ihn denn auch. Inmitten einer Gruppe von Damen und
Herren· in recht simplen Gewandungen thronte ein Herr in
verwegenem Negligée, der eine Geige maltraitirte und dem
Chor, der ihn umringte — es war sein eigentlicher Theater-
Chor — diverse Opern einstudirte. Auf meine höfliche Frage
nach dem Director erklärte mir jener Herr, der mir „in so
fragwürdiger Gestalt" erschien, zu meiner Ueberraschung: „Das
bin ich selbst!" Ich trug ihm mein Anliegen vor, er kam
mir sehr freundlich entgegen, prüfte meine Stimme, die sein
Wohlgefallen erregte, und engagirte mich darauf als „über-
completen Tenor" mit fünfundzwanzig Thalern Gage.
So war denn der erste Schritt gethan, und gleich Max in der
Wolfsschlucht konnte ich nicht mehr zurück. Als erste Stätte
meiner Wirksamkeit ward Mühlhausen gewählt; dort habe ich,
da das Personal noch nicht vollständig beisammen war, bei
den ersten Proben zur Oper „Der Troubadour" die Clavier-
begleitung übernommen.

Leider, obwohl zu meinem Glück, stellte sich bald genug
heraus, daß ein auch nur annähernd genügender Vertreter
des „Manrico" nicht vorhanden war, und so rückte sofort der
„übercomplete Tenor", meine Wenigkeit, in's Vordertreffen;

ich übernahm schleunigst die Titelrolle. Einige mildthätige
Collegen vom Schauspiel, und zwar Herr W. Arndt, der
jetzt wieder mein College am Hamburger Stadttheater ist, und
Kleinecke, gegenwärtig Mitglied des Breslauer Lobe-Theaters,
statteten mich mit den nothwendigsten Costümen aus und
unterstützten mich auch aus dem Reichthum ihrer Schmink-
töpfchen; — wackere Genossen, denen ich diese Liebesdienste
nie vergessen werde. So rückte denn der entscheidende Abend
des Debüts heran; zu Beginn der Oper verfügte ich noch
über den nöthigen Muth, — hatte ich doch zunächst das
Ständchen hinter der Scene, in wohlthuender Verborgenheit
zu singen, und das that ich zu lebhaftem Gefallen des
Publikums. Aber Alles nimmt ein Ende, und so auch das
Ständchen des „Manrico", und als ich nun auftreten, d. h.
coram publico erscheinen sollte, da entsank mir plötzlich der
Muth, der bis jetzt im Verborgenen so schön geblüht hatte,
die Angst lähmte meine Schritte, ich hatte das schönste Lampenfieber von der Bretterwelt. Wer weiß, ob ich je zum Auftreten
gekommen wäre, hätte ich nicht plötzlich einen heftigen
Stoß in den Rücken erhalten, in Folge dessen ich auf
einmal, — kaum wußte ich wie mir geschah, — „draußen", im
Angesichte des sogenannten vielköpfigen Ungeheuers stand. Nun,
da ich so weit gelangt war, ging es auch flott vorwärts; das
Publikum zeigte sich ungemein wohlwollend und spendete mir
reichen Beifall, der auch für den Director aufmunternd genug
war, mir am folgenden Tage bereits als wohlbestalltem Helden-
tenor für Sondershausen, Altenburg und umliegende Weltstädte
eine Gage von siebzig Thalern zu bewilligen. Unter dem
Director Sowade bin ich also, wie Freund Tousfaint richtig

prognosticirt hatte, im vollen Sinne des Wortes vorwärts
gekommen eigentlich aufgetreten — worden, und habe
buchstäblich den entscheidenden Anstoß zu meiner Carriere
empfangen. Dieselbe führte weiter über Darmstadt nach
Hamburg und war schnell und glücklich genug, um bald auch
meinen Vater mit meiner Berufswahl zu versöhnen, lange
bevor ich als Gast in meine Vaterstadt zurückgekehrt war und
meine lieben Landsleute sich in Beweisen der Sympathie
überboten.

Wohin mich fortan auch ein gütiges Geschick noch stellen
möge, — nie vergesse ich das seltsame Debüt des „über-
completen Tenors", das couragöse Ständchen, dann die
obligate Zitterstudie, den entscheidenden Stoß in den Rücken
und — Sowader, Pardon! so weiter mit Grazie.

Carl Baum.

Aus der frühesten Zeit meiner theatralischen Carriere ist mir eine tragikomische Episode, deren Held und — Opfer ich war, in besonders lebhafter Erinnerung geblieben. Sie ereignete sich in der hannover'schen Hafenstadt Emden, kurz nach dem Tode des Königs Ernst August, an der seinerzeit von dem bekannten Obstfelder geleiteten Bühne. Emden war damals noch ein ziemlich altmodisches Städtchen, und in vieler Hinsicht herrschte dort noch ein recht patriarchalischer Zustand. Für den Geschmack der Bevölkerung war es namentlich bezeichnend, daß man sich die Ausstellung von Schweinetrögen auf offener Straße ruhig gefallen ließ und darin gar nichts Anstößiges oder auch nur Unästhetisches erblickte; jeder dieser Tröge, in denen das in seiner Art ja ganz verdienstliche Borstenvieh abgebrüht wurde, trug den Namen und die Nummer des betreffenden Inhabers. Diese unqualificirbare Einrichtung mußte ich vor Allem hervorheben, weil ein solcher Trog es war, der mich um den gewünschten Erfolg einer meiner damals gewichtigsten Rollen be—trog. Ich hatte nämlich den jugendlichen Helden in einem Trauerspiele zu

verkörpern, das den schönen Titel: „Almuth und Engelmann"
führte, und dessen Stoff eine düstere ostfriesische Geschichte
bildete. Die Action dreht sich um die Entführung Almuth's
durch Engelmann, der die Schöne auf sein Schloß gebracht hat;
Almuth's Bruder, ein jugendlicher Held, belagert das Schloß,
um die Schwester zu befreien. Der zugefrorene Schloßgraben
erleichtert den Sturm. Unglücklicher Weise bricht der Rächer
seiner Schwester durch das Schwergewicht der Rüstung in die
Eisdecke ein, ertrinkt schmählich und wird nach dem Sturm
als Leiche herausgezogen. Im letzten Act liegt das Opfer
treuer Bruderliebe auf dem Paradebette, und seine Reisige
und Mannen erweisen ihm die letzte Ehre, indem sie in
Trauerprocession sich um den Sarg bewegen, der mit schwarzem
Tuch verhängt ist, und an dessen Fußende ein kleiner Tisch
als Altar, mit Crucifix und Candelaber steht. Der Vorhang
geht in die Höhe, die feierliche Scene soll beginnen, ich liege
„für todt" auf der Bahre. Da plötzlich vernehme ich ein
unheimliches Geräusch; einer der marschirenden Getreuen ist
mit seiner Hellebarde an dem Altartuche hängen geblieben,
reißt das Altartuch vom Tische, dem Tische folgen unverzüglich
Crucifix und Leuchter, schließlich fällt das ganze Tischchen um,
auch vom Sarge löst sich im Nu das verhüllende Tuch, und
in demselben Augenblick — bricht das ganze Publikum in
schallendes Gelächter aus. Denn vor Aller Augen steht der
blosgelegte sogenannte Sarg, mit der für die guten Emdener nur
zu verständlichen Aufschrift: „Schlachtermeister Kunkel,
No. 5", — ich lag in einem jener famosen Schweinetröge, die
sich in Emden einer so ungeheuren Popularität erfreuten,
für ästhetische oder für feierliche Arrangements indeß absolut

ungeeignet waren. Selbstverständlich befand sich das löbliche
Publikum nun nicht mehr in der Stimmung, den weiteren
Verlauf der Tragödie abzuwarten, — dieselbe ward unbarmherzig todtgelacht und unter allgemeiner Bewegung des tief
erschütterten — Zwerchfells fiel der Vorhang.

Während ich in diesem Falle als unschuldiges Opfer
figurirte, habe ich einmal im „heiligen Köln" in jugendlichem
Uebermuth eine damals viel belachte Verwechselung, oder
vielmehr Verirrung herbeigeführt. Es war zur Zeit des
Carnevals, wo das alte katholische Emporium des „Vater
Rhein" dem Vergnügen Thür und Thor öffnet. Als jugendlicher Liebhaber engagirt — ein damals schmächtiger, bartloser,
das Haar à l'enfant tragender Jüngling, mit ziemlich hoher
Stimmlage — proponirte ich eines schönen Tages die Wette,
als Dame verkleidet und ohne Gesichtsmaske am hell lichten
Tage durch die Straßen zu stolziren und von aller Welt für
ein Mitglied des weiblichen Geschlechts „angesehen" zu werden.
Ich habe die Zweifel meiner Freunde glücklich besiegt, und
dieser Erfolg steigerte meine Kühnheit, indem ich mich anheischig
machte, dem bevorstehenden großen Theater-Maskenball als
„Regimentstochter" verkleidet und ebenfalls ohne Gesichtsmaske beizuwohnen, ohne als einer der „Herren der Schöpfung"
erkannt zu werden. Gesagt, gethan; ich erschien auf dem
Balle als Titelheldin der bekannten Donizetti'schen Oper, und
eine stadtbekannte Persönlichkeit, Caspar H., ein Lebemann
vom reinsten Wasser oder Sect, fungirte als mein „Cavalier".
Es dauerte denn auch gar nicht lange, so steckte ich mitten
in einem echten Abenteuer: ein reicher Kölner Bauunternehmer
S. verfolgte mich andauernd mit liebe- und weinglühenden

Blicken und ruhte nicht eher, als bis ich mich von meinem
„Cavalier", der mich „eingeführt" hatte, trennte und am
Arme des feurigen Amoroso leichtfüßig in die Restauration
schwebte. Dort angelangt, bestellte mein neuer Freund ein
splendides Souper, das üppig genug war, um nicht nur uns
Beide zu befriedigen, sondern auch meinen Angehörigen zu gute
kam, denen ich im Verlaufe des Abends ein hübsches Sortiment
von Delicatessen und Weinen in's Haus schickte, damit auch
sie bei dem Feste nicht leer ausgingen. Bei dem Souper
selbst herrschte ungebundene Heiterkeit; ich wußte meinen
Freund in seiner Täuschung zu erhalten, nachdem ich mich,
auf seine bezügliche Frage, ihm als eine Novize beim Theater,
Namens — Caroline Baum, vorgestellt hatte, und belebte
durch allerlei pikante Coulissengeschichtchen seine Laune stets
von Neuem. Wir trennten uns unter Verabredung eines
förmlichen Rendezvous, welches am nächsten Tage in meiner
Wohnung stattfinden sollte. Ich logirte damals dem Theater
gegenüber, und saß anderen Tages zu der bestimmten Stunde
in dem parterre belegenen Conditorei-Local mit einigen
Freunden bei einer prächtigen Punschbowle, als richtig der
von mir so erbaute Bauunternehmer in bedenkliche Nähe
rückte. Er hatte die Affaire ernster genommen, als ich geglaubt
hatte; ich vermuthete, daß er längst sein gelindes Räuschchen
vom Maskeraden-Abend verschlafen hätte und zu jener
Nüchternheit zurückgekehrt sei, in welcher man — eine
Caroline sehr wohl von einem Carl unterscheiden kann.
Wider Erwarten hielt er an der holden Carolinen-Illusion
fest, und als er mich nun in männlichem Costüm, kurzem,
schwarzen Sammetrock, mit genial flatterndem Tuch, „im

Kreise kluger froher Zecher" erblickte, hielt er mich für — eine jetzt
als Mann verkleidete Caroline, — ein wirklich abenteuerliches Qui-
pro-quo! Er fand die Idee dieser Metamorphose reizend, nahm
mich zur Seite, und tractirte von Neuem mich, „seine Angebetete",
mit gesprochenen und genießbareren Delicatessen. Nachgerade
begann der Raubeflissene mich theils zu dauern, theils zu
langweilen, es war hoch Zeit, der neuen „Comödie der Irrungen"
ein Ende zu machen; so erklärte ich ihm denn mit männlich
kräftiger Stimme, höflichst aber entschieden, daß ich nicht
„Diejenige, welche", sondern „Derjenige, welcher"
sei. Diese Enthüllung brachte Herrn F. aus Rand und Band;
in seiner Beschämung und Wuth zückte er sogar ein Messer
gegen mich, und es bedurfte meiner und meiner Freunde
ganzen Anstrengung, um ihn zur Raison und an — die frische
Luft zu bringen.

Ich brauche wohl kaum zu bemerken, daß ich in der
Folge, wenn ich meinen Mann auf der Straße mir entgegen
kommen sah, jedesmal einen weiten Bogen gemacht habe . . .
O dieser Carneval!

Dr. Franz Krückl.

Um 6 Uhr weckte mich der Conducteur des Schlafwagens aus meiner oft unterbrochenen Nachtruhe. Wir fuhren in die Stadt der „sauren Gurken" ein, — ich freilich mit süßen Erinnerungen: überschritt ich doch die Schwelle meiner Heimath! Auf der prachtvollen Brücke, die ihre weiten Bogen über das breite Thaya-Thal spannt, hat man, gegen Wien fahrend, vom linken Waggonfenster aus, den Ausblick auf das reizende Bergstädtchen Znaim und das „Thaya-dörfl", nach rechts aber eine weite Rundsicht, im Vordergrunde Klosterbruck mit seinen umfangreichen Gebäuden und seiner schönen Kirche, deren, der Sage nach, silberne Glocken schon Friedrich den Großen von Preußen zu einem Aufstiege auf den Thurm reizten. Aus dem Dörfchen unten am rechten Thaya-Ufer lugt ein langgestrecktes, hohes Dach hervor; es reckte sich heute noch mehr in die Höhe, um aus dem dahinsausenden Eisenbahnzuge meinen Gruß auch gewiß zu empfangen... Hatte ich ja doch einst als Kind unter seinem Schutze mein Sängerleben begonnen und bis zu dem Zeitpunkte weiterge-führt, da mein heranreifendes Talent meine Eltern veranlaßte,

mich in die Fremde wandern und vor strengen Kunstrichtern
in der Wiener Hofkapelle Zeugniß meiner Fähigkeiten ablegen
zu laſſen. Und heute, nach beinahe einem Menſchenalter, war
ich nach langer Lehrzeit in der Fremde, auf der Reiſe nach
Wien, meiner zweiten Heimath, begriffen, um vor dem dortigen
Theaterpublikum, welches ſchon F. L. Schröder vor gerade
100 Jahren das kunstverſtändigſte nannte, die Probe meiner
künſtleriſchen Reiſe abzulegen. Ein Blick aus dem Waggon-
fenſter genügte, um mir Raum und Zeit in die Erinnerung
zurückzurufen und in den paar letzten Stunden der Eiſenbahn-
fahrt mein „kleines Sängerleben" im raſchen Gedankenfluge
vorüberziehen zu laſſen.

Ich war ſchon frühzeitig auf den Kirchenchor gekommen. Unſer Schullehrer, Friedrich Fügerl, war gleich
ſeinem Vater ein excellenter Muſiker. Die Orgel behandelte
er mit Meiſterſchaft, nicht nur im freien Spiel der eigenen
Phantaſie, ſondern auch bei Wiedergabe der alten Meiſter,
deren Werke er, von Bach, Händel, Muſſat an bis herab auf
Sechter, im Kopf hatte. Unter ſeiner Führung war der
Kloſterbrucker Kirchenchor in der ganzen Gegend berühmt geworden, und Liebhaber und Muſiker von Fach wirkten gerne
mit. Die Programme ſeiner ſonn- und feſttäglichen Aufführungen enthielten nur Werke der beſten Meiſter und machten
dem Kunſtgeſchmacke des Landſchullehrers alle Ehre. Im
Chore waren vor Allem die Knabenſtimmen durchſchnittlich
durch wenigſtens je vier gute Sänger vertreten, das Orcheſter
enthielt für gewöhnlich außer gut disciplinirten Streichern
(drei bis vier bei jeder Violinſtimme) und einer meiſt voll-
ſtändigen Blechharmonie, noch Clarinetten und ein Fagott,

allerdings nicht immer in sauberster Ausführung. Fügerl saß
an der Orgel, welchen Platz er nur selten an eingeladene
„Ehrengäste" abtrat, und dirigirte von da aus mit eisernem
Takte die Massen, wenn auch ein Anderer den Takt schlug.
Er spielte stets aus dem bezifferten Orgelpart, hatte aber die
vollständige Partitur inne, so daß zum Beispiel bei einer Fuge
keine schwierige Stimmführung ohne kräftige Unterstützung
seinerseits blieb. Mit rücksichtsloser Strenge hielt er auf
unausgesetzte Aufmerksamkeit beim Musiciren, sowohl bei
Großen als Kleinen, wobei er allerdings oft maßlos wurde.
Mitten in einem Musikstücke sprang er von der Orgel auf,
mit einem Satze hatte er die schwätzenden Knaben erreicht,
bei den Haaren oder Ohren gezogen, geohrfeigt, — und schon saß
er wieder an der Orgel, ohne daß irgend jemand Anderer
im Musiciren gestört worden wäre, in einem solchen tempo
furioso prestissimo hatte sich das Intermezzo abgespielt.
Höchstens die eben pansirenden Trompeter oder Hornisten
konnten sich an dem Vorgange weidlich ergötzen. Fügerl war
Alles in Allem, in seiner Art ein musikalisches Genie, welches
selbst dem verwöhntesten Kunstkenner aus der Residenz Achtung
abnöthigte. Seine Schulung war eine äußerst strenge und
genaue, und viele gute Musiker gingen als seine Schüler aus
dem Kirchenchor hervor. Diese Gattung gebildeter Musiker
trifft man auch in Oesterreich unter dem Lehrer-Nachwuchs
immer seltener an, vor Allem, was die souveräne und ge-
schmackvolle Beherrschung der Orgel anbelangt. Meine Lehr-
lingszeit unter seinem strengen Regiment trug denn auch ihre besten
Früchte, und ich werde dem in der vollen Kraft seines Wirkens
verstorbenen Manne stets ein dankbares Andenken bewahren.

Mit dem Gesangunterrichte wurde der im Violinspielen
verbunden, bei mir allerdings ohne besonderen Erfolg.
Eigentlich mit einer Sopranstimme begabt, wurde ich bald
wegen Mangels an Altisten, zum Alt versetzt. Im achten
Jahre sang ich schon Solo, die schwierigsten Sachen, vom
Blatt. Nun begann aber auch die Zeit des anstrengendsten
Dienstes. Bei keiner Kirchenfeierlichkeit, bei keinem vor-
nehmeren Leichenbegängnisse durfte ich fehlen, — und auf den
ungebahnten Landwegen in Hitze, Regen, Schnee und Kälte
stundenlang auszuharren, das war selbst für erwachsene Leute
eine Aufgabe. Freilich gab's auch wieder manches Amuse-
ment, und eine gewisse Heiterkeit des Gemüthes war auch
uns kleinen singenden Leuten zu eigen. So wenn es galt,
eine Wallfahrer-Procession feierlich einzuholen, oder wenn die
weiten Umzüge durch die Felder abgehalten wurden und der
musikalische Apparat des Kirchenchores sammt Trompeten und
Pauken sich daran betheiligte. Diese alten „Naturtrompeten",
die, ohne Ventil, blos mit einer Hand gehalten zu werden
brauchten und daher die Bewegung im Gehen wenig hinderten,
schmetterten zu unserem Gaudium die Töne mit Metall und
Kraft, auch natürlich zu noch größerem Gaudium mit vielen
„Gixern" hinaus. Und auch „künstlerische" Erfolge hatte
der kleine Sänger zu verzeichnen! So mancher städtische oder
bäuerliche Zuhörer, in eine Kirchenecke gedrückt und auf den
Chor hinaufblickend, lauschte dem Sologesange des Kleinen, —
und beim Hinausgehen aus der Kirche, welcher Stolz mußte
denselben erfüllen, wenn die Leute auf der Kirchentreppe
warteten und Einer zum Andern sagte: „Der hat gesungen!"
Ich war 9¾ Jahre alt, als ich zum ersten Male den

Stephansthurm fah und den Concurs für die Aufnahme in die Wiener Hofcapelle mitmachte! Wien! Das alte Wien! Du Wafferglacis mit deinem füßen Meth, und du Wurftel- prater in deiner längft vergangenen Urwüchfigkeit! Die Jugend von heute, die verwöhnte, würde euch vielleicht zu „primitiv" finden, — welche Seligkeiten aber habt ihr uns damals er- öffnet! — — Ich wiederholte den Concurs im nächften Jahre, abermals ohne Erfolg, obwohl ich Alles ficher fang, was man mir vorlegte: Solfeggien, alte und neue Kirchencompofitionen u. f. w., und zwar nur mit Begleitung der Baßftimmen auf dem Claviere. Die gute, nun fchon in Gott ruhende Mutter, unter deren Schutz ich diefe „Gaftfpielreifen" unternahm, hatte größeres Vertrauen in die harmlofen Gefchenke, welche fie in den Küchen der einflußreichen Herren heimlich nieder- zulegen gedachte, als in mein Perfönchen, und bitter wurde fie zwei Mal enttäufcht! Dahin waren die fetten Gänfe, dahin die Fäßchen des beften alten Weins aus dem heimifchen Keller! Endlich, beim dritten Sturmlaufen gelang's! Anfang Auguft 1853 bekam ich das Dekret als „k. k. Hofcapell- Sängerknabe!"

Welch' neues Leben that fich nun auf! Noch nicht heimifch in dem großen neuen Haufe, das mich aufnahm, noch unbekannt mit den Vorgefetzten und Kameraden, mußte ich fchon nach wenigen Tagen bei dem erften Hoffefte, einer Vermählungsfeier in Schönbrunn, mitwirken. Zur Noth wurde mir die Uniform eines ausgefchiedenen Collegen auf den Leib gepaßt, der feidene Strumpf wollte fich auf den gar zu mageren Waden nicht glätten und der Degen mit filbernem Griff entglitt noch allzuoft der unficheren Hand, während der

zweispitzige Hut auf dem Kopfe hin und her balancirte. Aber
unten auf der Straße warteten zwei offene Hofwagen, mit
Seide ausgepolstert, der erste für die fünf Soprane, der zweite
für uns Altisten. Hinter uns stand auf dem Trittbrette der
begleitende Diener, mit scharfem Auge seine Schutzbefohlenen
bewachend. Dies war die erste Ausfahrt in rother Hofuniform,
und ich, so ganz noch „Landpomeranze", suchte so stolz und
kühn als möglich den Blicken der Passanten zu begegnen.
Derlei Fahrten ergaben sich noch häufig. Weithin voraus
leuchteten unsere rothen Uniformen, und mancher Wachtposten,
der, offenbar unkundig der Gesetze der Perspective, unsere
kleinen Leiber für jene ausgewachsener Leute taxirt hatte oder
für welchen allein die rothe Farbe der Hofuniform ausschlag-
gebend war, rief die äußere Burgwache „heraus!" Unter
Trommelschall fuhren wir dann durch das äußere Burgthor,
die Wache präsentirte das Gewehr, — natürlich nur so lange,
bis uns der commandirende Offizier „erkannte", nicht ohne
gleichzeitig seinem Aerger Luft zu machen. Das Publikum
behandelte uns stets zärtlich: „die lieben Sängerknaben!" hieß
es, und noch heute erinnere ich mich der freundlichen Be-
grüßungen, die uns das Publikum bei jener ersten Schön-
brunner Fahrt angedeihen ließ, als wir durch den dichtgefüllten
Schloßhof langsam zur Capelle fuhren.

Die Pracht und der Glanz bei dieser Vermählungsfeier
betäubte mich. Der Weg zum Capellenchore führte durch
lange Gänge, die mit den kostbarsten Gobelins ausgeschlagen
waren. Und in der Capelle das Blitzen und Funkeln der
Diademe, die Farbenpracht der Toiletten und Uniformen, die
glänzende Gesellschaft, aus Allen herausleuchtend die schlanke,

elastische Figur des jugendlichen Kaisers, von dessen Haupte
die Vorsehung erst vor wenigen Monden den meuchlerischen
Stahl abgelenkt hatte!

Dem kleinen Sänger verging Hören und Sehen, und
manchmal mußte ihn ein sanfter Rippenstoß eines älteren und
daher schon ruhigeren Collegen daran erinnern, daß er sich
nicht im Märchenlande, sondern vor einem Notenblatte
befinde.

Solche außerordentliche Hoffeste wurden stets mit Freude
begrüßt, da sie gewöhnlich auch Veranlassung boten, zu ungewohnter Zeit der Schulbank den Rücken kehren zu können.
Die Vermählungsfeier des Kaisers im Jahre 1854, die Tauf-
feierlichkeiten bei Geburt der beiden ersten kaiserlichen Kinder,
von welchen die zweite in Laxenburg stattfand, die Grund-
steinlegung zur Votivkirche, die Schlußsteinlegung zum Arsenale
und vieles Andere bleiben meiner Erinnerung für alle Zeit
eingeprägt. Als ich vor Kurzem zum ersten Male die herrliche Votivkirche betrat, ward ich unter dem mächtigen Eindrucke dieses einzigsten Gotteshauses, beim Gedenken des in den
letzten 25 Jahren Erlebten, bis in's Innerste ergriffen. Stand
ich doch nach langen Jahren und einer strengen, aber heil-
samen Schule des Lebens auf demselben Platze als Priester
einer Kunst, welcher ich schon damals meine jugendliche
Kraft geweiht hatte! — —

Mußte der Hofdienst auf die weltliche Bildung des kleinen
Sängers verfeinernd einwirken, so waren auch zur Entwickelung
der musikalischen Bildung alle nur denkbaren Voraussetzungen
geboten. Der musikalische Unterricht, welcher mit dem
Gymnasialbesuche nicht collidiren durfte, umfaßte, außer

regelmäßigen Gesangsstunden, auch Clavier- und Violinspiel.
Ein gütiges Geschick führte mir bald in dem jetzigen kaiserlichen Rathe Herrn Josef Laimegger einen väterlichen
Freund zu, welcher mich schon damals in die Lehren des
Generalbasses einweihte und unter dessen aufopfernder Leitung
ich späterhin die ganze Compositionslehre mit Einschluß des
doppelten und mehrfachen Contrapunktes studirte.

Dieser private Generalbaßunterricht, an welchem auch
mehrere Kameraden participirten, gab Anregung zur Composition, vor Allem von mehrstimmigen geistlichen Liedern für
den sonntäglichen Gottesdienst, und es entstand ein förmlicher
komponistischer Wettkampf in der kleinen Sängerschaar. Aus
dieser wirken heute noch in musikalischem Berufe: Hans
Richter (Capellmeister am Wiener Hofoperntheater), Josef
Sucher (Capellmeister am Hamburger Stadttheater), Dr. Carl
Zeller (Componist in Wien) und Faistenberger (Hof-
musiker in Wien).

Der rege Verkehr unter den Zöglingen des Institutes
(des gräflich Löwenburg'schen Convictes), besonders in den
Ferienzeiten, entwickelte nebst anderen Gesellschaftsspielen auch
das Theaterspielen. Anfangs versuchten wir es mit
improvisirten kurzen Scenen, worin zwei bis drei „Personen"
auftraten, allmälig aber tauchten umfangreiche „Dichtungen"
auf. Ich selbst erinnere mich eines sieben (!)-actigen Stückes,
welches ich lange auf dem Gewissen, respective wir auf dem
Repertoir hatten; durch die Verwendung vierstimmiger Gesänge
unseres „beliebten Knabenquartettes" erhob es sich über das
Niveau eines blos jugendlichen Spieles.

Von bedeutsamstem Eindrucke auf die musikalische

Entwickelung waren aber die Musteraufführungen in der Hofcapelle, die großen Oratorien-Aufführungen der „Tonkünstler-
Wittwen- und Waisen-Gesellschaft" („Haydn"), bei welchen
wir mitwirken mußten, der Besuch der Hofoper und verschiedener
Concerte, zu welchen (wie zum Beispiel zum Hellmesberger'schen
Quartette) uns Einlaß gewährt wurde. In der Hofcapelle
wirkten noch unvergeßliche große Sänger, wie: Staudigl
und Erl, deren Wesen und Art sich gleich jenem des uner-
reichten Ander, mit unauslöschlichen Zügen dem jungen,
empfänglichen Gemüthe eindrückte. Kamen wir von einer
Aufführung, sei es einer großen kirchlichen, welche durch Solis
des Tenors oder Basses ausgezeichnet gewesen war, oder jener
eines Oratoriums und dergleichen nach Hause, so wurde im
Musikzimmer rasch eine Art Nachaufführung veranstaltet: die
Soprane als Tenöre, die Alte als Bässe wetteiferten mit einander in der Reproducirung der gehörten Gesänge. Vor
Allem herrschte für Staudigl's Meistergesang eine unbe-
grenzte Schwärmerei; die unnachahmliche Tonbildung, die
olympisch heitere Ruhe im Gesichtsausdrucke, der endlose
Athem, jede einzelne Nüance des verehrten, ja angebeteten
Meisters wurde immer wieder nachzuahmen versucht. So
strebten wir, uns nach diesem hohen Vorbilde im Oratorien-
gesange zu bilden, während Ander unser Ideal in der Oper
war und blieb. Noch heute lauscht mein Ohr sehnsüchtig den
Zaubertönen dieser herrlichen Meister aus der Vergangenheit,
und welches Entzücken, wenn in einsamer Träumerei Geist
und Ohr den allzu früh verlorenen Genuß auf flüchtige
Augenblicke wieder zu erobern vermögen!

Alle diese vielfachen Anregungen, welche uns wenigen

Auserwählten wie von selbst entgegenflogen, hätten jedoch
nur halbe Wirkung geäußert, wenn nicht der wahrhaft
freundschaftliche, aufmunternde persönliche Verkehr seitens der
Künstler der Hofcapelle, welche fast durchwegs berühmte
Meister und Lehrer ihres Faches waren, in dem jugendlichen Sänger ein gewisses künstlerisches Bewußtsein, ein
wirkliches Streben nach dem Range und Ruhme der
Meister, mit welchen er wirken durfte, erzeugt und
gefestigt hätte. Obenan standen in dieser Beziehung der
jetzige erste Hofcapellmeister Hellmesberger und der greise
Simon Sechter, der „Papa", wie wir ihn gewöhnlich
nannten. Er war unser Lehrer im Clavierspiel und nahm
auch mit Wohlwollen Kenntniß von unseren Compositions-
versuchen, welche er natürlich nach den strengsten Lehren der
Harmonik begutachtete. Gewöhnlich war das Schlechteste
nach seiner Anschauung dasjenige, worauf sich der betreffende
Verfasser uns gegenüber mehr oder weniger eingebildet hatte.

Auch der Ernst des Lebens trat an den kleinen Sänger
heran. Um jene Zeit begruben wir unsern geliebten Vater.
Wir (drei Söhne), von Wien kommend, hatten ihn nicht mehr
lebend getroffen; zu spät hielt der Postwagen vor dem Vaterhause. Sehnsüchtig sah der Sterbende nach der Stubenthür,
— sie öffnete sich noch immer nicht — da senkte sich der
Todesschleier auf das gebrochene Auge. — — Gleich darauf
verfiel ich in eine schwere Krankheit, welche mich an den
Rand des Grabes brachte. Aber treue Pflege und die Jugend-
kraft des Körpers überwanden sie.

Waren dem kleinen Sänger seine Lehrjahre durch ein
gütiges Geschick mit so reichen Mitteln ausgestattet worden,

so durfte er auch das Lob in Anspruch nehmen, daß er sie nicht unbenützt vorüber gehen ließ. Doch allzu rasch nahte das kleine Sängerleben seinem Abschlusse. Die Mutation der Stimme trat früh (im fünfzehnten Lebensjahre) ein. Das Sängerleben verwandelte sich rasch in ein Studentenleben. Ein schöner Schluß wurde ihm zu Theil. Unter der umsichtigen, nachhelfenden Leitung meines Freundes und Lehrers, hatte ich die Composition einer Messe sammt Graduale und Offertorium vollendet, welche nach meinem Austritte aus der Hofcapelle am 8. September 1836 in der Klosterbrucker Pfarrkirche aufgeführt wurde. Das seltene Fest, an welchem der ganze ländliche Pfarrbezirk und die musikalische Bevölkerung Znaim's rührenden Antheil nahmen, bildet eine der schönsten Erinnerungen vor Allen der noch heute in inniger Liebe verbundenen Freunde, des Lehrers und des Schülers. Fügerl erlebte das Fest noch; er war überall: singend, geigend, blasend. Die Orgel hatte er dem Lehrer des kleinen Componisten überlassen, welcher zum Erstaunen der Landleute, auf einem s e h r hohen Podium stehend, mit aller jugendlicher Energie den Tactstock schwang.

Albert Lebrun.

ie wünschen ein paar skizzirte Humoresken aus meinem Bühnenleben? — Sehr gern, denn es war reich genug an komischen Situationen.

Anno 1843 begann ich, als dreizehnjähriger Quartaner und Mitdirector eines durch Sparkassensturz gegründeten Familien-Actientheaters zu Königsberg, Menschen darzustellen. Anno 1878 beschloß ich als Musenproletarier und Mitdirector eines reichsfundirten Actientheaters, am Stadttheater zu Frankfurt am Main, eine vielbewegte Bühnenthätigkeit.

Mit großen Prätensionen hatte ich das weltbedeutende Familien-Podium occupirt. — Mein Franz von Moor florirte in rothgepudertem Krollkopf, mein Jaromir stolzirte prächtig in rosa Zitzkattun und echtem Goldpapier einher, und mein Balduin von Eichenhorst war ganz von — Pappe. — Kein Wunder, daß die gebotenen Leistungen, durch die glanzvollen Requisiten unterstützt, das Familienpublicum erfreute, entzückte und bezauberte. — Götter! es waren unaussprechliche Leistungen; mein Haar sträubt sich und Gänsehaut überläuft mich kalt — in der Erinnerung freundlichem Asyle. Welch' eine glückliche

Zeit, diese Comödien agirenden Kinderjahre! — „Doch mit des
Geschickes Mächten ist kein ew'ger Bund zu flechten und das
Unglück schreitet schnell". Ein Vernichtungsschlag, in Form
eines erschrecklichen Theaterscandals, sollte unserer soliden
Theater-Association ein jähes Ende bereiten.

Meines zwölfjährigen Mitdirectors, Rudolphs, Mama
feierte ihren Geburtstag — die schöne Professorin, wie die
Königsberger sie nannten. — Natürlich große Festvorstellung:
„Freischütz" mit Brillantfeuerwerk, großes Melodram, frei nach
Kind und Weber — ich war die Agathe! Diesmal spazierte
die Vorstellung über ein großes Draht-Puppentheater; Gymna-
siasten und Studiosen, Schüler des Herrn Professors und
Andere hatten sich in die Rollen und den Chorus getheilt.
Unserer vier dirigirten die Puppendrähte; das sechszehnjährige
Hausfräulein Auguste machte den Capellmeister und das
Orchester; sie spielte die Ouverture und Accompagnements
auf dem Flügel mit anmuthsvoller Virtuosität. Der ganze
„Freischütz", inclusive der Zwischenacte, mochte einige fünfzig
Minuten spielen — Roth- und Blaustifte hatten märchenhaft
gehaust — auf das Glatteis von Ensembles gingen wir nicht
ein und so machte sich Alles ganz vortrefflich — bis zum dritten
Act. O, wir hatten ein dankbares Publicum, — kleine und
große Kinder. — Auf den hinteren Stuhlreihen saßen
Professoren und Doctoren des kneiphöf'schen Gymnasiums
mit ihren Damen, vor ihnen junge Herren von der Universität und Pensionäre des Hauses, dann das mittelwüchsige
Volk und ganz vorne eine überaus lieblich anzuschauende
Kinderschaar, die sich störenden Allotrias gegenüber sehr indig-
nirt zeigte und sich zum Oefteren gezwungen sah, Ruhe zu

gebieten, wenn „die Großen da hinten" zu laut wurden! Da
klingelt es wieder zum Aufzuge und ach — die Catastrophe
brach herein — der unglückseligste aller Wolfsschluchtsacte
begann. Samiel war erschienen und mit Tamtam-Donner
wieder abgetreten. Es kam zur dritten Scene. — Der papierne
Caspar konnte natürlich nicht trinken und so sollten die Worte:
„Er hat mir warm gemacht!" ohne die obligate Entkorkung
der Feldflasche und ohne Trunk gesprochen werden — aber
wir machten die Rechnung ohne ein Extra-Gaudium des
Studiosen Gröbke. „Er hat mir warm gemacht" pfuschte er
plötzlich mit Stentorstimme in unsern Kinder-Dialog hinein;
eine Riesenfaust mit einem gefüllten Glase bewaffnet, erscheint
auf der Bühne und — Himmel hast du keinen Dolch? —
Caspar ist plötzlich ganz und gar mit rothem Wein über-
schüttet. — Wuth und Thränenerguß schnürten der Direction die
Kehle zu. Dem Publicum standen auch die Thränen in den
Augen und es erhob sich schallendes Gelächter. — Das wäre
nun noch so hingegangen, aber Satanas wollte uns an diesem
Abend ganz verderben. Es kommt der Moment des Kugel-
segens. „Ist das Echo postirt?" flüsterte Rudolph. „Jawohl!
steht Alles am Platze, sechs Mann hoch, durch alle Zimmer
bis zur Küche hin!" „Eins!" schreit Caspar, Geister erscheinen
und „Eins, eins, eins!" tönt das Echo schauerlich, mit „Eins,
eins, eins!" erstirbt es in der Küche, wundernett! Jetzt
kommt das feuerspeiende Wildschwein — das wird Effect
machen — Grausen erregen! „Gröbke, die Sau! wo bleibt
die Wildsau?" — „Aha! hier ist sie schon" — „Na schnell,
am Rüssel anzünden!" — „Sacre!" — „Gott, was ist?" —
„Hat einen Weinspritzer bekommen, brennt nicht an" — „So

laß sie fort, zum Deixel, sie werden's nicht merken; bring'
den Drachen und sagen wir Drei!" — „Drei!" schreit Caspar.
Ja wohl! Da kamen wir dem Echo gerade recht, es hatte
sich was mit Drei — „Zwei!" heult das erste Echo schauerlich
„Zwei, zwei" tönt es weiter und mit „Zwei, zwei, zwei!"
erstirbt es in der Küche, wundernett! — „Hier!" ruft Caspar
mit verstärkter Kraft und rollenden Augen, Angstschweiß
perlt über sein Angesicht, ein magisch belenchtetes Gerippe
fällt auf die Bühne — „Drei, drei, drei!" höhnt das gransige
Echo „Drei, drei, drei!" erstirbt es in der Küche, wundernett u. s. w. Nun aber war das Maaß voll. Während
Agathe mit dem Echo handgemein zu werden droht, hat
Gröbke unter allgemeinem Halloh die wilde Sau restituirt,
den Reservoschwärmer aber nicht nach vorne, sondern leider
nach einer ganz anderen Richtung hin befestigt — mit
doppeltem Feuerstrahl, als müßte es das Versäumte nachholen,
sprüht das borstige Ungethüm über die Scene. — „Thür zu!
Thür zu!" donnert das zürnende Regiekommando, und die
beiden Flügel der Mittelthüren schließen sich vor der profanirten
Schaubühne, den kommenden Gräuel wohlthätig verdeckend.
Rudolph hatte das noch sprühende Borstenthier wüthend auf
den Puppentisch geworfen — ein Schächtelchen mit Sprüh-
pulver fängt Feuer — neuer Schreck und großer Jammer! —
Doch schnell ist der Inhalt eines Waschbeckens über der
hüpfenden Pulverschachtel entleert — rasch geöffnete Fenster
entlassen den Qualm. Vor der Zwischenthüre ertönt immer
noch ungeheuerste Heiterkeit, tollster Familien-Jubel — sie
ruhten nicht und riefen uns vor — keine dieser fröhlichen
Seelen hatte eine Ahnung von dem Malheur hinter der Scene;

da öffnen sich die Thürflügel, durch das Proscenium hindurch steckt Gröbke die Nase und annoncirt:

Hochgeehrtes Publikum!
Geh' nicht zu strenge mit uns um. —
Der Mönch verbrannte bis zum Stumpf,
Agathe hat ein Loch im Strumpf.
Der Ottokar, er hat die Ohren
Und Kuno gar den Zopf verloren. —
Den Samiel, der halb verkohlt,
Hat schier der Teufel selbst geholt. — —
Der Epilog macht seinen Knix;
Mit Weiterspielen ist es nix.

Zehn Jahre später erlebte ich einen Hervorruf, der mir das Blut aus den Wangen trieb. Die Direction des Schloß-theaters zu Ansbach hatte drei Gastspielabende mit einer Kunstheroine ersten Ranges contrahirt. Erste Vorstellung „Maria Stuart" mit erhöhten Preisen, kein Billet mehr zu haben. Tags zuvor Probe, ohne den Gast. — „Herr von Klager! Sie treten auf! — Mortimer! Mortimer! Klager!" so rief es vergeblich durch alle Coulissen. Sie hatten gut rufen — Herr von Klager hatte sich französisch empfohlen — war durchgegangen. — Erst allgemeine Rathlosigkeit, dann Conferenz bei der Direction. Mit einer dicken Rolle in der Hand zurückkehrend, steuert die Regie direct auf mich los: „Geben Sie mir den Aubespine retour — Sie müssen den Mortimer spielen." „Sind Sie bei Sinnen? — von heute auf morgen sechs Bogen Jamben?" „Thorheit, der Copist hat das so weitläufig hingeschmiert, es sind kaum vier, das lernt man über Nacht!" „Vom Schlafe überfallen werden — mich blamiren?" „Nehmen Sie kalte Fußbäder — ein probates Mittel gegen den Schlaf!" „Nicht für eine Million!" „Papperlapap! Sie erhalten fünfzig Gulden Extra-Honorar." „fünfzig? Geben Sie her!"

Ziehen wir den Schleier über jene aufregende Februar-nacht; ich hatte redlich memorirt bis gegen 6 Uhr Morgens. Alle Präservativmittel gegen den Schlaf: beständiges Rauchen, Kaffee-Brauen, kalte fuß- und Kopf-Bäder 2c., waren erschöpft, — das Gedächtniß faßte nichts mehr — ich fiel vollständig abgespannt auf's Lager. — Um 9 Uhr wurde ich aus den federn geschüttelt, in einen Pelz gehüllt und zur Probe gefahren, auf welcher alle meine Scenen mit der Diva vorausprobirt wurden; dann durfte ich zurück nach Haus, zur Stärkung und Ruhe. Am Abend ging alles superb, bis zum dritten Acte, aber ein fieber nahte heran, es schüttelte mir Mark und Bein. Die große Gartenscene mit Maria verursachte mir Blutwallungen — ich höre das Anschlagen des Souffleurs nicht mehr — mir wirbelt's vor den Sinnen — nun sollen die Worte fallen:

> Nichts blieb Dir, als die rührende Gestalt,
> Der hohen Schönheit göttliche Gewalt u. f. w.

Gott! ich fand sie nicht, diese Worte, — das Gedächtniß ließ mich sitzen — Entsetzen erfaßt mich, — „Bleibst du stecken" rief's in mir „so bist du verloren — lieber Unsinn reden, als das!" — kurz entschlossen beugte ich das Knie, und:

> So laß, o Holde, Dir denn sagen:
> Daß alle meine Pulse für Dich schlagen —
> Daß Du geliebt wirst wie kein Weib auf Erden! —
> für Deinen Sieg laß mich Dein Sclave werden!

sprach ich frei nach Moreto's „Donna Diana", und dann

mit mächtigem Sprunge Schiller citirend, ohne fernere
Hindernisse:

> Doch! — Wenn nur der Schrecken Dich gewinnen kann;
> Beim Gott der Hölle! erzittern sollst Du auch vor mir u. s. w.

Als das Auditorium mich nach dem Actschlusse hervorrief, war ich in großem Irrthum befangen, Unheil zu wittern;
leichenblaß verbeugte ich mich — doch nur Wenige hatten den
faux-pas bemerkt, und diese gingen nicht in's Gericht mit dem
angehenden Histrionen. —

In späteren Jahren erlebte ich noch manche heitere
Bêtise in „Stuart"-Vorstellungen; — ich hörte einen Paulet,
wohlbestallten Hüter der schottischen Königin, von der Maria
sagen: „Ich bin nicht ihrer Laster Feind" — hierauf
zustimmendes Bravo von der Gallerie; — dann, Sir Paulet,
sich verbessernd: — „Ich bin nur ihrer Laster Feind" — nun
allerdings allgemeiner Jubel vor und auf der Bühne. — Ein
anderes Mal zeigte sich das Publicum einem OKelly gegenüber
sehr dankbar, der sich zu verbergen ging: nicht „in des Nordens
Wälder" — wie Schiller es vorgeschrieben — er ging: „in des
Nordens Süden." Doch was wollen alle diese Anerkennungen
gegen die Ovationen eines Sonntags-Publicums bedeuten, die
einem Officier der Wache zu Theil wurden! Dem Garderobier
und Damenschneider Müllner, einer in Taillen perfecten,
bekannten Persönlichkeit, war aus Gründen plötzlich eingetretener Verlegenheit die kleine Rolle des Offiziers anvertraut.
Er hatte sich dazu gedrängt und im Vertrauen auf seine, in
Dilettanten-Vereinen erworbene Bühnen-Routine, gab man
ihm den halben Bogen in Bangen und Hangen. Er hat
unter Anderem zu sagen:

Ich hielt die Wache
Im Vorsaal, als Mylord die Thüre schnell
Eröffnete und mir befahl, den Ritter
Als einen Staatsverräther zu verhaften.
Wir sahen ihn hierauf in Wuth gerathen,
Den Dolch zieh'n, unter heftiger Verwünschung
Der Königin, und, eh' wir's hindern konnten,
Ihn in die Brust sich stoßen, daß er todt
Zu Boden stürzte — —

Graf Leicester entläßt ihn hierauf, die Königin weiß genug. Die Scene naht. — Burleigh, Elisabeth und Leicester stehen auf der Bühne. — Müllner hat sich brav herausgeputzt, hohe Albastiefeln, drei bunte Schwungfedern auf dem Hut, finger-lange Sporen, Schwert bis zur Erde — so ausgerüstet, harrt er hinter den Coulissen seines Stichwortes; — kurz vor dem-selben erhält er plötzlich einen erschrecklichen Schlag auf die Schulter — wüthend dreht er sich um. „Das kann ich Dir sagen, Müllner!" raunt ihm ein martialisch gebauter Chor-sänger zu „in der Rolle hab' ich schon Manchen stecken bleiben sehen!" „Halt's M . . .!" Mund will Müllner sagen, da — ruft Leicester schon den Wachthabenden „Nur Muth! — es wird schon schief gehen!" sagt der Chorist von vorhin. Strammen Schrittes marschirt er vor, — beim fünften Schritt hat er das Malheur, über die nicht wahrgenommene Leiste des Mittelbogens, und zwar ziemlich arg, zu stolpern — das Publicum fängt schon an, majestätisch zu schmunzeln. Müllner begeht den Fehler, sich nach der maleficanten Leiste wüthend umzuschauen; wieherndes Gelächter. — Elisabeth hält sich krampfhaft an der Sessellehne fest, Burleigh wendet sich, Leicester beißt sich auf die Lippen und stottert unter Thränen: „Erstattet Ihrer Majestät Bericht, wie dieser Mortimer umkam! — Im Auditorium wogte es hin und her, gleichwie ein vielköpfiges Ungeheuer, das unser ängstlich gewordenes Schneiderlein zu verschlingen droht; — Ruhe! schreit der Janhagel auf der Gallerie — Müllner wird sprechen — Todtenstille! — und Müllner spricht:

> Ich hielt die Wache
> Im Vorsaal bis — bis — bis
> Er todt zu Boden stürzte.

Er trabte ab — doch das nützte ihm nichts. „Es rast der See und will sein Opfer haben." Man rief ihn zwei Mal bei offener Scene und zwei Mal mußte er nolens volens sich verbeugen. In seinem Innern aber war's fürchterlich:

> Stürzet ein, ihr Wände!
> Versink', o Schwelle,
> Unter der schrecklichen Füße Tritt!
>
> Schützende Götter des Hauses, entweichet!
> Laßt die rächenden Göttinnen ein.

Albert Lebrun

Clara Horn.

Wohlthätig ist der Feder Macht,
Wenn sie der Mensch bezähmt bewacht. . . .
Doch furchtbar wird der Feder Macht,
Wenn sie der Fessel sich entrafft,
Einhergeht auf der eig'nen Spur
Der freien Tochter der Natur.
Wehe, wenn sie losgelassen,
Schreibend ohne Widerstand! . . . .

Nun soll ich an die Reihe kommen. Also auch mein letztes Stündlein hat geschlagen. Das hat mir in meinen kühnsten Sommernachtsträumen nicht vorgeschwebt, daß ich im Herbst an den Rand des „Dekamerone" gedrängt und hinterrücks in den Strudel der Schriftstellerei gestürzt werden würde. Aber mir gehen die Augen auf: die angeblich so gütige Vorsehung ist unerschöpflich in dämonischen Erfindungen. Dieser neueste schwarze „Dämon", der nicht einmal den mildernden Umstand der Rubinstein'schen Musik geltend machen kann, ist der Episodensammler Philipp, der einige Jahre als Redacteur eines Hamburger Tageblattes mir stets so freundliche Sympathien bekundet hatte, daß ich bis Dato in ihm nichts Böses ahnte und ihm nie zugetraut hätte, daß er als Redacteur

des „Dekamerone" mich so grausam mit dem Gesuch um
einen milden literarischen Beitrag verfolgen würde. Mit der
ganzen Energie und Heftigkeit, deren ich in den Mußestunden,
welche mir mein munter-naiver Beruf gelassen, fähig bin,
rief ich ihm, sobald ich das Pförtchen gehen und den Riegel
klirren hörte, entgegen: „Hier wird nichts Geschrie-
benes gegeben!" — Vergebens versprach ich ihm in dem
weniger beruflichen sanften Tonfall, meine Photographie mit
der seltenen Widmung: „Zur freundlichen Erinnerung . . . .
Hamburg 1880."

Er bestand auf seinem Schein — des Rechtes, er blieb
— conservativ — fortschrittlich — schwarz, Alles vereint, dieser
Mann. (Wenn Herr Philipp mir diesen bedeutenden Einfall,
als „persönliche Bemerkung" streicht, werde ich sehr wüthend
werden.)

„Ich kann bei Ihnen nicht anhalten" (eindeutig aufzu-
fassen), sagte er, „wo bereits fast alle Collegen und Colleginnen
schätzbares Material geliefert haben!"

O diese Collegen, und noch ooer diese Colleginnen! —
dachte ich verzweifelnd. Dennoch vergingen mehrere Tage,
ohne daß ich viel mehr gedacht hätte, und ohne daß der Gefürchtete sein gewünschtes Schwarz auf Weiß getrost hätte
nach Hause tragen können. Wir unterhielten uns, wenn er
kam (er kam eintäglich um den anderen), allerdings von allem
Möglichen und Unmöglichen, und ich hatte mich wieder ein
Mal mit der mir eigenen Grazie, wie er sich ausdrückte, um
die eigentliche Pointe seines Besuches herumgeschlängelt. Aber
ein Mal traf es sich, daß meine Mutter anwesend war, die
in ihrer Güte das Gesuch des Episodensammlers sehr hübsch

und fogar fehr vernünftig fand, und ihm für die Erfüllung
deſſelben ihre mächtige Fürſprache zuſicherte. Sie zerbrach ſich
auch ſofort meinen Kopf, als es ſich nun um die Wahl eines ge-
ſchmackvollen, modernen kleidſamen „Stoffes" handelte, denn ich
hatte in der That keine Zeit zu verlieren, und es wurde bereits im
vollen Sinne des Wortes ein Druck auf mich ausgeübt. Der
Setzerjunge warte, hieß es, der Satz habe ſchon begonnen —
und in vier Wochen müſſe das Werk druckfertig ſein. Dann
wurde auch mit großer Wärme betont, daß mein Beitrag
eine veritable Wohlthat für das Buch wäre, kurz, die
Variationen des Hauptthemas auf meiner Gemüthsſaite waren
endlos. Nun begriff ich zwar noch immer nicht die ethiſche
und aeſthetiſche Nothwendigkeit, im nächſten Monat ein
„Dekamerone" herauszugeben, aber für die Wohlthätigkeit habe
ich ſtets ein offenes Ohr, ein offenes Herz und nun auch ein
offenes Tintefaß, obwohl ich dabei vermuthlich noch ärger in
die Tinte gerathe, als in einem anderen Falle, der mir ſoeben
einfällt, und den ich ſpäter berichten werde; — wenn ich überhaupt ſo weit komme und Herrin meiner Feder bleibe, die
mir der ſchwarze böſe Geiſt in die Hand gedrückt hatte, um
mit einem Schlage den „Krieg im Frieden" in meine ſtille
Behauſung zu tragen. Noch einmal redete ich ihm nachdrücklich
in's Gewiſſen und machte ihm die überraſchende Mittheilung,
daß ich — außerdem gar nichts Ueberraſchendes mitzutheilen
habe; — er lächelte ſchauderhaft kühl.

„Wiſſen Sie, wie Sie jetzt ausſehen?" ſagte ich wüthend.

„Meinetwegen wie Nero", antwortete er gelaſſen, —
„wie ein Dekamero nero!"

Das Wortſpiel gefiel mir: das bringſt du jedenfalls an,

dachte ich. Da ich nun doch schon einen Gedanken hatte, der
nun sogar durch ein Wortspiel decorirt war, auch allmälig
einsah, daß dieser „Nero" unerbittlich sei, und da ich durch
meine Abwesenheit nicht glänzen durfte, durch meine
Anwesenheit es aber nicht konnte, — in Erwägung
dieser Umstände setzte ich mich denn eines durchaus nicht
schönen Tages in einem unbewachten Augenblicke voller Muth
hin, und ergriff sozusagen mit Vergnügen die Feder — und
begann endlich zu schreiben, schlecht und recht, — aber mehr
schlecht als recht. Das Manuskript, das nun zu Stande kam,
machte einen höchst seltsamen, phantastischen, ja geradezu
grotesken Eindruck, selbst auf meine allernächsten Angehörigen,
die ich in die Geheimnisse dieser Skizze einweihte. Den größten
Raum nahmen riesige Striche von halben Seitenlängen und
-Breiten ein, Striche, welche — die nicht vorhandenen guten Einfälle verbergen sollten. Ich schmeichelte mir schon mit der
Hoffnung, daß diese Kriegslist den Herausgeber, wenigstens
die Redactions-Seele in ihm, mit Angst und Entsetzen erfüllen, ihn vielleicht gar von dem ganzen Vorhaben, wenigstens mich betreffend, abschrecken würde, denn ich war überzeugt, daß die ältesten Setzer sich nicht erinnern könnten, ein
solches Manuskript je gesehen zu haben! — —

Mit wahrhaft schadenfreundlichem Lächeln legte ich ihm
am folgenden Tage, an welchem er natürlich wieder mit er-
schütternder Pünktlichkeit seine Aufwartung machte, diesen
Artikel vor, und erwartete, daß er, „unvorbereitet wie er sich
hatte", beim Anblick dieser „Keilschrift" kopfschüttelnd resigniren
würde. Um so peinlicher war ich überrascht, als ich ihn gar
nicht überrascht fand.

„Ich bin an Kummer gewöhnt", bemerkte er mit unheimlicher Ruhe, „fahren Sie nur so fort, die Sache wird sehr hübsch, und — fügte er hinzu, „sollte ich stocken, so werde ich zwischen den Zeilen lesen."

Dennoch konnte es mir nicht entgehen, daß ihm die Lectüre meiner Hieroglyphen mit den zahllosen Fahnen, Strichen und Schlagbäumen nicht geringe Beschwerden verursachte, und so dämmerten neue Hoffnungsstrahlen in mir auf. Trotz alledem geschah das Unglaubliche: er nahm alle Hindernisse wie der beste Renner und langte, wenn auch nicht ganz glücklich, jedenfalls etwas erschöpft, nach etwa zehn Minuten am Ziele an, nickte beifällig und dankte höflich:

„Ganz reizend, liebes Fräulein, ganz — Clara Horn!"

Das war mir aber doch zu viel; ich glaubte er höhne oder scherze, und lehnte Hohn wie Scherz in so furchtbar ernsten Dingen ab. Er aber blieb fest: „das wird gedruckt, nur bitte ich Sie, Ihrer Güte (das Wort nahm ich wieder für Hohn) die Krone aufzusetzen, und eine Art Vorgeschichte Ihres Beitrages zu erzählen". Eine Vorgeschichte, — das schien mir leichter, — und so haben Sie denn Beides, die Introduction und die Erzählung selbst. Vous l'avez voulu!

Meine sogenannte Carrière ist schnell auswendig gelernt, — sie weist nur drei Stationen auf: Berlin, Danzig, Hamburg, und habe ich mir überall die fachgemäße Munterkeit bewahrt, sowohl unter der Fahne Terpsichorens, wie unter derjenigen Thaliens.

Ich habe nämlich, — unter uns gesagt, — als Ballet-Elevin im Königlichen Opernhause zu Berlin das Licht der Rampen erblickt. Mein erster Schritt oder Sprung auf die

Bretter geschah in der Rolle eines kleinen Grenadiers in dem Ballet „Der Geburtstag". Es „schwebt" mir noch lebhaft vor, wie Se. Excellenz der Herr General-Intendant von Hülfen in wirklich höchsteigener Person uns achtundzwanzig kleinen „Ratten", wie, zu meinem größten Bedauern, der technische Ausdruck lautet, mit eiserner Strenge den Grenadier-marsch einstudirte! Man denke! Achtundzwanzig Rat — —, das Wort will mir nicht über die Feder, sagen wir Rangen, das klingt weicher. Wieviel Geduld braucht man nicht oft schon im Verkehr mit einer einzigen solchen Naturerscheinung, und nun gar 28! Indeß, Herr von Hülsen hat diese, wie seitdem gewiß noch manche andere Geduldprobe glücklich über-standen, — und auch ich bin mit heiler Haut davon gekommen, trotzdem mein linkes Nebenmädchen mir jedes Mal beim Präsentiren des Gewehrs mit demselben einen uncommandirten und unbarmherzigen Schlag auf die Schulter versetzte, so daß mir das Exercitium nachgerade höchst ungemüthlich wurde. Zum Glück wurde sie von der angestrebten Carrière sehr bald wieder aufgegeben, so daß weiteres Unheil verhütet wurde; ich aber marschirte und hüpfte lustig weiter, bis ich eines Tages den kühnen Sprung vom Tanzboden auf den Boden des Schauspiels executirte — allerdings an der sicher leitenden Hand meiner verehrten Gönnerin und Lehrerin, Frau Frieb-Blumauer, der ich überhaupt den größten Antheil an diesem innerlichen wie äußerlichen Umsprung zuzuschreiben habe und immer danken werde. Also — pas de Pas, keinen Pas mehr, — das drückte ich noch ein letztes Mal pantomimisch aus — und strebte von da ab der edleren Richtung zu, wo „hoch der Lorbeer steht".

Dieser Salto mortale machte mich natürlich im Kreise meiner Angehörigen und Collegen zur „Löwin des Tages". Es wächst zwar der Mensch mit seinen größeren Zwecken, aber ob ich es vom kleinen Grenadier aufwärts zu einer ersten Hauptcharge mit Verdienstkreuz auf dem Felde der Choreographie gebracht hätte, weiß, außer den Göttern, wohl nur noch Taglioni; jedenfalls war mein Ehrgeiz nun auf ein anderes Feld gelenkt. Für das Fach der munteren Liebhaberinnen brachte ich zwei Dinge mit: die Munterkeit und die Liebhaberei; einige Bekannte redeten mir sogar ein: „gewissermaßen auch Talent", und so zog ich mir gleichsam als Confirmandin der dramatischen Kunst, angemessen längere Kleider an und, siehe da, — während ich bisher nur als Balletteuse „angesehen" worden war, wurde ich als Schauspielerin nun auch angehört, und nebenbei allerdings auch wieder angesehen, und da mich das Berliner und das Danziger Publicum einen Winter ertragen, das Hamburger aber dies sogar schon mehrere Winter fertig gebracht hat, so blicke ich dankbar und vertrauensvoll in die Zukunft. Da man doch einmal in die Zukunft blicken muß, so thut man jedenfalls gut, dieses Geschäft gleich mit Vertrauen zu besorgen, obwohl dasselbe häufig ebenso gründlich getäuscht wird, wie das Vertrauen auf die Menschen. Nun bin ich endlich „bei der Sache", die ich eigentlich erzählen wollte. „Die Sache ist nämlich die":

Im Sommer 1878 weilte ich in dem bekannten Alexisbad im lieblichen Thale der Selke, am Abhange des Harzes. Sieben Tage waren dahingeschlichen, die Badegäste mit ihnen, und ich erfreute mich bereits, Dank dem immerwährenden

Regen, der vorgeſchriebenen Langeweile, — auch Ruhe
genannt. Abgeſehen von einigen liebenswürdigen Hamburgern
und Hamburgerinnen, unter Anderen der ſtets heiteren Frau
R . . . e mit Tochter, beſorgten mir nur zwei junge Leute
einige Abwechſelung, von denen der eine übrigens ein alter
war. Letzterer war Maler und hatte in dieſer Eigenſchaft
eine Averſion gegen mich gefaßt, er haßte nämlich die Mode
der enggebundenen Kleider, in denen ich nach meiner Façon
ſelig werden wollte. Der Andere jedoch, ein ruſſiſcher Jüngling, hatte gerade wegen dieſer Averſion eine Averſion gegen
den Maler gefaßt, während er in mir eines jener Ideale zu
erblicken ſchien, welche zur Verherrlichung und Belebung
der Curorte dienen, um ſo mehr, als er hinter dem Rücken
der Curliſte ſogleich erfahren hatte, „woher ich kam der
Fahrt und wie mein Nam' und Art". Da brachte ein Tag
neues merkwürdiges Leben. Ich bemerkte am Morgen auf
der Promenade einen „Auflauf": Nicht weniger als drei
Menſchen umringten einen zu Boden geſunkenen Menſchen,
der ein Tuch um den Kopf trug, und der, wie ich ſogleich
erfuhr, durch einen traurigen Zufall einen Schuß in's Auge
erhalten hatte; der Arme ſei umſomehr zu beklagen, als er
Frau und Kinder habe und in den drückendſten Verhältniſſen
lebe. Schnell entſchloß ich mich, für den Armen und die
Seinen zu ſammeln, und hatte nach kurzer Zeit eine ganz
anſehnliche Summe in der Collecten-Schachtel. Unterdeß
hatte man den Armen zu einem in der Nähe wohnenden
Arzt gebracht, und gerade als wir Alle, — „himmelhoch
jauchzend", meine Einnahme zuſammenrechnen wollten, ſtürmte
der Beklagte ganz flott, trotz ſeiner von dem Ruſſen ſo ge-

nannten „krummlichten" Beine, an uns vorüber in den nahen
Wald, und ein Gensdarm mit dem Ruf: „Haltet den Wilddieb!" hinter ihm her. Von da ab weiß ich nur noch, daß
ich wie besessen hinter dem Gensdarm herlief, und wir dann
Beide „zu Tode betrübt", zurückkehrten. Es stellte sich heraus,
daß der Verfolgte sich in der That eine kleine Verletzung an
der Stirn zugezogen hatte, aber eine ganz unbedeutende und
diese — bei der Wilddieberei! Ich schlich mich aus dem
Trubel fort, ging in mein Kämmerlein, und weinte bitterlich
bis zum Diner, welches ich diesmal sehr fürchtete, nicht weil
ich Rindsbraten ahnte, — das wäre geschmacklos — sondern
weil ich vermuthete, daß der Bade-Arzt und Vorstand
Dr. Rahn die Affaire erläutern und mir in dieser Erläute-
rung die Rolle der voreiligen Wohlthäterin zufallen würde.
Und es kam wirklich Beides: der Braten und auch die Rede,
die letztere aber ungleich schmackhafter und würziger und
voller Humor, so daß meine Furcht ganz unbegründet war.
Nur bei der einen Stelle der Rede: „obgleich Fräulein Horn dem
ihrer Theilnahme so Unwürdigen schnellfüßig nachsetzte, um
ihm das Geld in die Westentasche zu stecken, konnte er doch noch
ganz anders laufen als sie — — stieß mein Dos-à-dos ein
schroffes „Ha, ha!" hervor; — ich sah mich um, — es war
der Maler! Ich habe nie begriffen, was er damit sagen wollte.
Ob er wieder auf die engen Kleider anspielte? — —

Das Diner verging unter vielen Witzen und Lachsalven,
zu denen ich und meine Collecten-Schachtel, die nun gänzlich
ihren Beruf verfehlt hatte, den Stoff gaben. Der Schlußeffect
war, daß ich ebenfalls sehr lustig mich mit meiner Schachtel
an der Thür aufstellte und meine Einnahme Mark für Mark

wieder ausbot. Die Stimmung hob sich dadurch nur noch mehr, man beschloß, mir noch etwas d'rauf zu geben; so kam eine sehr stattliche Summe zusammen, von der die Hälfte doch noch die Familie des Wilddiebes bekam, während die andere Hälfte den Armen des Ortes überwiesen ward. Auch in jenem Wilddieb war also jene Kraft verkörpert, die das Böse will und das Gute schafft. Uebrigens: u. A. w. g., — d. h. und Abends wurde getanzt!

Und das ist die kleine Affaire, die ich in Ermangelung bemerkenswerther künstlerischer Ereignisse — auch nicht erzählt haben würde, wenn dieser schreckliche Episodensammler mich nicht dazu provocirt hätte. Den waghalsigen Sprung von der Bühne nach Alexisbad wird man hoffentlich meiner anfäng-lichen theatralischen Thätigkeit zu Gute halten. Daß ich mir auf diese literarische Belastungsprobe nicht das Geringste einbilde, brauche ich wohl nicht zu versichern. Ich werde im besten Falle eine Literatur-Elevin bleiben, — oder eine Bücher-Ratte. „Wehe, wenn sie losgelassen!" — —

Clara Horn

Wilhelm Hungar.

Im Jahre des Heils 1837, als eine matte Februar-
sonne auf Berlin's schneebedeckte Straßen und
Plätze schien, ward ich von einem meiner Freunde
aufgefordert, an einem Comödienspiel theilzunehmen, welches
demnächst im Hause seiner Eltern stattfinden sollte. Das
Wort Comödie war genügend, mir ein freudiges Jawohl, mit
dem größten Vergnügen! zu entlocken. Es erfolgten denn auch
die Aufführungen, bei denen wir Alle den reichsten Beifall
ernteten, von welchem auch mir ein bedeutender Theil zufiel.
Wie, wenn der Löwe einmal Blut geleckt hat, ihm solches
vortrefflich schmeckt, so ging es mir mit dem Comödiespielen;
es gefiel mir vortrefflich, und als mein Freund, in dessen
elterlichem Hause wir die ersten Talentproben ablegen durften,
mir den Vorschlag machte, im vollen Ernste „unter's
Theater" zu gehen, war ich sogleich bereit, seinem Plane zu
folgen. Da nun mein guter Freund wieder einen guten
Freund hatte, welcher sich bemühte, dem deutschen Volke die
Gestalten seiner Dichter zu verkörpern, so war es wohl ganz
natürlich, daß dieser uns an sich zog, wie der Magnet das

·Eifen. „Frifche Fifche, gute Fifche", dachte ich und machte mich mit meinem guten Freunde auf den Weg zu feinem guten Freunde, der in **Luckau**, einem zehn Meilen von Berlin gelegenen Städtchen, dem· Director **Cöldte** feinen Thespiskarren ziehen half. Als Beförderungsmittel der ficherften und billigften Art dienten uns Schufters Rappen; fie brachten uns wohlbehalten nach **Luckau**, welches ahnungs· lofe Städtchen zur Feier unferer Ankunft weder illuminirt noch geflaggt hatte. Ich habe vergeffen, ob es ein Hotel erften Ranges war, in welchem wir unfer Quartier nahmen, oder ob zweiten oder letzten Ranges; fo viel weiß ich, die Erwartung ließ uns nicht fchlafen und die „rofenfingrige Eos" überrafchte uns noch wachend. Der Freund des Freundes kam fehr früh zu uns, und rief uns ein ermunterndes: „Nur immer vorwärts, nur Courage!" zu; die fehlte mir denn auch nicht, wohl aber meinem Freunde, fo daß ich um 11 Uhr Vormittags mich allein in das Bureau des Theater- leiters Cöldte bemühen mußte. Ich ftand vor der Thür, noch war der Rubikon nicht überfchritten; aber nur ein befcheidenes Klopfen meinerfeits und er wurde es. „Herein!" rief eine klangvolle, etwas fächfifch angehauchte Stimme. Für die nächften Augenblicke fehlt mir nun jede Erinnerung, aber nur für Augenblicke, denn fehr bald bemerkte ich, daß das Gefchäfts· Bureau zugleich das Frühftückszimmer des Directors war. Am Tifche, welchen mehrere Eß· und Trinkvorräthe fchmückten, faß der Mann, von deffen Entfcheidung mein Schickfal abhängen follte, und ihm zur Seite, ein Butterbrot ftreichend, auf dem fchwellenden Divan ruhte ein junges Weiblein, in dem ich nicht mit Unrecht die Frau Directorin vermuthete.

„Was wünschen Sie denn eigentlich?" fragte mich der
Director, indem er seinen Imbiß bei Seite legte und sich mit
Würde erhob. „Entschuldigen Sie," so oder ähnlich wird
wohl meine Antwort gelautet haben, „ein heiliger Drang
treibt mich zur Bühne und so wollte ich Sie, den erfahrenen
Director, um die Gunst bitten, unter Ihrer berühmten
Leitung meine ersten Talentproben ablegen zu dürfen."
„Haben Sie denn schon 'mal gespielt?" examinirte mich der
Bühnendirector, meine neunzehnjährige Gestalt mit Kenner-
blicken musternd. „Ja wohl, einige Male bei Privat-
Aufführungen, und ich darf wohl sagen, nicht ohne Glück,"
lautete meine bescheidene Antwort. „Na hören Sie, darauf
gebe ich nun gar nichts," bemerkte der mächtige Mann, meine
Gluth dämpfend, „da gefällt man immer; aber was wollen
Sie denn eigentlich spielen?" — Ich reckte mich um einige
Zoll über mich selbst hinaus und sagte im vollsten Tone,
dessen meine angehende Männlichkeit fähig war: „Väter
und Haudegen!" Der Ausdruck „Haudegen" schien dem
Director besonders zu behagen, denn ein leichtes Lächeln
umzog seinen bis dahin strengen Mund, und er blinzelte
seiner jungen Gattin ganz unmerklich zu. „Was wollen Sie
spielen," fragte er nochmals, „was?" Und ich wiederholte in
harmloser Ehrlichkeit und im tiefsten Baß: „Väter und Haudegen!" Jetzt umspielte auch ein Lächeln den Rosenmund
der jungen Frau Directorin; sie sah ihn an, er sah sie an
und das Resultat war, daß ich zum Nachmittag um 3 Uhr
wieder zur Direction beschieden wurde. Um 11½ Uhr stand
ich wieder vor der Hausthür, noch immer unwissend, welches
mein Schicksal sein würde. Mein zaghafter Freund half mit

seinem Freunde, der mich bereits „lieber College" benamste,
mir die langsam schleichenden Stunden zu kürzen. Zehn
Minuten vor 3 Uhr stand ich bereits vor der verhängnißvollen Thür und mit dem ersten Schlage pochte ich wieder an;
wie am Morgen tönte es: „Herein!" — Es war Alles unver-
ändert, der Director und die Directorin, nur der Frühstücks-
tisch nicht, welcher sich als praktisches Hausgeräth in einen
Kaffeetisch verwandelt hatte. — „Ich habe mir das überlegt,
mein Herr," sagte der Luckauer Bühnen-Director, „ich kann
vielleicht noch gerade ein Mitglied gebrauchen, und so möchte
ich es eigentlich 'mal mit Ihnen versuchen, Sie junger — Haudegen. Sehen Sie diese Rolle, können Sie die wohl bis
morgen lernen?" Er nahm eine Rolle vom Tisch und gab
sie mir. Aber noch ehe dies geschehen, antwortete ich mit
einem kühnen: „Ja, gewiß." Mit Freuden hätte ich jede
Rolle gelernt und wenn sie dreimal so schwer gewesen wäre,
wie die, welche ich nun in der Hand hielt. „Na, denn
wollen wir's versuchen; um 9 Uhr ist Probe, also lernen Sie
ordentlich!" sprach der Director und entließ mich mit einer
annuthigen Handbewegung. Vor der Thür warf ich einen
Blick des Glückes und der Erwartung auf die Rolle und
verließ mit stolz erhobenem Haupte das Haus, um mich mit
majestätischen Schritten zu meinem Freunde zu verfügen, der
meiner harrte. „Ich spiele morgen," rief ich ihm freundlich
herablassend zu. „Ach, du Glücklicher," sagte er, nahm seinen
Hut und begab sich, mir rücksichtsvoll Zeit zum Studiren
meiner Rolle zu lassen, zu seinem Bekannten, dem bereits
vollendeten Mimen. Und ich lernte und lernte, so daß, als
die Beiden nach Verlauf von einigen Stunden zurückkehrten,

ich die Rolle auswendig wußte. Und aus Abend und
Morgen ward der andere Tag, der Sonntag, der 17. April
des Jahres 1837; Zettel verkündeten „dem hohen Adel und
dem geehrten Publicum" erstens, daß das schaurig schöne
Stück: „Die Grabesbraut", Schauspiel in fünf Aufzügen und
einem Vorspiel — irre ich nicht — von Bahrdt aufgeführt
werden solle, und zweitens, daß Herr Hungar aus Berlin
die Rolle des Generals Altringer spielen würde. Ja, da
steht's: der General Altringer sollte mein erster theatralischer
Versuch sein. Vor der Probe sprach ich meinen beiden
Freunden noch die Rolle vor, und der eine von ihnen, der
Zaghafte, seufzte, wie ich meinte, vor Bewunderung, der
andere, der Menschendarsteller, sagte: „Spielen Sie die Rolle
heute Abend ebenso, und Sie werden engagirt, junger
Freund!" — er war nämlich ein bis drei Jahre älter als ich.
Die Probe unter persönlicher Leitung des Directors begann
und ging auch glücklich vorüber, ohne daß ich Grund zu
Störungen gegeben hätte; ich fühlte mich wie der Fisch im
Wasser, die Rolle sagte mir zu, sie erforderte ein kräftiges
Organ, über welches ich im reichsten Maaße verfügte, kurz
sie schlug in das Fach der — Haudegen.

Der Abend kam; — ein stilles Bangen erfaßte mich doch,
als Luckau's biedere Bürger zum Musentempel strömten. Aber
noch ehe der erste Luckauer das Schauspielhaus betreten hatte,
schritt ich, angethan mit kriegerischem Waffenschmucke,
bestehend in einem breiten Schlachtschwert, einem nicht gerade
blinkenden Harnisch und einem großen Helm mit riesigem
Federbusch, auf den weltbedeutenden Brettern umher. Von
der Ausstattung, welche bei unserm Thalia-Theater so wohl-

thätig der Phantasie zur Hülfe kommt, war im Luckauer
Theater wenig zu bemerken, man befleißigte sich dort noch
einer beinahe Shakespeare'schen Einfachheit. Das Podium
erhob sich nicht viel über den Boden und es führten zwei
Stufen zu demselben empor, und zwar gerade so, daß dadurch
der Eintritt der Darsteller durch die Thür im Hintergrunde
bewerkstelligt werden konnte. Ich spazierte stolz hinter dem
Vorhange auf und ab, bis der Ton der Glocke, welche das
Zeichen zum Beginne der Vorstellung gab, mich von der
Bühne, auf welcher ich mich schon ordentlich heimisch fühlte,
vertrieb. Doch man soll den Tag nicht vor dem Abend
loben. Ich stehe, meines Stichwortes harrend, hinter dem
Prospecte, da endlich höre ich es und will mit stolzen Schritten
eintreten, aber ich hatte die Rechnung ohne die niedrige
Thür der Luckauer Theaterdecoration gemacht; ich selbst
freilich hätte wohl eintreten können, aber — der Helm blieb
draußen, die Thür streifte ihn mir vom Haupte, daß er mit
Donnergepolter die Stufen herabfiel, worüber das Publicum
nicht höflicher, aber begreiflicher Weise sich köstlich amüsirte.
Schnell entschlossen folgte ich meinem Helm, hob denselben
auf und stülpte ihn mir auf's Haupt, worauf ich wieder die
Stufen emporstieg und nun, durch Schaden klug geworden,
gebückt zum ersten Male vor die Oeffentlichkeit trat, was dem
verehrten Publicum wieder so komisch vorkam, daß es abermals in ein donnerndes Gelächter ausbrach. Aber der Haudegen Altringer darf sich so leicht nicht verblüffen lassen, und
so sprach ich trotz des Gelächters meine Rolle fest und sicher
bis zum Schluß, wobei ich noch die Genugthuung erhielt,
daß das Publicum schließlich aufmerksam auf meine Reden hörte.

Ob ich in der, diesem verhängnißvollen Abend folgenden Nacht geschlafen habe, weiß ich wirklich nicht zu sagen, das aber weiß ich bestimmt, daß ich am nächsten Morgen mich wieder pünktlich beim Director vorfand, welcher mir eine Anzahl schwerwiegender dickleibiger Rollen, d. h. geschriebene in die Hand gab, mit dem Bemerken: „Na, denn lernen Sie man ordentlich d'rauf los, mein Guter!" Das that ich denn auch und hatte das Vergnügen, die Scharte des ersten Debüts auswetzen zu dürfen. Nach ungefähr acht Tagen und Bewältigung einer unzähligen Bogenmenge beschied mich der biedere Führer unserer Gesellschaft zu sich. „Nun hören Sie," fragte er mich, „wie steht es denn mit den Papieren und der Einwilligung der Eltern, Sie — Haudegen?" Als ich antwortete, daß ich nur noch eine Mutter und einen Vormund habe, meinte er: „Nun mein Guter, dann gehen Sie zurück, verschaffen Sie sich die Einwilligung Ihres Vormundes und die nöthigen Papiere und Sie sind bei mir engagirt." Der geehrten Direction — denn auch die Frau Thespiskarrenführerin war gegenwärtig — innigst dankend, verließ ich das Directorialzimmer, welches dieses Mal auch als Garderobe für Ritter- und andere Costüme benutzt wurde.

Ebenso stolz und glücklich, wie mein Freund gekränkt und demüthig, ging ich nach Berlin zurück, erhielt nach mancherlei Vorstellungen und Ermahnungen die nöthige Einwilligung, wie die Papiere und marschirte dann wieder nach Luckau, wo mir der Director eine w ö ch e n t l i ch e G a g e von z w e i Th a l e r n bewilligte. Ich beneidete keinen König, ja ich hätte für die Hälfte schon Comödie gespielt. So ward ich ohne jegliche Vorbereitung Schauspieler; diese

Laufbahn eingeschlagen zu haben, habe ich bis heute nicht bereut, denn der „alte Handegen" hat zwar mit vielen Fährlichkeiten kämpfen müssen, sie doch aber schließlich glücklich überwunden.

Ich blieb ein halbes Jahr bei der Töldte'schen Gesellschaft, nachdem ich als Anerkennung eine Zulage von einem halben Thaler per Woche erhalten; aber als wir in Spremberg gaukelten, hörte ich, daß die weitberühmte Faller'sche Gesellschaft in Cottbus spiele. Zu dieser zu kommen war lange der Wunsch des jungen Anfängers, und so wanderte ich eines Tages nach Cottbus und fand auch hier Gnade vor den Augen der Directorin, welche mich mit einer Wochen-Gage von drei Thalern engagirte. Director Töldte hat mich angesichts dieses bedeutenden Gehaltes — sein erster Liebhaber bekam ja nur ebenso viel — mit guten Wünschen entlassen, und bald empfingen mich Cottbus' stolze Mauern, und ich die Lehren meiner geehrten Directorin, welcher ich noch heute die dankbarste Erinnerung bewahre.

So war der Anfang meiner Laufbahn, welche ich hier für Alle, die ein wenig Interesse für mich und meine Leistungen haben, erzählte.

Wilhelm Hunger

Ernst Formes.

s war im Jahre 1854.

Ich gastirte am kaiserlichen Theater zu Petersburg.

Lablache war damals erster Bassist der dortigen italienischen Oper, und der ausgesprochene Liebling des Kaisers Nicolaus.

Mein Gastspiel währte wohl ein halbes Jahr.

Kaiser Nicolaus, der keine meiner Vorstellungen versäumte, kam sehr oft zu mir auf die Bühne und zeichnete mich bei jeder Gelegenheit durch eine längere Unterhaltung, durch einen Händedruck, ein Compliment ꝛc. ꝛc. aus.

In meiner Abschiedsvorstellung — ich sang den „Marcel" — befand sich der Kaiser wieder auf der Bühne, und wieder in einer längeren Unterhaltung mit mir.

Plötzlich das Gespräch abbrechend, fragte er mich:

„Sagen Sie, lieber Formes, wer ist wohl jetzt der erste Bassist der Welt?"

Kurz gefaßt, antwortete ich:
„Majeſtät, Lablache iſt — der zweite!"

— — — — —

So erzählte mir mein Vater.

Siegwart Friedmann.

Also Geſchriebenes verlangen Sie von mir? — Was wohl die Herren Kritiker und Literaten von Beruf dazu ſagen würden, wenn wir Schauſpieler von Beruf mit dem Erſuchen an ſie heranträten, doch einmal zu irgend welchem Zweck, ſei er nun ein guter oder böſer, öffentlich Comödie zu ſpielen? — Die meiſt ſo klug ausſehenden Geſichter dürften wahrſcheinlich etwas erſtaunt d'reinſchauen, und von uns fordern Sie ſchlank und ſchnell: wir ſollen ſchreiben! Iſt es denn noch nicht genug, daß wir von Anderen über uns ſo viel ſchreiben laſſen müſſen? Und nun ſollen wir ſelbſt die Feder zur Hand nehmen und erzählen.

Ich meinte, es ſei ſchon etwas, ein ziemlich acceptabler Schauſpieler zu ſein; da erklärt die neueſte Mode, daß dies nicht zureicht. Wenn das ſo weitergeht, dann iſt gar nicht abzuſehen, wohin wir gerathen dürften, da Derjenige, dem erſt einmal die Dinte — zu ſchmecken anfängt — — — Ich unterdrücke die ſich mir aufdrängende Bemerkung und gehe ſeufzend an die verlangte Arbeit, von welcher ich im

Augenblicke noch gar nicht weiß, wie und wo ich anfangen, geschweige wann ich enden werde?

Das Leben eines Schauspielers, gehöre er nun zu den Bevorzugten oder zu den Verkannten, ist gewöhnlich so bunt bewegt, daß man mit einiger Berechtigung erwarten zu können glaubt, er vermag etwas zu erzählen, — wenn er will. Ob er's auch kann, danach scheint gar nicht mehr gefragt zu werden. Und doch muß er oft, selbst im mündlichen Gespräch, nun gar erst mit der Feder in der Hand, plötzlich stillhalten, und sein Schatzkästlein der Erinnerungen schnell zuklappen, um da einen ehemaligen Director, dort eine Collegin oder einen Collegen zu schonen, oder um Erlebnisse und Beobachtungen, die man in der „Gesellschaft" machte, und die zuweilen gar nicht harmlos sind, nicht bloszustellen. So kommt es, daß man die besten Dinge — und die intimsten Geschichten sind immer die besten — leider für sich behalten muß. Schöne Leserin, Du wirst also genügsam sein und mit Nachsicht mich zurückbegleiten in meine theatralische Jünglingszeit. Ich kam damals frisch von Dresden aus den Händen meines unvergeßlichen Lehrers und Freundes Bogumil Dawison, nach Breslau. Es war im October des Jahres 1863, und ich hatte beim ersten Anblick dieser Stadt den Eindruck, als wäre da immer nebliger Winter, und als würde nie eine Straße gefegt oder gereinigt. Ich war ein vom Schicksal ungemein verwöhnter und verzogener Bursche, und zeigte von Kindheit auf eine gewisse Neigung zum Hochmuth, die erst später durch harte Erfahrungen auf ein erträgliches Maaß reducirt werden sollte. Ganz gewöhnt sich solch' ein Fehler nie ab. — Ich

kam in die Welt, als der einzige Mensch, den Dawison zu
seinem Schüler zu erheben würdigte, und bildete mir ein, daß
alle Leute mich schon vornehm bewundern müßten. Mein
erster Director, Friedr. Schwemer, ein ruhiger, erfahrener
und kluger Mann, der mir meine hohe Selbsteingenommen-
heit gleich ansah, beschloß im Stillen, mich zu curiren, und
dies geschah folgendermaßen: Zuerst wurde ich „kaltgestellt“,
d. h. man ließ mich nicht gleich zum Auftreten kommen,
dann endlich nach vierzehn Tagen wurde mir der kleine
Ferdinand im „Egmont“ als Auftrittsrolle bestimmt, und
die zuvor verabredete Rolle des Melchthal im „Tell“ ward
abgesetzt. Das war sehr consternirend für mich, denn den
kleinen Ferdinand hatte ich nicht bei Dawison studirt, mußte
ihn also neu lernen und sollte nun selbstständig eine nicht
leichte und dabei undankbare Aufgabe lösen. Es blieb dabei,
trotz meiner Gegenreden und Einwendungen, und der 18. October, als der Gedenktag der Schlacht bei Leipzig, war auch
der Tag meiner ersten Schlacht. Wider mein Erwarten stellte
sich am Abend vor meiner Auftritts-Scene Kanonenfieber ein,
und zwar so stark, daß ich secundenlang nichts sah und hörte.
Ich stand auf meinem Platze, mein Stichwort erwartend, und
als es fiel, eilte ich mit pochenden Schläfen, mit buntem
Flimmern vor den Augen an die Thür. Meine erste Handlung war — ein ungeschicktes Stolpern über die Schwelle,
welches mit Gelächter von Seite des Publicums belohnt
wurde, und als ich, davon noch mehr verwirrt, mit den ersten
Worten: „ist mein Vater noch nicht heraus“, einen Schritt
weiter in die Scene machen wollte, spielte der Dämon, welcher
auf zu selbstbewußte Anfänger seinen Zahn zu haben scheint,

mir noch den Streich, daß die großen beiden Sporen an
meinen ungewohnten hohen Reiterstiefeln sich fast ineinander
verfingen und mich unfähig machten, einen Schritt zu thun.
Ich sah in einen Abgrund, — der helle Schweiß trat mir auf
die Stirne, und ich hatte das Gefühl, als müßte sich sofort
das Podium öffnen und mich verschlingen, und das Publicum
— lachte, lachte, lachte! — Da trat Alba in seinem ruhigen
und gemessenen Schritte auf die Scene, das Lachen verstummte,
und meine Blicke stierten nur immer auf die Sporen an den
Stiefeln dieses meines virtuos einherschreitenden Vaters.
Mechanisch erhob sich nun mein linkes Bein — ein fester
Ruck — und ich konnte wieder schreiten. Ich athmete auf.
Von da ab wickelten sich meine Reden ziemlich gut ab, bis
die Scene im letzten Act mit Egmont kam und mich in Folge
des bisher Erlebten wieder eine solche Todesangst überfiel,
daß ich ganz sinnlos meine gefühlvolle Theilnahme für das
Schicksal Egmont's herunterblubberte, wie der technische Aus-
druck heißt. Ein abermaliges Gelächter erhob sich und begleitete meinen Abgang, den ich durchaus durch die Kerker-
mauer nehmen wollte, bis mich Herr Liebe, der Darsteller des
Egmont, unter den Arm faßte und zur etwas entfernteren
Thür führte.

Ich weiß noch heute nicht, wie ich nach Hause kam; erst
in meinem Zimmer gelangte ich durch ein eigenes Klirren
wieder zu Bewußtsein. Es war das Geräusch der Sporen
an meinen Reiterstiefeln, und nun erst wurde ich gewahr,
daß ich mit dem vollen spanischen Costüm angethan, direct von der Bühne in meiner Bestürzung und Ver-
zweiflung nach Hause gestürmt war.

Da lag ich nun, und weinte und stöhnte über mein ent-
setzliches Schicksal! Den folgenden Tag über wagte ich mich
nicht auf die Straße, weil ich mir einbildete, daß jeder Mensch,
der mir begegnet, mich nun auslachen müsse. Erst als es
dunkelte, wurde mein Schamgefühl durch das des Hungers
einigermaßen verjagt, und ich suchte ein obscures Gasthaus
auf, um ihn zu stillen. Diese desolate Verfassung dauerte
drei Tage und Nächte. In dieser Zeit ging eine gewaltige
Veränderung in meiner eiteln Seele vor. Ich sah ein, daß
mein hohes Selbstbewußtsein eine thörichte Einbildung gewesen, und eilte zerknirscht zu meinem Director, um meine
Entlassung zu erbitten, da ich mich für eine so große Bühne
noch nicht reif und berechtigt fühlte. Schwemer sah mich mit
seinen ruhigen, grauen Augen forschend an und erwiderte im
freundlichsten Baßtone: „Na, es war freilich nicht sehr schön,
was Sie uns da am ersten Abend vorspielten, aber wir
wollen es nun noch einmal mit Ihrem „feststudirten Melchthal" versuchen. Lassen Sie den Kopf nicht hängen, das
zweite Mal können Sie ja die Scharte auswetzen, und — ich
will es Ihnen nur offen gestehen, diese Lection war Ihnen
nothwendig, damit Sie — etwas bescheidener von sich denken
lernten".

Ich schlich von dannen wie ein Dieb, den man bei seinem
frevelhaften Thun ertappte. Der Tell wurde angesetzt, und
nun geschah das Außerordentliche: ich gefiel, gefiel sehr, wurde
bejubelt und beklatscht und die Zeitungen sprachen sehr
ermuthigende Urtheile. Die Scharte war ausgewetzt, und von
da ab habe ich mich wohl und wohler in meinem erhebenden
Berufe gefühlt.

Die Lection war hart aber klug, und bei Rückfällen habe
ich mich immer schaudernd daran erinnert und Besserung
erstrebt. Seither bin ich älter und verständiger geworden,
aber — manchmal — gebe ich mir im Stillen jetzt noch selbst
neue Lectionen.

— — — — — —

Zehn Jahre später

spielte ich in Wien unter Director Dr. Heinrich Laube,
der damals wie kein Anderer verstand, Talente anzuregen,
zu fördern und zu pflegen. Er war noch voll frischen Geistes
und voll Schaffenskraft, und seine eigenthümliche kurze und
schlagende Ausdrucksweise, die immer den Nagel auf den
Kopf traf — wo sich überhaupt ein Kopf vorfand, der nicht
vernagelt war — wirkte auf die Schauspieler stets belebend.
Die Führung des Dialoges, das Herausbauen der wichtigsten
Scenen, den Nachdruck auf den entscheidenden Gedanken oder
auf das entscheidende Wort zu legen, das lernten wir begeistert von ihm, der darin unser Aller Meister war. Sein
Ernst in den Proben, seine stetige Anwesenheit in den Vorstellungen, auch dann, wenn ein Stück oft wiederholt wurde,
seine permanente Wachsamkeit erhielten uns Alle stramm in
Athem. Er war ein vollendeter Dirigent der — ich möchte
sagen, Verkörperung des Wortes, — des Wortes! Alles
Andere wurde nur so nebenher behandelt, denn im Punkte
der Form, der Farben und des äußeren Geschmackes
war der unsterblich verdienstvolle Dramaturg Laube — eher
ein Barbar, als ein Künstler! Es ging ihm jede Empfindung
für Dinge ab, die einem ästhetisch gebildeten Auge unentbehr-
lich erschienen. Ich erinnere mich an haarsträubende Erlebnisse

in dieser Beziehung, und will zum Schlusse nur zwei heraus-
greifen, weil sie charakteristisch genug sind, um den Wider-
spruch zu constatiren, der einen der hervorragendsten Führer
des deutschen Theaters erfaßte, sobald es sich um den Geschmack in der äußeren Inscenirung handelte.

Wir gaben ein vornehmes französisches Stück, ich glaube,
es war „Der neueste Scandal", welches in einem Acte im
Salon einer alten, adelsstolzen Fürstin spielt, die sehr reich
und hochmüthig war. Es lag ein hellrother Smyrna-
Teppich über die ganze Bühne gespannt, auf welchem
dunkelblaue Atlasmöbel standen, die mit grünen Sopha-
kissen belegt waren. Der Tisch war mit einer von hellen
Rosen durchwirkten Decke belegt, und vor dem Sopha lag
ein haariger chamoisfarbener Fußteppich. Die Wände
waren mit braunen Tapeten geziert, und das Fenster mit
einer prallgelben Gardine bekleidet. Ich bekam Augen-
und Kopfschmerzen, als ich auf die Bühne sah, und wagte
über die etwas unharmonische Einrichtung eine schüchterne
Bemerkung; da schnauzte es mir entgegen: „Das verstehen
Sie nicht; ich find' es sehr hübsch!" Freilich hätte ich mir
das gleich vorher denken können — aber — man ist doch
auch ein Mensch, sozusagen. — —

Ich spielte den Hamlet neu in Wien, und es wurden
mir vier Proben zugestanden. In den ersten zwei Proben
war man nur darauf bedacht, Alles klar durchzusprechen und
Auftritte und Abgänge und die wechselseitigen Stellungen zu
bestimmen. In der dritten Probe endlich wunderte ich mich,
daß noch keinerlei Möbel auf die Bühne gesetzt waren, und
frug den „Abräumer", warum er sich's denn gar so bequem

mache, und die nöthigen Stühle und Tische nicht an ihren
Plätzen wären? — Die Antwort, welche mit einem erstaunten
Gesichte begleitet war, lautete: „Ja, aber i bitt', Herr von
Friedmann, außer im vierten und fünften Act, in der Scene
mit da Frau Mutter und im G'fecht, haben mir nie keine
Möbel nicht gehabt". — — Ich war paff, wie man zu
sagen gflegt, und brauchte eine Weile, bis ich mich abermals
zu einer schüchternen Bemerkung über die „Unermüdlichkeit"
dieses Königsgeschlechtes aufraffen konnte, das den ganzen
Abend in kalten, steinernen Sälen umher gehen und — stehen
sollte. Ich fand es „bei Hamlets" etwas ungemüthlich. Es
wurden mir also zwei, sage zwei Stühle zugestanden, einer
rechts und einer links. Das war im ersten Act. Im zweiten
und dritten Act hatte ich die Kühnheit, noch zwei Sessel und
einen Tisch zu erbitten, weil ich mir in der Darstellung der
Rolle manches gar wohl sitzend denken kann. Davon ganz
abgesehen, daß in Bewegung, Stellung ꝛc. doch eine Abwechselung gebracht werden muß, erschien es mir horribel,
daß die königlichen Schloßgemächer eine so — ausgepfän-
dete Physiognomie hatten. Laube schlenderte mir erst einen
grimmvollen Blick zu, und nach einer kurzen Pause schnarrte
er die mir ewig unvergeßlichen Worte hervor:

„Sie spielen ohnehin schon den Hamlet mit vier Sesseln
mehr, als jeder Andere, aber — da Sie es durchaus wollen —
meinetwegen. Requisiteur, noch zwei Sessel!"

Ich konnte nicht umhin, laut aufzulachen, meine mit-
spielenden Collegen stimmten ein, und zuletzt ließ sich Laube
selbst zu einer Art Lächeln herab. Solche Wirkungen sind
freilich drastischer, wenn man sie mit erlebt, als wenn man

sie beschreiben soll. — — Und nun, schöne Leserin, verzeihe mir, wenn ich Dich gelangweilt habe, und lasse den mildernden Umstand gelten, daß ich ungeübter im Gebrauch der Feder, als in dem des „Mundwerks" bin. Sollte mir einmal das Glück zu Theil werden, ein mündliches Wortgefecht mit Dir zu führen, dann hoffe und flehe ich, nicht eher vor Deinem schönen Munde weichen zu dürfen, als bis ich ihn besiegt.

Josef Sucher.

Auf grüner Au', am Blumenhag,
Bei Spiel und Tanz im Lustgelag,
An froher Brust geborgen,
Vergessen seiner Sorgen,
Ein Jeder freut sich, wie er mag.
(Pogner's Anrede. „Meistersinger", erster Act.)

Kein Debut, keine Verlegenheiten, keine besonderen Zufälle, wie solche im theatralischen Dasein oft mitspielen, keine dramatischen Erfolge oder deren Gegentheil sollen hier eine Schilderung erfahren, am allerwenigsten aber soll eine Biographie gegeben werden. Nur von einem heiteren, gemüthlichen Sommeraufenthalt im herrlichen Gebirge möchte ich erzählen, der allerdings eines dramatischen Hintergrundes nicht entbehrt.

Erfolge im Theater erlebt das Publicum entweder selbst oder erfährt davon, theils durch die Publicistik, theils durch mündliche Ueberlieferung. Wenn es mir aber gelänge, durch meine kleine Erzählung von launigen Ereignissen hinter den Coulissen einiges Interesse zu erregen, so wäre ich genugsam belohnt. Freilich meine ich in diesem Falle nicht die gemalten

Coulissen, sondern die echten, wirklichen herrlichen Berge, Wälder, Felsen, Bäche und all' die anderen lieblichen Bestandtheile der göttlichen Natur. Eine weitere Täuschung in Bezug auf das Wort „Coulissenereigniß" dürfte noch darin bestehen, daß es sich bei Nachfolgendem lediglich um zwei Individuen männlichen Geschlechtes handelt, während sonst bei derlei Ereignissen eine Pikanterie durch weibliche Mitwirkung vorausgesetzt wird.

Im lieben „Naßwald" war es denn, wo ich alljährlich zur Ferienzeit mir die Erholung von den schweren, allerdings oft auch zugleich süßen Lasten der Saison gegönnt habe und noch gönne. Naßwald heißt eines der lieblichsten Gebirgsthäler an der Grenze von Niederösterreich und Steiermark; es liegt in der weltberühmten Semmering-Tour. Da er leicht von Wien aus zu erreichen, ist der Naßwald von Sommergästen sehr gesucht, und haben die biederen Landbewohner durch den zahlreichen Verkehr mit den Fremden, sich nach und nach vielen großstädtischen Anschauungen accommodirt, wie man solches in anderen Gebirgsthälern ähnlicher geographischer Beschaffenheit nicht häufig antrifft. So wurden denn unter Anderem die natürliche Empfänglichkeit und der Hang der Naßwalder zur Musik durch den erwähnten Verkehr wesentlich gefördert. War doch schon das musikalische Fundament beachtenswerth genug, das einerseits durch den würdevollen Ernst ihrer kirchlichen Choräle, andererseits durch die Anmuth ihrer lieblichen Gebirgsweisen gelegt wurde.

Obwohl der Naßwald in seinen vier stattlichen Hotels, in Folge des Culturfortschrittes, mit ebenso vielen Clavieren behaftet ist, so ist es doch ein glückliches Zeichen, daß die bekannte entsetzliche Curhausdrescherei und Badeortklimperei dort noch nicht so Platz gegriffen hat, ein Factum, daß das schöne Thal von den Backfischversuchen einer »prière du vierge, cloches du monastère, pluie des perles«, „Erinnerung an Hainbach", Steinbach, Lauterbach oder weiß Gott an was für Bäche, wo die betreffenden Saloncomponisten ihre Gefühle rauschen ließen, bis Dato noch verschont geblieben ist. — Und ich möchte fast bezweifeln, daß die biederen Naßwalder von einem solchen Programm entzückt sein könnten. Warum? Weil sie musikalisch ganz anders erzogen sind. Und nun komme ich auf das Hauptmoment dieser Schilderung: auf die musikalische Erziehung der Naßwalder und die Lehrer, welche dieselbe geleitet haben.

Ich erwähnte schon Eingangs zweier Individuen männlichen Geschlechtes, die denn auch jetzt als diese vornehmlichen musikalischen Geschmacksläuterer im Naßwald genannt sein sollen: nämlich mein guter, lieber Freund der Hofoperncapellmeister Hans Richter in Wien und — ich selbst.

Mit einander aufgewachsen, theilten Hans und ich schon von Kindheit an alle Leiden und Freuden. Wie köstlich genossen wir da immer die Ferienzeiten gemeinsam, und besonders diejenigen zu Anfang der Siebziger Jahre, wo wir uns nach einer durch Berufsgeschäfte verursachten Trennung in unserm lieben Naßwald wiederfanden! Hans kam damals, nachdem er drei glückselige, ihm gewiß unvergeßliche Jahre bei Meister Richard Wagner in Triebschen am Vierwaldstädtersee zugebracht hatte, von München, wohin ihn der Meister als berufsfreudigen Apostel hingesandt und wo Hans seine segensreiche Wirksamkeit als Dirigent begonnen. Zur gleichen Zeit wendete ich mich damals nach Erledigung meiner juristischen Laufbahn doch schließlich auch ganz der Oper zu und stand im Engagement an der Wiener Hofoper.

Während einer ländlichen Ferialruhe will man oft der gewohnten Beschäftigung nicht einmal in der Erinnerung gedenken; doch der Wille ist ja bekanntlich auch schwach und man liest oft genug von diesem oder jenem Gastspiele, wodurch sich dieses oder jenes Theatermitglied aus der ländlichen Rast stören ließ.

So war denn auch bei uns Beiden ein großer Abschnitt unserer ländlichen Vergnügungen im Naßwald unserer edlen Kunst gewidmet. Allerdings war die Ausführung derselben in einer Weise neu, selbst für uns neu, daß sie schon deshalb beständig fesselnd wirkte.

Da die biederen Naßwalder unsere Theaterangehörigkeit auch nutzbringend und erheiternd verwerthen wollten, so wurden Hans und ich natürlich sehr oft zum Musiciren gebeten. Nun, wir folgten auch jedesmal einer solchen Aufforderung auf das Willfährigste. War doch in diesem Falle auf die Dankbarkeit des Publicums mit Sicherheit zu rechnen! Wir thaten uns allerdings durchaus nichts darauf zu Gute und musicirten de facto, so gut wir konnten.

Ja! so gut wir konnten; denn in diesem beregten Falle handelt es sich um die instrumentale Ausführung unseres Programms, welches fast durchwegs nur eine Blütheulese der dramatisch-musikalischen Schöpfungen liefern sollte. Galt es doch auch der musikalischen Erziehung und Geschmacks-läuterung im Naßwald!

Die früher erwähnten vier Claviere, welche den Naßwald heute — na, schmücken ist hier nicht das rechte Wort, — sagen wir: vervollständigen, waren damals noch nicht vorhanden. Womit nun musiciren? Wir requirirten demnach die einzigen zwei Instrumente, die überall auf dem Lande ziemlich sicher zu treffen sind, nämlich: die Geige des Lehrers und — die Trompete des Hirten.

Ich überlasse es nun jedem Leser, sich eine annähernde Vorstellung davon zu machen, wie man eine Blüthenlese dramatisch-musikalischer Werke mit einer Geige und einer Trompete, zur Freude, ja zum Enthusiasmus der Zuhörerschaft, wie man zu sagen pflegt, fertig kriegt! Meinem lieben Hans, als einstigem ausgezeichneten Bläser, fiel die Trompete zu, und ich, der ich schon als achtjähriges musikalisches Wunderkind, wie es damals hieß, in Wien mit der Violine concertirte, mir war der Naßwalder Straduarius anvertraut. Nun hieß es: hic Rhodus, hic salta! Wir theilten uns denn; Hans mit der Tromba übernahm die Melodie, die Arie, die Sänger, kurz die Bühne, und ich als der »fidelaere« vertrat das Orchester. Hat es mich einerseits mit Neid erfüllt, daß mein guter Hans vermöge der Be-schaffenheit der Tromba zum Träger der Melodie, kurz zum Sänger bei diesem Concerte wurde, so hat es mich anderseits wieder gewaltig erhoben, daß es mir vermöge der vielen Doppelgriffe und Arpeggien auf meinem Instrument vergönnt war, ein so vielgliederiges Ganze, wie das Orchester, zu repräsentiren, zumal auch ich dabei als Sänger fungirte, da eine vollständige Harmonie doch nicht anders zu erzielen war, als daß ich die Mittelstimmen in Doppelgriffen auf der

Violine bewältigte, wobei ich wohl das »hic salta« so recht
empfindlich genoß, und den Baß dazu singen mußte oder
eigentlich summte. Was den letzteren Fall anbelangt, so war
es allerdings von Vortheil, daß Hans mit der Trompete sang
und ich mit meinem Gesumm hübsch tief unten blieb,
trotzdem mein Organ eigentlich zum Tenor hinneigt, wenn
man schon überhaupt bei einer solchen echten Capellmeister-
stimme, wie der meinigen, von irgend einer Neigung nicht
ganz absehen will. Mein Hans, der ist in stimmlicher
Hinsicht schon etwas besser daran; hat er doch seiner Zeit in
München, um eine „Meistersinger"-Vorstellung zu retten, in
letzter Stunde die Rolle des Kothner für den erkrankten
Sänger übernommen und mit höchster Courage, als erstes und
einziges theatralisches Gesangsdebut, ruhmreich zu Ende
geführt.

Die nächste Frage betrifft nun das Programm, die
Aufzählung unserer Concertnummern. Dasselbe war natürlicherweise vorwiegend deutsch. Die Hauptnummern
vertraten immer Mozart, Weber und Wagner. Was
liegt wohl in einem solchen ländlichen Concertsaal näher, als
der ewige, unvergänglich herrliche „Freischütz", dessen leichtere
Rhythmik sogleich in allen seinen Nummern zündete: war
es nun die waldesduftige Adagio-Einleitung der Ouverture,
oder Maxen's Arie, oder Caspar's wildes Trinklied, oder
aber die „leise fromme Weise" Agathen's, die schalkhafte
Aennchen's, oder gar der electrisirende Jägerchor! Welchen
Zauber bewirkten die Mozart'schen Weisen, deren eine
stattliche Reihe in unser Programm aufgenommen war, so
z. B. das Papageno-Entree, Camino's Arie, O Isis,

Cherubin-Arie 2c., und vor Allem das Favoritstückchen
„Reich' mir die Hand, mein Leben", mit der Trompete —
welche Worte durch eine solche Musik-Sprache noch schneller
überzeugend wirken sollten!

Wie begierig mußten wir Beide nach alledem auf den
Erfolg sein, den unser geliebter Meister Wagner im
Naßwald davon tragen werde! Wie bei allen besseren Ge-
müthern, die durch eine der edlen Sache feindselige Partei
nicht im Voraus zu captiviren sind, so mußte es auch
Wagner bei den braven Naßwaldern ergehen. Der mächtige
Eindruck blieb sogleich zurück. Es war dies um so
auffallender, als die erste Wagner'sche Nummer in unserm
Programm das Preislied Walther's aus den „Meistersingern"
gewesen ist. Wir wählten es absichtlich zur ersten Nummer und
freuten uns doppelt, daß trotz der schwierigen Modulationen,
die Naßwalder doch den unendlichen Wohllaut des Liedes auf
sich wirken ließen. Mir war diese Nummer nur deswegen
etwas peinlich, weil gerade dieser originellen Harmonisirung
des Liedes wegen, meiner Doppelgriff-Fertigkeit die höchste
Probe auferlegt wurde. Nichtsdestoweniger habe ich doch
stets dabei meinem guten Haus ein zufriedenes Lächeln ab-
gerungen; wußte doch er als Geigenkundiger, was ich gelitten!

Nachdem nun das Eis gebrochen war, wurde auch das
Wagner-Repertoire ein weitläufigeres, und es folgten bald
der „Brautchor", der „Pilgerchor", der „Matrosenchor", der
„Aufzug der Meister", — Alles mit einer Trompete und einer
Geige, und zur Bekräftigung unseres glücklichen Aufenthaltes
Elsa's rührender Gesang, der mit den Worten endigt: „Es
giebt ein Glück, das ohne Reu'!" Jawohl, und dort gab's

auch ein Glück für uns, ganz ohne Reu' und ohne Störung,
für uns Beide, die wir mit der Begeisterungsgluth in unseren
Jünglingsherzen mit zuversichtlicher Sehnsucht all' die Erfolge
erhofften, die, Dank dem Geschicke, uns auch nicht vorenthalten
blieben! Mit doppelter Freude berührte uns denn auch
damals der Erfolg der Wagner'schen Musik bei den einfachen,
guten Leuten, gerade in derselben Zeit, als überall die
„Meistersinger" alle Gemüther so gewaltig erregten, und es
konnte doch unmöglich eine einfachere Uebermittelung des
Werkes erdacht werden, als diejenige durch unser zweiköpfiges
Orchester.

Selbstverständlich drang die Kunde von unseren Gebirgs-
concerten sehr schnell über das Thal hinaus, und gar bald
mehrte sich auch die Zahl der Wiener Sonntagsausflügler,
die im Vereine mit den Naßwaldern die schöne Terrasse im
Naßwald bei unseren philharmonischen Vergnügungen dicht
besetzten. Dieses Sonntagspublicum bestimmte uns denn auch,
unser Programm zeitweise etwas international zu gestalten.
Nachdem das Concert mit der schönen Trompetenfanfare aus
„Fra Diavolo", welche gleichsam als Zusammenruf durch das
Thal wirkte, begonnen, folgte das schon erwähnte Programm:
Weber, Mozart, Wagner.

Nach der schwierigen Begleitung der Wagner-Nummern
fühlte ich an solchen Sonntagen wohl eine besondere Erleichterung in der internationalen Fassung des Programms,
und athmete auf, als z. B. die Veränderlichkeit der Weiber-
herzen aus „Rigoletto" auf der Trompete ihren tief
empfundenen Ausdruck fand. Und wie gefällig und selbstredend erklang's, wenn Hans »la donna è mobile« anstimmte;

hätte mich der Inhalt nicht schon an und für sich ergriffen,
so mußte ich schon deswegen dafür schwärmen, weil ich bei
dieser weiblichen Veränderlichkeit ein viel leichteres Spiel
hatte! — Dieselbe Freude empfand ich auch bei den anderen
Nummern des gemischten Programms, so bei der
„Troubadour"-Stretta, beim Soldatenchor aus „Faust" u. s. w.
War es nun für die Wiener schon drollig genug, wenn Hans
und ich als Concertgeber in der kleidsamen Gebirgstracht,
mit grünen Strümpfen, Kniehosen, Jägerhüten ꝛc., auftraten,
so wirkte es andererseits noch erheiternder, wenn Hans oder
ich abwechselnd nach einer gewissen Serie von Vorträgen de
facto bei den Sommergästen zum Absammeln herumgingen.
Von einem Obolus konnte hierbei nicht die Rede sein; es
flossen die Gaben dann gewöhnlich in Guldenzetteln oder
Silberstücken. Konnten ja doch die hochherzigen Geber den
Zweck ihrer wohlthätigen Stiftungen ahnen; galten doch alle
unsere Concerteinkünfte den armen Naßwalder Kindern, an
welche wir gleich nach Beendigung des Concertes die Summe
vertheilten, oder wir überreichten dieselbe dem stets anwesenden Herrn Pastor zur Vertheilung. Die lieben Kinder
umstanden uns immer schaarenweise im höchsten Enthusiasmus
und die Alten theilten die rührende Freude der Kleinen.

Durch diese Gebirgsconcerte also wurde das herzliche
Verhältniß zwischen uns Beiden und den Naßwaldern
angebahnt und hat sich bei beiden Theilen bis heute
ungeschwächt erhalten. Haben wir doch unsere Productionen
selbst bis auf die Almen hinauf ausgedehnt, und klang's
wohl wahrhaft erschütternd, wenn der Donnerruf aus
„Rheingold" oder der „Walkürenritt" von den Höhen

herniederbrauste, als den eigentlichen Regionen der Regen-
bogenbrücke und der wilden Walkürenjagden!

Nun kam die Zeit, „wo die Natur einhergeht auf der
Liebe Spur" und wo mich mein guter Hans allein zurück-
ließ und sich einen anderen treuen Gefährten nahm, sein
holdes Weib. Zeitweilig kam er noch auf einige Tage
getreulich zum Besuche und da wurde denn wieder fleißig
concertirt; freilich war jetzt schon die Cultur auf des Clavieres
Spur! Es waren dann schon mehr Festvorstellungen. In
einer derselben wirkte beispielsweise auch einer der ersten
Tenöre der Wiener Hofoper mit, bei welcher Gelegenheit im
Tell-Terzett es mir als „Tell" vergönnt war, des Vaterlandes Ketten dem schwachen Arnold so recht eindringlich
vorzurasseln, — na, es ging auch, — denn ich als Tell und
Hans als Walther Fürst wurden von der zauberischen Stimme
unseres Arnold glücklicherweise „begraben".

Die nächsten Jahre musicirte ich denn allein, und gewöhnten
sich die guten Naßwalder ganz talentvoll an das fernere
gute Programm. Galt es doch da wieder der „Nibelungen"-
Interpretation! Meine Freude war nicht weniger groß, als
seinerzeit bei den „Meistersingern", da auch jetzt so ziemlich das
Meiste dieses gigantischen Werkes begriffen wurde. In dieser
Hinsicht kann ich Nachfolgendes verbürgen: als ich im Sommer
1878 mich zum ersten Male an's Clavier setzte und das
Terzett der Rheintöchter aus der „Götterdämmerung" mit
seiner Wellenbewegungs-Einleitung in den ersten zwei Tacten
blos anstimmte, kam mein biederer Wirth, der wackere Ludwig
Engleitner, herbeigeeilt und rief freudestrahlend: „Uje!
des is ja das schöne Stückl aus der Götterdämmerung; gehn's,

Herr von Sucher, spielen's weiter!" Der Mann hatte über
ein Jahr keine Note aus dem ganzen Werke gehört und
erkannte in den ersten zwei Tacten dasselbe wieder. Dergleichen Ueberraschungen wiederholen sich öfter, und gar bald
waren der „Feuerzauber", der „Walkürenritt", Siegfrieds
„Schwertlied" :c. ganz genau bekannt. — Die Freude an
dem Musikalischwerden war auch Ursache der Gründung
eines Gesang-Vereins in dem schönen Thal, der unter der
Leitung des dortigen Lehrers ganz respectable Erfolge erzielt.

Ein Umstand darf hier noch schließlich Erwähnung finden,
der mich in fast noch höherem Grade, als das Concertiren im
Freien, den Naßwaldern werth gemacht hat. Ich meine den
freiwilligen Organistendienst, den ich während der
Sommerbesuche durch vierzehn Jahre bei dem sonntäglichen
Gottesdienste versehen habe. Eine etwas polyphonere Behandlung ihres Kircheninstrumentes weckte bei ihnen selbst mehr die
Lust an den Choralgesängen, desgleichen erfreuten sie sich nicht
wenig an den weitläufigen Praeludien und Postludien, bei
welchen ich so ziemlich alle vorhandenen erhabenen Motive
miteingeflochten hatte, und konnten Eingeweihte oft mühelos
der Andacht Beethovens lauschen oder die frommen Pilger in
Rom entfündigt glauben oder das helle Leuchten des heiligen
Gral verzückt im Geiste gewahren und sich an Religion und
Kunst erbauen!

Erbauung ist es denn auch, mit der ich jedesmal aus
der großen schönen Natur des Naßwalds scheide, und die ich
fast mit stetig gesteigerter Sehnsucht immer wieder aufsuche.
Sind es doch dieselben schirmenden Berge, dieselben schützenden
Wälder, die mich schon in ruheloser Zeit in ihre trostreichen

Räume aufgenommen, und denen ich auch heute in glücklicheren
Tagen mit gleich dankerfülltem Gemüthe entgegeneile.
Habe ich doch den Zeugen meines Dankes und meines Glücks
zur Seite, mein geliebtes Weib! Sie ist nun auch im Naßwald meine musikalische Gefährtin, die dort allsommerlich als
wirkliche Elsa den lieben Naßwaldern in noch glaubwürdigerer
Weise ein „Glück ohne Reu'" verdolmetscht, wovon sie selbst
im folgenden Einiges erzählen wird.

Ja, ja, mein lieber Hans, du ließest mich einst allein
zurück im Naßwald; an deine Stelle trat mein Weib und
freilich auch der Gesang in seine Rechte; — doch bleibt deine
Trompete unvergessen!

Josef Lucher

Roſa Sucher.

Es war im Sommer 1878, einen Monat früher, bevor
ich mein Engagement in Hamburg antrat, als ich
meinen Heimathsort, Mutter und Geſchwiſter, —
die ich ſeit Beginn meiner Bühnenlaufbahn nicht wieder
geſehen — beſucht hatte. Mein Geburtsort iſt ein Städtchen
von tauſend Einwohnern in der bairiſchen Oberpfalz, zwiſchen
Regensburg und Amberg, und nennt ſich Velburg. Es iſt
romantiſch gelegen in einer felſigen, ziemlich gebirgigen
Gegend, und von mehreren Ruinen umgeben, an die ſich viele
Sagen knüpfen. Dieſe Sagen hatten ſchon in meiner Kindheit
einen großen Reiz für mich, und kannte ich ſchon damals
kein größeres Vergnügen, als an Sonntag-Nachmittagen
zwiſchen dieſem alten ehrwürdigen Gemäuer herumzuſteigen.
In meiner Phantaſie wünſchte ich dann auch nichts ſehnlicher, als
auch ſo ein Edelfräulein zu ſein, wie jene, die darinnen gehauſt
haben mögen. Dieſe Träumereien hatten übrigens großen
Einfluß auf mein ſpäteres Leben; ja ich kann faſt ſagen: ſie
gaben den Impuls zu meiner Künſtlerlaufbahn. Dieſen Ort,
an den ſich für mich ſo viele freudige, aber auch traurige

Erinnerungen knüpfen — verlor ich doch dort meinen guten
Vater, der Rektor in Velburg gewesen, schon in meinem
zwölften Jahre! — diesen Ort sah ich nun wieder, nachdem ich das
Bühnenleben schon einige Jahre kennen gelernt hatte, und zwar
gelegentlich meiner Hochzeitsreise. Einige Tage nach meiner
und meines Gatten Ankunft war in Folge einer großen
Lehrerversammlung von der dortigen Liedertafel ein Monstre-
Concert veranstaltet worden, und wurden auch wir gebeten,
mitzuwirken. Meine guten Landsleute waren nicht wenig
neugierig, mich singen zu hören. Ich kann wohl mit gutem
Gewissen sagen, daß von den lieben Leuten meiner Vaterstadt,
außer dem königlichen Beamten, dem sehr musikalischen
Apotheker und dem verdienstvollen Lehrer, Keiner wohl jemals
ein Theater gesehen hat. Die Leute leben dort im stillen
Gewerbefleiß und sind meist Handwerker oder Bierbrauer.
Man konnte sich daher keinen Begriff davon machen, wie und
was ich singen würde. Zur Begleitung meiner Nummern
wurde ein Clavier, vielleicht das einzige im ganzen Ort, in's
Concert-Local geschafft und nun konnte es losgehen. Einer
von den Herren des Gesang-Vereins hatte gewiß gehört oder
gelesen, daß man öfters Sängerinnen bei ihrem Auftreten mit
Bouquets und Kränzen empfängt, und mußte denn auch um
jeden Preis der Galanterie Genüge geschehen und ein Bouquet
hergestellt werden. Wer aber soll es binden? Das war die
nächste Frage. Wie ich nachher erfuhr, war Niemand in der
ganzen Stadt, bis auf eine einzige Frau die einmal vor
Jahren bei Verwandten in Nürnberg etwas von Bouquets
gesehen hatte, im Stande, ein solches „kunstgerecht" zu binden.
Genug, es kam ein schöner Strauß zu Stande, eine wahre

Blumenlese sämmtlicher Gärten Velburg's, — sogar mit einer Papiermanschette! — Das Concert-Local war ein prächtiger Sommerbierkeller mit Garten, wie Baiern deren so zahlreiche aufweist, und es war von der, in dem feierlichen Anlasse aus dem ganzen Bezirke herbeigeströmten Menge selbstverständlich überfüllt. Ich konnte kaum zum Saal gelangen, an dessen Thür mich der Vorstand in Gala, hierzu auch weiße Glacee-handschuhe, empfing; ich bekam allerdings nur die eine gantirte Hand zu sehen, da die andere krampfhaft auf den Rücken des betreffenden Herrn gepreßt war, um — das Bouquet zu verbergen, das mich im nächsten Augenblick über-raschen sollte. Als ich nun auf's Podium stieg, erscholl ein so colossaler Applaus und ein so mächtiges Bravorufen, wie ich dergleichen selten gehört habe. Ich war gerührt und mußte mich wirklich erst fassen, ehe ich zu singen anfing. Ich sang in gehobener Stimmung, und da singt man immer gut. Der Jubel war unbeschreiblich, ich mußte mich unzählige Male bedanken, und als ich endlich an den Tisch zurückkam, an dem meine Mutter und meine Schwestern saßen, wurde ich mit einem wahren Thränenstrom empfangen, wie er nur der Freude und Rührung zugleich zu entspringen vermag. — Nun setzte sich mein Gatte an's Clavier und trug Einiges unter gleichem Jubel vor. Es meinten Alle: das ginge doch nicht mit rechten Dingen zu, die Finger so schnell zu bewegen, und sie wollten auch nicht glauben, daß man dies lernen könne. Ich mußte natürlich immer und immer wieder singen und mein Mann ebenso spielen, und kann ich mich wirklich nicht erinnern, je so oft hinter einander ununterbrochen gesungen zu haben, denn das Concert währte von Mittags

3 Uhr bis gegen Mitternacht. Es herrschte eine kaum zu
schildernde Stimmung, alle Welt umarmte und küßte sich,
Alles lachte und weinte durcheinander; und um noch ein
Curiosum zu erwähnen, es wurde — garnicht geraucht! Das
gab aber auch der Sache einen noch größeren Nimbus: ein
bairischer Bierkeller, in dem nicht geraucht werden darf! Ein
Bauer der Umgegend, der gleich vielen anderen, die gekommen
waren, die Tochter ihres einstigen Lehrers singen zu hören,
sogar die Arbeit auf dem Felde hatte liegen lassen, konnte sich
gar nicht fassen und wollte in seinem Enthusiasmus mir
sogar ein paar Maaß Bier zahlen, wenn ich ihm „noch eins
singete!" Gewiß ein hoher Aufschwung und Opfermuth für
diesen ländlichen Maecen! Einer der Musikverständigen
Velburgs meinte: er wüßte wohl, daß man auf der Flöte oder
Clarinette trillern könnte, daß aber auch die menschliche
Stimme dies vermöchte, schien ihm unglaublich. Die Leute
wurden schließlich so begeistert, daß sie ihr Erstaunen und
Bewundern gar nicht recht auszudrücken im Stande waren
und nach jeder von uns gesungenen oder gespielten Nummer
in tiefster Ergriffenheit nur ausriefen: „Das ist zum
Schaudern!" — Dieser Ausdruck der höchsten Befriedigung,
diese Art von enthusiastischer Kundgebung dürfte wohl in der
Kunstgeschichte neu sein. Für mich aber war dieser Velburg'sche
Provinzialismus leicht verständlich und lohnend zugleich, ja
ebenso verständlich, wie die Rührung der biederen „Naßwalder", von denen mein Gatte im vorigen Artikel erzählte.
Diese sind in gleich inniger Weise dankbar für unsere ländlichen
Concerte, die wir ihnen alljährlich während der Sommer-
frische in dem herrlichen, glückselig-stillen österreichischen Thale

vorführen. Es bietet dabei ein recht rührendes Schauspiel, wenn die ganze Bevölkerung des Hauses — Stallmagd, Hausknecht, die Kinder, die Verwandten, die Nachbarn, der Wirth, der biedere Engleitner und seine Ehehälfte, die schöne Martha, bis hinauf zu dem Haupte der Familie, der alten Großmutter — in wohlgeordneter Reihe das Clavier umringt und sich abwechselnd mit ihren Tüchern oder Schürzenzipfeln die Thränen trocknet und des Dankes kein Ende findet.

Der Triumph in meiner Vaterstadt Velburg, der mir kurz vor meiner Uebersiedelung in die schöne große Hansastadt beschieden war, wurde für mich noch besonders der Grund zur stillen Rührung, da ich denselben als gute Vorbedeutung für meine Wirksamkeit in Hamburg betrachtete; und ich glaube mich darin glücklicherweise nicht getäuscht zu haben.

Rosa Sucher.

Minna Borée.

elegenheit macht auch zuweilen — Opernmitglieder;
mir scheint's so, da meine theatralische Carriere
eigentlich von der — Leipziger Messe aus-
gegangen ist, die ja im Allgemeinen ihre große Bedeutung
hat, deren Wichtigkeit aber in ganz anderer Richtung, als in
der ästhetischen zu suchen ist. Ich aber gedenke mit Ehrfurcht
und dankbarer Empfindung einer gewissen Leipziger Messe,
welche in meiner Rückerinnerung fast zur Heiligkeit einer
kirchlichen gediehen ist. Wie das gekommen, das läßt sich in
Kürze erzählen. Vor einer Reihe von Jahren weilte ich bei
meinem Schwager in Halle, dem Fabrikbesitzer Kuntze, dessen
Haus in weiten Kreisen bekannt und geachtet und auch schon
durch den Besuch Sr. Majestät des Kaisers, anläßlich der
Manöver, ausgezeichnet worden ist. Eines Tages ersuchte
mich mein Schwager um einige Besorgungen auf der Leipziger
Messe, und unverzüglich machte ich mich auf den Weg nach
„Klein-Paris", das bekanntlich seine Leute bildet und in der
That auch für mich stets eine Quelle der mannigfachsten
geistigen Anregung war. Den mächtigsten Eindruck machte

dort auf mich der Anblick des prachtvollen neuen Stadttheaters,
aber nicht nur seiner architectonischen Schönheit wegen. — —
In solch einem Kunsttempel musikdramatisch mitwirken zu
können, — das war mein erster Gedanke, als ich unter strömen-
dem Regen auf dem Augustusplatze Halt machte, — muß das
höchste Glück sein und ungleich mehr Befriedigung erwecken,
als der an sich ja ebenfalls sehr edle Concertgesang. Wie wär's,
wenn du hier einmal anklopftest, vielleicht winkt dir sogleich
das Glück! Ich brauchte mir das nicht zweimal zu sagen;
man hofft ja so gern, was man wünscht! Einige Minuten
nach diesem kurzen Monolog stand ich in der vis-à-vis dem
Theater belegenen Wohnung des Directors Witte, in dem
eleganten, mit hellseidenen Möbelgarnituren ausgestatteten
Empfangssalon, mit denen meine wenig salonfähige „Regen-
Garnitur" eigenthümlich contrastirte. Die behagliche Scenerie
erhöhte meine Illusion und die erhöhte Illusion vermehrte
meinen Muth, mit dem ich dem liebenswürdigen Bühnenlenker
meinen Wunsch und das entsprechende Gesuch vortrug.
Seine Antwort war eine einfache Ablehnung: es sei keine
Vacanz an seinem Institut, sein Personal sei vollzählig, und
das Fach, auf das ich reflectirte, durch Frau Michaelis-Nimps
ausreichend vertreten; bis auf Weiteres habe er also keine
Verwendung für mich. Ich bedauerte dies natürlich sehr
lebhaft und bat ihn, da ich doch nun einmal in Leipzig und
so nahe dem Theater sei, mich wenigstens bei dieser Gelegenheit zu prüfen. Diese bescheidene Bitte konnte er nicht wohl
abschlagen, er hieß mich, mit einer Empfehlung von ihm
seinen Capellmeister Gustav Schmidt (den jetzigen Dessauer
Hofcapellmeister) aufsuchen und vor diesem Probe zu singen.

Schleunigst begab ich mich in's Theater hinüber und stellte mich
dem Dirigenten vor. Auf seine Frage, was ich singen wolle,
schlug ich die Azucena im zweiten Act des „Troubadour" vor;
die energische Zigeunerin war ihm genehm — auch in der
Ausführung des musikalischen Partes, die ihn derart befriedigte,
daß er sich sofort nach meinen Bedingungen erkundigte.
Dieselben erschienen ihm ziemlich — kühn, da ich scherzhaft
eine etwas abenteuerliche Summe genannt hatte; dennoch
hoffte er, daß sich eine Einigung erzielen ließe, und verfügte
sich mit mir zum Director, dem er ungefähr mit folgenden
Worten Bericht erstattete: „Das Fräulein singt nicht übel,
und wäre wohl bei uns zu verwenden; schade nur," fügte er
lächelnd hinzu, „daß die junge Anfängerin so colossale
Forderungen stellt, sie verlangt nicht weniger als viertausend
Thaler Gage, das ist doch für eine Anfängerin etwas stark."
Der Director fand das noch stärker. Mir wurde dabei etwas
schwül und ängstlich; ich wäre gar zu gern mit meinem Contract
aus dem Hause gegangen, und lenkte daher allmälig ein, folgte
den Herren in die Canzlei und dort wurde denn auch, obwohl
auf wesentlich anderer finanzieller Basis, sofort ein Contract
unterschrieben, der mich auf mehrere Jahre für das Leipziger
Stadttheater verpflichtete. Die Gage war mit sechzig Thalern
per Monat stipulirt, — ich fand dieselbe recht klein, nahm
aber doch schließlich an, da ich mir das Leipziger Engagement
nun einmal in den Kopf gesetzt hatte. Ich hatte den
Entschluß auch nicht zu bereuen, und, wie ich nachgerade wohl
behaupten darf, auch die Direction nicht. Das schnelle
Gelingen dieses ersten Versuchs brachte mir eine neue Dosis
Courage bei; vom Theater zum Gewandhaus war für mich

jetzt nur ein Schritt. Dort wurde gerade General-Probe mit der Bürde-Ney gehalten, was mich weiter nicht genirte, auch dort an maßgebender Stelle meine Bitte und Altstimme an den Mann zu bringen. Und richtig, auch an dieser berühmten Musikstätte war mir das Glück hold: ich ward sofort zur Mitwirkung in dem Mendelssohn'schen Oratorium „Athalia" acquirirt, so daß auch meinen Concert-Passionen ausgiebig Rechnung getragen war. Nachdem ich diese beiden Geschäfte prompt erledigt hatte, kehrte ich Abends in voller Freude nach Halle zurück und überraschte meinen guten Schwager mit der Nachricht, daß ich zwar in Leipzig nicht seine Aufträge effectuirt, hingegen zwei „schöne Contracte" von dort mit-gebracht habe, — und das sei doch auch etwas!

Minna Borée

Gertrud Giers.

Eine heitere Gesellschaft, welche gleich uns die Sommermonate in dem lieblichen Boppard verbrachte, beschloß eines Tages, einen Ausflug nach dem auf der andern Seite des Rheines gelegenen Wallfahrtsort Bornhofen zu unternehmen, und gleichzeitig die Ruinen der „feindlichen Brüder" zu ersteigen.

Unter der aus älteren Herren und Damen bestehenden Gesellschaft befand sich auch der berühmte Tenorist Theodor Formes, ein langjähriger Freund unserer Familie, welcher sich zur Cur in der Kaltwasserheilanstalt „Marienburg" bei Boppard aufhielt.

Der Weg nach Bornhofen ist ziemlich weit, sehr ermüdend und abspannend, da ihm der Schatten fehlt. Ich empfand diese Unannehmlichkeit sehr wenig, da mein Begleiter, Theodor Formes, so fesselnd und interessant seine amerikanischen Erlebnisse schilderte, daß mir die beschriebene Strecke sehr kurz erschien. Endlich war das trauliche Wirthshaus mit seinen schattig kühlen Lauben als ersehntes Ziel erreicht und nahm die müden Wanderer freundlich auf. Kaum hatten wir Platz

genommen, als Formes heftig aufsprang und rief: „Sollen
wir hier bei diesem schrecklichen Kaffee die schöne Zeit ver-
schwenden, während dort oben" — dabei wies er auf die von
der Sonne prächtig beleuchteten Ruinen — „dem Naturfreunde
für die ausgestandenen Strapazen zur Belohnung die herrlichste
Aussicht winkt! Wer geht mit?" Eine tiefe Stille folgte
diesen mit großer Begeisterung gesprochenen Worten. —
Niemand spürte Lust, die behagliche Ruhe mit einer so anstrengenden Kletterei zu vertauschen. Zum bestimmt ver-
neinenden Beweis, bestellte ein alter Hofrath mit starker
Stimme: — „noch mehr Flüssigkeit zur Labung der ver-
schmachtenden Kehlen!" — „Also Niemand?" — Erneutes
Rufen nach Erquickungsmitteln. — „Traudchen, auch Sie?"

Ich blickte Mama fragend an, sie nickte, und wir setzten
uns in Bewegung. Formes eilte den steilen Weg mit so
raschen Schrittten hinauf; daß ich kaum zu folgen vermochte,
hielt mir aber während dieses Dauerlaufes einen Vortrag
über die Schädlichkeit des vielen Sprechens beim Bergsteigen,
und führte mit großer Zungen-Geläufigkeit eine Menge war-
nender Beispiele an, dieselben durch äußerst lebhafte Bewegungen illustrirend.

Neid um die guten Lungen meines Begleiters erfüllte
mich, denn ich vermochte keuchend meinen Bejah-Verneinungen
nur die Form von athemlosen: „Hm, hm — nicht möglich —
ah!" zu geben.

Formes war schon oben angelangt, als ich erst langsam durch
das Burgthor wankte, um sofort auf die Holzbank vor dem
Wirthshäuschen — dasselbe befindet sich neben der Ruine —
niederzusinken. Er flüsterte der Wirthin einige Worte

zu, welche eine merkwürdige Wirkung auf die kleine runde
Frau üben mußten, denn sie starrte ihn verwundert an und
zögerte zu gehen; er machte eine peremptorische Handbewegung,
worauf sie kopfschüttelnd verschwand. Darauf bat er mich um
Entschuldigung, — aber weshalb? — Die Frau brachte eine
Schüssel Wasser, über den Arm waren grobe Küchentücher
geschlungen. Formes ergriff die Schüssel und tauchte seinen er-
hitzten und starkgerötheten Kopf mit Blitzesschnelle in's eisige
Wasser! Ich war sprachlos über dieses Manöver; er wendete
das triefende Haupt mit der naiven Frage zu mir:

„Ist Ihnen gefällig? es ist vorzüglich für das Nervensystem!"

Als Antwort sprang ich auf und eilte den Ruinen zu,
wo uns allerdings eine wahrhaft bezaubernde Fernsicht
erwartete.

Formes, wie schon bemerkt, ein Naturschwärmer, gab sich
der grandiosen Schönheit dieses Bildes, welches ungemein erhebend auf ein poetisches Gemüth wirken mußte, mit voller
Seele hin, — plötzlich flammte sein Auge in sonderbar
funkelndem Glanze, er erhob seine Stimme und sang mit
wunderbarem Ausdruck das Schwanenlied aus „Lohengrin".
Nachdem er geendet, wandte er sich fragend zu mir, und da
auf meinem Gesichte wohl etwas von der Begeisterung zu
lesen war, welche ich in diesem Augenblicke voll empfand —
faßte er meine Hand, zog mich schnell auf den morschen
Altan, der ohne Geländer jeden Augenblick in die Tiefe zu
stürzen drohte, und rief: „Noch bin ich der erste Sänger der
Welt und werde es stets sein, trotzdem mich Neid und Miß-
gunst so hart verfolgt, — ich werde triumphiren — werde ihnen
beweisen" — hier brach seine Stimme und heiße Thränen

rannen aus seinen Augen! — Doch plötzlich, mit einem un-
articulirten Schrei, ergriff er, trotz meines heftigen Sträubens,
mit Riesenkraft meine Hand, zog mich — indem er aus den
Rollen des „Tannhäuser" und des „Masaniello" seine Lieb-
lingsmelodien sang, dem Abhang immer näher, — seine
Stimme lauter und lauter erhebend, welche eine wahrhaft
grausenerregende Klangfülle annahm; — mein Blut erstarrte,
— ich glaubte mich rettungslos verloren, denn nur noch ein
Schritt trennte uns von dem gähnenden Abgrund, welcher in
den Fluthen des Rheins den Ausgang hatte — als plötzlich
sich ein Etwas zwischen uns drängte. Formes, dadurch erschreckt, ließ meine Hand los, taumelte zurück und blickte mit
verstörtem Gesicht auf einen kleinen schwarzen Hund, welchen
ich vorher geliebkost hatte, und der mir aus Dankbarkeit gefolgt war, — warf sich dann schluchzend zur Erde, umschlang
den Hals des Hundes und rief unter den zärtlichsten Schmeichel-
worten: „Nur Du allein bist treu, — mein einziger Freund."

Einige Wochen nach diesem peinlichen Vorfall war Theodor
Formes dem unheilbaren Wahnsinn verfallen, dem er nach kurzer
Zeit in der Irrenanstalt zu Endenich bei Bonn erlag, wo auch
der berühmte Componist Robert Schumann starb.

Karl Weiser.

Auf mancher Bühne habe ich gewirkt, manchen
interessanten Director gehabt und mancherlei Gagen
bezogen, aber das merkwürdigste Engagement war
doch jenes, welches mir neben voller Befriedigung höchsten
schauspielerischen und dichterischen Ehrgeizes, nur eine Mo-
nats-Gage von drei Thalern, sage: drei Thalern
eintrug; allerdings hatte ich auch frei Kost, Logis, Kleidung
und Wäsche, obgleich diese Nebenvergünstigungen nicht gerade
luxuriös zu nennen waren. Die Wäsche war nicht immer
„reinlich und zweifelsohne", — Kleidung und Schuhwerk nicht
gerade passend, letzteres hatte sogar oft in der Form verfäng-
liche Aehnlichkeit mit einer Cigarren-Kiste. Auch die Kost,
welche ich selbst zubereiten mußte, war oft sehr primitiv.
Mein Logis hatte wenig Mobiliar aufzuweisen, Stroh war
mein Bett, und Thüren und Fenster ließen aus Mangel an
Verschluß der frischen Luft offenen Zutritt. Außerdem mußte
ich Holz spalten, Kartoffeln „buddeln", dreschen, graben, Straßen
kehren ꝛc. Dafür durfte ich aber auch wieder vor einem
Parquet großer Helden und Fürsten auftreten, und noch dazu

meine eigenen Verse sprechen, im höchsten Ornat eines freien
Mannes, in dem ehrenden Rock des Vaterlandes, den Helm
im Arm und den Säbel an der Seite, — denn ich war
Kriegsfreiwilliger des Jahres 1870/71. — — Soldat
und Schauspieler zugleich! . . . .

Ein himmelstürmender, junger Mann, große Rosinen im
Sack, und die glänzendsten Luftschlösser im Kopf, war ich im
Lenz 1870 nach Wien geeilt, um dort im Laufschritt den
Chimborasso des Ruhmes als Dichter und Darsteller zu er-
klimmen und jeden Zweifel der kaltsinnigen Mitwelt durch
ein plötzliches Auftauchen am Sternenhimmel der Kunst
niederzuschmettern! — Sechs fünfactige Dramen unter dem
Arm — und „Hamlet" — „Richard III." und „Franz Moor"
auf der Zunge, eilte ich in's Bureau des Burgtheaters! —
Aber es war Nichts! — Ungläubig schüttelte man den Kopf
über des jungen Heißsporns merkwürdiges Selbstbewußtsein, —
und sogar meine Versicherungen, daß ich schon in Memel,
Frankfurt an der Oder und in Königsberg in Preußen Lorbeeren gepflückt hätte, konnten keine Talentprobe veranlassen.
Der damalige Director Wolff ließ sich nicht erweichen und
wollte auch mit meinen Dramen keinerlei Bekanntschaft
machen. Enttäuscht suchte ich mein armes Kämmerlein
wieder auf und spann neue Pläne. Nach wochenlangen ver-
geblichen Versuchen mußte ich, um existiren zu können, an
des lieben, alten Conradi's Uebungstheater unter falschem
Namen den Schülern „Muster vorspielen". Aber es war
doch eine recht vergnügte Zeit! Endlich lichtete sich die Zukunft wieder — ein gutes Engagement kam in Sicht, — —
da blitzte die französische Kriegserklärung über den

Rhein, — und bei Seite flog plötzlich Alles, was mich bisher
beschäftigt hatte.

„Lieb' Vaterland, magst ruhig sein!" dröhnte es auf dem
Nordbahnhof Wien's aus tausend Kehlen, wenn ein neuer
Zug von fernher zusammengeströmter Deutschen, welche zu
den Waffen eilten, sich in Bewegung setzte. „Auch mich
ergriff der Strom der glaubensvollen Menge und riß mich in
das Weichbild" Berlin's, allwo ich mich bei dem Ersatzbataillon des vierten Garde-Regiments als Kriegsfreiwilliger
stellte. Man wollte den wegen Kurzsichtigkeit militairfreien
„blinden Hessen" zuerst nicht acceptiren, gab aber doch endlich
meinen Bitten nach.

Drei Wochen Exercitium, und fort ging's nach schwerem
Abschied von der Braut

„Ueber'n Rhein! über'n Rhein!
In's Frankreich hinein!" —

Auf den Feldern, wo die Gloire des zweiten Kaiserreichs
zerbrach, in der Nähe von Sedan, kam unser Ersatzbataillon
zum Regiment. Es war die höchste Zeit, denn das brave
Regiment war am Tage von Gravelotte fürchterlich
decimirt worden; — doch wozu die Schrecken des Krieges und
der Menschenschlächterei schildern: ich will nur von der lustigen
Seite unseres Soldatenlebens reden. — Damals, in jenen
denkwürdigen Tagen von Sedan, wo die Gefangenen
regimenterweise gemacht wurden, zog eine ungeheure Auswahl
von Characterstudienköpfen zu „Othello" — „Said" — „Muley-
Hassan" — „Zunga" — „Cryggelin" ꝛc. an meinen Augen
vorüber! Das war eine tolle Hetzjagd von Sedan nach

Paris! Aber wir waren lustig und wohlauf, im strömenden
Regen, wie in sengender Sonnengluth. Ich sang, so gut und
so schlecht ich konnte, Schenkendorff's, Arndt's, Körner's und
— auch meine eigenen Lieder, die ich nach vollendetem Tag-
marsch Abends im Quartier, im Biouac oder während des
Rendezvous, den Tornister als Tisch benutzend, auf irgend
einen alten Fetzen Papier niedergeschrieben hatte. Bald
gewannen Officiere und Soldaten den stets aufgeräumten
Burschen lieb — die nächsten Cameraden schrieben sich die
kaum entstandenen Gedichte von mir ab, von diesen wieder
andere und so begann ihre Wanderung von Compagnie zur
Compagnie, von Regiment zu Regiment. „Bald blitzten der
Weltstadt Zinnen vor uns im Sonnenschein!"

Das war ein herrlicher Anblick, als wir nach Gonesse
hinunterstiegen, und das ersehnte Paris vor uns lag.
Damals träumte uns nicht, daß wir die stolze Riesin so lange
belagern und vor ihren Mauern noch so viel treues Blut
vergießen müßten, — oder gar zuletzt noch in ihrem Schatten
Comödie spielen würden. Aber die Ahnung des neuen
deutschen Reiches war schon mächtig in mir — und wenn
mich auch die Cameraden auslachten und den „Schäfer
Thomas" nannten, ich schwärmte doch laut und vernehmlich
von der deutschen Kaiserkrone, die man just vor Paris dem
deutschen königlichen Feldherrn auf's Haupt setzen müsse.
Abends — als wir im Schloßgarten des von uns besetzten
Vorpostendorfes Arnouville ein „ganzes Bataillon" Flaschen
edlen Burgunders und Champagners aus der Erde gegraben
hatten, da hob ich begeistert das schäumende Glas empor
und sang aus „Krieger's Trinklied":

„Und nun ein dreifach donnernd Hoch
Dem Schöpfer unf'res Ruhms:
Dem deutschen Geist, der stets das Joch
Zerbrach des Henkerthums!"

„Das zweite Hoch gilt unser'm Volk
Und seinem guten Recht!
Vor seiner Sonne keine Wolk'!
Wir sind ein frei Geschlecht!"

„Zum dritten hebt Euch, wie der Blitz:
Heil unser'm Kaiserthron'!
Für Adler Wilhelm sei's der Sitz
Und seinen Heldensohn." —

Als nun aber die Geschichte doch nicht ganz so rasch
ging, wie wir glaubten, und die Pariser uns vorläufig noch
die Zähne zeigten, da tauchte in den Mußestunden, deren
allerdings nur wenige waren, schon überall in der Armee
das theatralische Bedürfniß hervor, das sich in extemporirten
Dilettanten-Ulken politisch-satirischen Inhalts hie und da
Luft machte. Allerdings waren dergleichen Gesammt-
Gastspiele immer mit einigen Unannehmlichkeiten verbunden;
zwar hatten wir keine Speidel's und Blumenthal's zu
fürchten, waren aber nichtsdestoweniger den schlagenden und
sprühenden Einfällen einer durchdringenden und zer-
schmetternden Kritik preisgegeben. So platzte zum Beispiel
eines Tages, während „Lulu" von „Eugenie" durchgeprügelt
wurde, ganz nahe an unserer Schloßgarten-Bühne eine
entrüstete französische Granate und bewarf, wenn sie auch
glücklicherweise Keinen tödtlich traf, doch mehrere Darsteller
tüchtig mit Staub und Lehm.

Endlich war der Trotz der Seine-Königin gebrochen und
wir nahmen in St. Denis Waffenstillstands-Quartiere. —

Eines Tages schickte mich unser Hauptmann Freiherr von
Esebeck von der Bahnwache zum Artillerie-Hauptmann
von Prittwitz. Als ich mich dort gemeldet hatte, mußte
ich einige von meinen Gedichten vortragen, worauf der
liebenswürdige Herr unter Versicherung seiner vollsten Anerkennung mir mittheilte, daß er ein Theater arrangiren
wolle. Und so geschah's. Aber nicht in dem arg zerschossenen
Stadt-Theater, sondern in einem großen Saale des cours
Benoit schlugen wir unseren militairischen Thespis-Karren
auf. Hauptmann von Prittwitz wurde Intendant, meine
Wenigkeit Dramaturg, Theater-Dichter, Regisseur und erster
Schauspieler in einer Person, — die Cassirer und Billeteure
waren Feldwebel und Unterofficiere, der freiwillige Wallroth
fungirte als Souffleur und ein Einjähriger der Garde-Füsiliere,
dessen Namen ich leider vergessen habe, war Decorations-
Maler. Das Portal, welches Letzterer herstellte, war höchst
originell: links erblickte man einen riesengroßen baßgeigenden
„Maikäfer" (Spitzname der Garde-Füsiliere) und rechts einen
declamirenden „Hammel" (Grenadier). Die Musik executirten
abwechselnd die Capellen der beiden genannten Regimenter,
und ich selbst warb schauspielerische und gesangliche Kräfte
aller Waffengattungen. Besonders thaten sich darunter hervor
die Artillerie-Sergeanten der Landwehr Wallroth und
Krause als Komiker und der freiwillige „Maikäfer"
Reccius als Bariton. Intendant von Prittwitz aber engagirte eine französische Vaudeville-Gesellschaft, welche dafür
unverkürzt die Einnahmen erhielt. So zog denn nun Abend
für Abend bis zum Friedensschlusse vor einem ausverkauften
Parquet (welches vom Freiwilligen bis zum höchsten fürstlichen

Officier hinauf eine bunte Reihe wettergebräunter Krieger
repräsentirte), — deutscher und französischer Gesang, ernste
Declamation, Tanz, Vaudeville und dialogisirter Soldaten-
Scherz in reicher Abwechselung an uns vorüber. Ich selbst
declamirte, in „Helm und Schärpe", meine größeren im
Feldzug entstandenen Gedichte, wie „das Straßburger Münster"
— „das deutsche Osterfest in der Kathedrale zu St. Denis" —
„Landwehrmanns Neujahrsgedanken auf Vorposten" ꝛc.
Und wenn dann der characteristische, echt soldatische Beifallssturm im Aufstoßen der rasselnden Säbel und in Hurrahrufen
losbrach, während die Musik irgend eine passende Melodie
intonirte, dann hob sich meine Brust stolzer unter dem groben
Tuch der Grenadier-Uniform, und noch heute dröhnen mir
jene kriegscameradlichen Waffen-Applause in den Ohren, als
wäre es erst gestern gewesen. Der selige George Hiltl,
welcher einmal bei einer solchen Vorstellung anwesend war,
hat derselben im „Daheim" einen längeren Aufsatz gewidmet.
— So benutzten wir Deutschen die Zeit des Waffenstillstandes,
während in den Straßen von Paris die Versailler und Com-
munards ihre brudermörderischen Orgien des Parteihasses
feierten. — — — Unterdessen war's endlich Friede geworden.

„Jauchzet auf, Ihr Waffenbräder,
 Denn ein Ende hat der Streit!
Fröhlich geht's zur Heimath wieder
 Nach so langer Trennungszeit!

Müde sind die Völker worden
 Und die Fürsten ruhen aus;
Nach dem blut'gen Menschenmorden
 Bricht der Frühling hell heraus!"

So begann ich mein „Marschlied nach der Heimath" zu

singen — und mit mir sangen es jubelnd meine Cameraden in und um St. Denis. — Ein großer Zapfenstreich und Fackelzug beider Regimenter begrüßten zum letzten Mal die oft durchwandelten, liebgewonnenen Straßen der Königs-gräberstadt. Vor dem Theater machten wir Halt und sangen: „So leb' denn wohl, du liebes Haus!" und Hauptmann von Prittwitz hielt eine Abschiedsrede, deren kernige und tief gemüthvolle Worte mir heute in der Erinnerung noch das Herz bewegen. Vor der Kathedrale wurden die Fackeln zu-sammengeworfen und „des Deutschen Vaterland" gesungen. Das Portal der ehrwürdigen Kirche erglühte im Schein der hochlodernden Flammen, und die alten Glocken mochten wohl heimlich anklingen unter dem Ansturm des brausenden, aus tausend Kehlen begeisterter Männer angestimmten und von zwei Regiments-Musiken schmetternd begleiteten, aufwärts steigenden Abschieds-Gesanges der Deutschen. Am anderen Morgen marschirten wir jubelnd unter dem Geläute aller Glocken aus den Thoren von St. Denis. —

> „Es ist vorbei! — Bald wird in blauen Düften
> Uns schwinden deiner Kathedrale Thurm,
> Bald wird die Heimath uns mit Lenzeslüften
> Begrüßen nach des Krieges Wintersturm!"

> „Leb' wohl, du alte Stadt mit deinem blauen
> Und güt'gen Himmel, deiner Fluren Pracht,
> Mit deinem Wein und deinen schönen Frauen!
> Noch schöner ist's in deutscher Wälder Nacht."

> „Wo uns'rer Lieben treue Herzen schlagen
> Und der ergraute Vater uns ersehnt,
> Wo jede Scholle, die uns einst getragen,
> Den Frühling ohne uns nur Täuschung wähnt." —

So begann ich mein Abschieds-Lied an „St. Denis."

O! es zog eine mächtige Heimaths- und Liebes-Sehnsucht durch unser Gemüth und durch die Strophen dieses Liedes! Es schloß:

— „Ich gebe eine Wiedersehens-Thräne
Nicht um die Perlen aller Meere hin! —

„Denn was ist alle Macht und Herrschergröße?
Was aller Lorbeerschmuck und Kriegesruhm? —
Es steigt und sinkt durch Schicksalsgunst und Stöße.
Frei, groß bleibt nur das reine Menschenthum!"

Aber die geträumte Wiedersehens-Thräne, welche ich in den Armen meines Vaters weinen wollte, war mir nicht vergönnt. Nach dem glänzenden und berauschenden Sieges-Einzug in Berlin wieder in meine alten bürgerlichen Kleider geschlüpft, fand ich nur noch einen kleinen Hügel auf dem Friedhofe. — — — —

Seither bin ich zur Anerkennung gekommen, — meine Gedichte sind erschienen und haben allseitig freundliche Aufnahme gefunden, — zwei meiner Dramen „Karl der Kühne" und „Friedrich der Große" wurden mit Erfolg in mehreren Städten aufgeführt. Ich habe als Schauspieler an namhaften Theatern künstlerische Ehren geerntet, — — aber heiterer und zufriedener war ich nie, als in „Helm und Schärpe" auf der Bühne jenes kleinen Soldaten-Theaters in St. Denis! —

13

Anna von Seedorf.

In meiner Vaterstadt Wien war es, wo ich zum ersten Male auf einem Liebhabertheater bei einer befreundeten Familie auftrat; das reizende Schlesinger'sche Lustspiel „Mit der Feder" wurde gegeben, und ich spielte die Emma Paltern, — selbstverständlich mit großem Erfolg, wie dies ja bei Liebhabertheatern immer der Fall ist. Emma Paltern war aber auch gerade die Rolle für mich. Wie konnte ich, für die ein Brief schon eine große That ist und in den Augen des Empfängers oft zur Unthat wird, mit ihr fühlen, wie konnte ich mich in ihre Situation hineindenken, wenn diese Frau, die die Zunge so ziemlich auf dem rechten Fleck hat (ich will damit nicht gesagt haben, daß dies bei mir auch der Fall ist) in dem Moment, wo sie die Feder ergreift — rathlos dasitzt und ihr so garnichts einfällt, aber auch absolut garnichts! Oh — wie habe ich das natürlich dargestellt! Und daran muß ich heute immer denken, denn es geht mir nun selbst genau ebenso. — Dabei war Emma Paltern doch noch viel besser daran, denn sie hatte über einen bestimmten Gegenstand zu schreiben, und ich soll etwas

Erlebtes erzählen; — natürlich möchte ich auch, daß es etwas Interessantes wäre — du lieber Gott! ich begreife mich selber gar nicht, wie man nur so leichtsinnig sein kann, — so wenig zu erleben. „Die interessanten Ereignisse in der Theaterwelt kommen nur noch bei kleinen Bühnen vor" — so belehrte mich neulich ein College — „wo z. B. die gesammte Herren-Gesellschaft einen Frack besitzt und mit diesem womöglich der Don Carlos gespielt wird." — Nun ja, so etwas ist mir freilich bei den Bühnen, denen ich bis jetzt angehörte, nicht vorgekommen. — Die eine brauche ich wohl nicht zu nennen, es ist ja hier im schönen Hamburg das liebe Thalia-Theater, das unser allverehrter Director Maurice leitet. — Die andere war das Lobetheater in Breslau, als dasselbe noch unter der vortrefflichen Leitung von Adolph L'Arronge stand. Von da aus habe ich aber doch einen harmlosen Argonautenzug mitgemacht, bei dem es, obwohl er mit L'Arronge selbst an der Spitze stattfand, und obwohl die Herren, wie ich vermuthe, jeder sogar einige Fracks und die Damen ganz reizende Toiletten im Besitz hatten, immerhin etwas bunt herging. — Der geistvolle Autor unserer beliebtesten und erfolgreichsten Lust-spiele hat nämlich nebst vielen anderen Vorzügen auch den, ein sehr gutes Herz zu besitzen, und als er sich im April 1878 von der Breslauer Direction zurückzog, um ungestört seinen literarischen Arbeiten zu leben, unternahm er, hauptsächlich seinen Mitgliedern zu Liebe, mit ihnen noch eine Gastspiel-tour nach verschiedenen Städten und Städtchen Schlesiens. „Hasemann's Töchter", „Johannistrieb" und „Größenwahn" wurden alternirend gegeben. Ich spielte im ersten Stücke die Emilie, im zweiten die Louise und im dritten den Conrad,

was mich, die ich damals erst sechs Monate bei der Bühne
war, in eine nicht geringe Aufregung versetzte. Indeß zogen wir
bald wohlgemuth von Breslau ab, und spielten zu Anfang
seelenvergnügt an ein paar ganz netten Theatern. Je tiefer
wir aber in die Kohlenreviere Ober-Schlesiens eindrangen,
desto weniger nett wurden die Theater, desto merkwürdiger
unsere Vorstellungen. Das Gas in den Garderoben gehörte
bald zu den gänzlich überwundenen Standpunkten, die
Bühnen ließen schließlich an Kleinheit — sagen wir an Zier-
lichkeit, gar nichts mehr zu wünschen übrig — eine lebhafte
Handbewegung — und wir Wienerinnen sind etwas lebhaft —
und eine Coulisse kam zum Fallen, eine kühne Wendung mit
der langen Schleppe — und wenn man leider nicht groß ist,
trägt man bekannterweise gern zu lange Schleppen — und
dieselbe war durch die Wand geflogen. Director L'Arronge
betrachtete mit immer bedenklicheren Blicken die Stätten, an
denen seine Töchter Hasemann's, die stets den Reigen
eröffneten, ihren Einzug halten sollten. Aber er weiß nicht
nur seinen Stücken Humor einzuhauchen, er ist auch selbst ein
echter Humorist und kommt nicht leicht aus der Ruhe und
Fassung. Wenn daher nach vergeblichem Suchen die nicht
vorhandenen Theater-Arbeiter natürlicherweise auch nicht
erschienen, so schob er selbst mit größter Seelenruhe die
„sogenannten“ Coulissen, wobei ihm natürlich die ernsten wie
die heiteren Fächer getreulich zur Seite standen. Und als wir
einmal Morgens aus dem Hotel zur Probe gehen wollten und
allesammt, trotz langen Suchens, das Theater durchaus nicht
finden konnten, weit und breit auch kein Gebäude zu sehen
war, das uns werth erschien, dafür gehalten zu werden,

meinte Director L'Arronge mit dem ruhigsten Ton seines
gewohnten Phlegmas: „Nun, wenn wir es garnicht finden,
dann fahren wir eben wieder nach Breslau zurück." — „Das
wäre aber doch zu stark," dachte ich entrüstet — gesagt habe
ich's aber nicht — „und meine Emilie, meine Louise?"
Glücklicherweise kam es aber nicht so weit, denn ein intelligenter
Straßenjunge, den wir erwischten, erklärte uns noch zur
rechten Zeit, daß wir uns dem Musentempel gerade gegenüber befänden. Das hätte sich nun freilich Niemand träumen
lassen!

Aber trotz alledem ging es muthig weiter, und
obwohl ein Tag kam, an dem Rosa Hasemann auf einem
Tisch Clavier spielen mußte, und an einem Abend, an dem
die kostbare Atelier-Einrichtung im „Johannistrieb" hauptsächlich aus einer altersschwachen, spanischen Wand bestand,
und der Maler, da er keine Staffelei besaß, Louisens Kopf
in sein Notizbuch — wollte sagen Skizzenbuch — zeichnete, so
waren doch überall ausverkaufte Häuser und ein animirtes,
beifallslustiges Publicum, dessen Enthusiasmus, wie mir schien,
immer größer wurde, je weniger Sophas und Stühle wir auf
der Scene hatten, und je mehr der Papa von „Doctor Klaus"
und „Wohlthätige Frauen" sich der ungewohnten Beschäftigung
des Coulissenschiebens hingab.

Freilich ich war damals, wie gesagt, erst sechs Monate
bei der Bühne, und wie vergnügt war ich über die
hübschen Rollen, wie herzensfroh und stolz und glücklich
über den Beifall eines sympathischen Publicums, und so
wird mir die schlesische Gastspieltour immer eine heitere
Erinnerung sein. Aber ich glaube, sie ist es auch für alle

Anderen, die sie mitgemacht, hoffentlich auch für ihren liebenswürdigen Unternehmer.

Und wenn die Beschreibung derselben für den lieben Leser weniger heiter ist — so weiß ich wohl, woran das liegt.

O Sigmund Schlesinger, wie wahr ist dein Lustspiel: „Mit der Feder!" — —

Hermann Nissen.

a stöbere ich nun in der Rumpelkammer herum, wo
meine Erinnerungen durcheinander liegen, suche
nach einer bemerkenswerthen Affaire, werde gewahr,
daß ich eigentlich nie etwas, der schriftlichen Mittheilung
Werthes erlebt habe und — stehe dem „Dekamerone" gegenüber „in meines Nichts durchbohrendem Gefühle"! Ich bin
nun einmal nicht in die Lage gekommen, all' die vielbesungenen
Leiden und Freuden eines herumvagirenden Schauspielers
durchzukosten, ich bin nicht von einem Städtchen zum anderen
gewandert, wenigstens nicht mit dem interessanten Felleisen
auf dem Rücken, — und dann waren es eigentlich schon ganz
ausgewachsene Städte, die ich als Courierzug II. Classe
dampfender herzoglich Meiningischer Hofschauspieler bereist
habe. Aber passirt ist mir dabei wirklich Nichts, als daß ich
mir einmal in Bodenbach den Fuß verstaucht habe. Das ist
doch kein Erlebniß! — Oder soll ich erzählen, wie ich einst
in meinem ersten Engagement am Nationaltheater in Berlin,
und zumal an einem Pfingstfeiertage, drei mal zu verschiedenen Tageszeiten Comödie gespielt habe? Das habe ich

wirklich durchgemacht, und zwar in der Frühe um Sechs zuerst,
dann Nachmittags um Vier Nummero zwei und Abends um
7 Uhr noch ein Bischen. Damals hätte ich freilich ganz gern
in der Nacht um halb Zwölf noch einmal „gegaukelt", denn
ich war ein sehr eifriger Anfänger. Ist mir doch mein aller-
erstes Auftreten noch so lebhaft in Erinnerung!

Aus siebenzehn, sage siebenzehn gezählten Worten bestand
meine Debut-Rolle. Ich war ein spanischer Cornet im Dienste des
erhabenen Königs Philipp II. und weihte meine gelben
Ritterstiefel ein. Meine Scene kam zum Schluß der zweiten
Verwandlung des vierten Actes, also ungefähr um 9½ Uhr;
5½ Stunden vorher aber lief ich schon in vollem Wichs umher
und quälte die entsetzlichen 17 Worte immer und immer
wieder meinem Gedächtniß ab, bis ich zuletzt fast kein einziges
mehr wußte. Und wie ich dann hinaustrat — oder vielmehr
hinausgetreten wurde, wie schön hatte ich es mir gedacht,
wenn ich in die siebenzehn Worte die ganze Gluth meiner
dramatischen Leidenschaft legte, um so die erstaunte Menge
sogleich von der Tiefe meiner Auffassung zu überzeugen! —
Ja Prosit! Wie ich nun auf die Scene trat — — „o heilige
Melpomene, vergieb Deinem reuigen Schüler!!

Doch lassen wir das, es ist die alte Geschichte, die schon
so vielen Anfängern und älteren Leuten begegnet und schon
so oft viel besser — und ausführlicher erzählt worden ist. Es
ist ja auch kein Erlebniß, wie es im Buche steht, das heißt,
wie solche in diesem Buche stehen müssen, damit es recht viele
Leser erlebe. Ich möchte wirklich aufhören zu betheuern, daß
ich nichts zu erzählen weiß, wenn mir nicht noch eine kleine
Begebenheit in der Feder stecken würde, die ich gern an den

Mann brächte. Es war vor der Zeit, da ich der Bühne angehörte, es war, als ich in Jena mein erstes Semester auf dem „Jura-Gebirge" zubrachte. Ein Gebirge ist die Jurisprudenz für mich auch geblieben, denn es hatte mir zu viele unbesteigbare Höhen und unerreichbare Tiefen. Ich war Mitglied der Jenenser Burschenschaft und wurde zum Sommer Commers einer befreundeten Verbindung als „Renommirfuchs", — obwohl das Renommiren sonst nicht meine Gewohnheit — mit nach Göttingen geschickt. Was das heißt: das erste Semester auf der Universität, wird vielleicht nicht Jeder begreifen, gehört hat aber wohl ein Jeder davon. Collegia besuchen ist Nebensache, Natur und Sonstiges kneipen Hauptsache. So war es denn auch gekommen, daß ich als junger Musensohn vor lauter Arbeit sogar meinen schönsten Jugendtraum, die Schauspielerei, auf kurze Zeit vergessen konnte. Göttingen und der erwähnte Commers sollten mich wieder zu mir selber bringen. Die verschiedenen Festivitäten wurden „bei Grethen" abgehalten, wo die oberen Localitäten zugleich das — zur Zeit unbenutzte — Saaltheater der Stadt bildeten. Seit Monaten sah ich zum ersten Male wieder einen Vorhang, und mit unwiderstehlichem Drang trieb es mich hinter denselben von der Kneiptafel weg.

Was ich da Alles getrieben habe, genau weiß ich's nicht mehr, nur erinnere ich mich, daß ich nach genauer Inspection aller der reizvollen Räumlichkeiten mich den verschiedenen Beschäftigungen eines Theatermeisters, Beleuchtungsinspectors u. s. w. hingab; ich fing an Coulissen zu schieben und ließ einen Prospect nach dem anderen herunter, ich kletterte auf dem Schnürboden herum und das alte selige Theatergefühl bemächtigte sich meiner wieder mit der ganzen Gewalt! — Was geschieht unterdeß? Als ich mich so in diese künstlerische Thätigkeit mehr und mehr und nach allen Richtungen vertiefe, entsteht mit einem Male ein Gelaufe und Gepolter, verschiedene Kanonenstiefel meiner Commilitonen tauchen dicht vor meiner Nase auf, und ihre Träger rufen in sehnsüchtiger Raserei meinen Namen. Ich wußte, was das zu bedeuten hatte, ich sollte die Fuchsenrede halten — und saß mit meinem Cereviskäppchen und in vollem Commerswichs im Souffleurkasten und dirigirte von da aus eine Vorstellung von musterhaftem Ensemble, denn meine Phantasie bemerkte keine einzige Störung außer der, welche — mich wieder in die Wirklichkeit zurückversetzte und in den Saal zu den zechenden Brüdern rief. Da habe ich denn eine Rede gehalten, die vielleicht den damaligen Hörern unverständlich blieb, mir aber hatte der Stern wieder geleuchtet, der mich trotz der noch folgenden sieben juristischen Semester auf die lieben Bretter geleiten sollte. Jetzt, nachdem Jahre verflossen sind, weiß ich mit einem Male, welchem Ensemble ich damals in Gedanken soufflirt habe: es war das des Hamburger Thalia-Theaters. Und woher weiß ich das? Nun, weil ich mich als Souffleur so wenig anzustrengen brauchte, — und weil es eben so gut „klappte."

Franz Nachbaur.

er Wunsch meiner Eltern, der zur damaligen Zeit auch mein eigener war, hatte mich nach Stuttgart geführt, um daselbst die technische Schule zu besuchen; mein höchstes Streben war, Ingenieur zu werden. Wie bald sollte sich dies ändern! Auf dem Lande geboren und aufgewachsen — mein Vater war Oberamtsrichter und Besitzer einer Landwirthschaft im Württemberg'schen — hatte ich wenig von Theater und Kunst gehört; wie ward mir, als ich in Stuttgart zum ersten Male das Theater besuchte! Mit unbezwinglicher Sehnsucht erwachte da in mir der Wunsch, Sänger zu werden. Damals gastirte dort der gefeierte Wiener Hofopernsänger Ander, und ich fand Gelegenheit, ihn in seinen Glanzrollen zu sehen und zu hören, indem ich mich, da meine Casse zu einem wiederholten Theaterbesuch etwas zu mager bestellt war, als Statist der Intendanz zur Verfügung stellte. Als ein Gefährte Lyonel's betrat ich zum ersten Male die Bretter und war nun natürlich dem „Theaterteufel" für alle Zeiten verfallen. Ich ließ meine Stimme von dem damals hochberühmten Barytonisten Pischek prüfen, und fiel diese

Prüfung zu meiner herzinnigsten Freude günstig aus; etwas musikalisch war ich auch, da ich in meiner Heimath, meiner hellen Sopranstimme halber, ein gesuchter Kirchenchorsänger war. Mein Schicksal war also entschieden, — ich wurde Sänger, trotzdem meine Eltern, welche von einem solchen Wechsel des Berufs nichts wissen wollten, mir mit Enterbung und ihrem Fluche drohten.

Alles dies konnte mich nicht abhalten, und Gott sei Dank! es wurde mir nach Jahren noch Gelegenheit geboten, meine Eltern mit meinem Berufe zu befreunden und sie glücklich und stolz auf ihren jüngsten Sprößling zu sehen. Freilich im Anfang ging es hart, und ich war oft nahe daran, den Muth zu verlieren und als verlorener Sohn wieder heimzukehren. Aber mein Stolz und frischer Jugendmuth halfen mir aus jeder Klemme und Furcht wieder heraus. Meine ersten Erfahrungen waren traurig genug. In Stuttgart wollte man mich nicht einmal in den Chor aufnehmen; so wanderte ich denn weiter, kam nach Basel, dort fand ich ein Engagement als Chorist und für neunundneunzigste Tenorpartien; — selbst in diesen wurde ich noch tüchtig ausgelacht.

Wenn ich jetzt an diese Zeit zurückdenke, finde ich es begreiflich, — damals schmerzte es bitter. Da fünfundzwanzig Francs eine sehr schmale Gage waren, so galt es zu verdienen, wo es möglich war. Ich frisirte den ersten Tenor, welcher mich dafür großmüthig an seinem Frühstück und zuweilen an seinem Mittagessen theilnehmen ließ; dies war ein großer Vortheil, doch leider dauerte dieses gute Leben nicht lange, der Director brach mit seiner ganzen Truppe, inclusive meiner Wenigkeit, nach Frankreich auf, um daselbst deutsche Opern-

Vorstellungen zu geben, — und da begann das Elend. Von
Städtchen zu Städtchen wurden die Einnahmen schlechter,
meine Garderobe auch; in Nancy war ich bereits so weit,
daß ich meine unentbehrlichsten Kleidungsstücke selbst waschen,
und während ich sie trocknen ließ, mich im Wasser aufhalten
mußte, — glücklicherweise war es Sommer, also ein kaltes Bad
nicht unwillkommen. In Paris endlich ließ uns unser ehren-
werther Director sitzen und brannte durch. Da standen wir
nun in der großen Stadt, ohne Geld, entblößt von Allem, und
nicht einmal der Landessprache kundig; es gehörte viel dazu,
unter solchen kritischen Umständen den Muth zu bewahren.

Um unser Leben zu fristen, kam einer meiner Leidens-
Gefährten auf die Idee, mit mir und zwei anderen Collegen
Quartetts in den Cafés zu singen, mich als den Jüngsten
traf dabei dann stets die Pflicht des Einsammelns mit dem
Teller in der Hand! Nun konnten wir wenigstens, wenn
auch knapp, uns ernähren; freilich bestand das ganze Mittagessen oft nur in einer Melone, aber mit neunzehn Jahren ist
man bald zufrieden. Und gerade diese traurige Zeit sollte die
günstige Wendung meines Geschickes bringen. In einem der
Cafés, wo wir unsere deutschen Quartetts, und zwar unter
großem Beifall, vortrugen, hörte mich ein reicher Banquier
aus Basel, Herr Alphons Passavant, der früher schon in
seiner Vaterstadt mich bemerkt hatte; er sprach mich an, ich
hatte das Glück ihm zu gefallen, er nahm mich mit in sein
Hôtel, sorgte zuerst natürlich für meine sehr herunter-
gekommene Garderobe — und dann wie ein Vater für meine
weitere künstlerische Ausbildung. Er brachte mich nach
Mailand, ließ mich dort zwei Jahre bei dem berühmten

Lamperti studiren, nahm mich nach Vollendung des Gesangs-
studiums noch ein halbes Jahr auf seinen Reisen mit, auf
welchen ich einen Theil Italiens, Spaniens und der Schweiz
kennen lernte, und sorgte dann für ein festes Engagement.
Zuerst kam ich nach Meiningen, dann nach Hannover, sang
kleine Tenorpartien, Anfangs mit wenig Erfolg; meine
Stimme war noch in der Entwickelung, und ich brachte es
auch höchstens zu einer einjährigen Stellung.

Endlich in Prag fand ich eine längere Ruhestätte, es
wurden mir größere Rollen übertragen, ich gewann Selbst-
vertrauen und mit diesem wuchs die Kraft meiner Stimme.

Nach drei Jahren Aufenthalt in der schönen böhmischen
Hauptstadt wurde ich an das Hoftheater zu Darmstadt berufen;
dort nahm ich bereits eine erste Stellung ein, welche ich dann
nach fünf Jahren mit einem glänzenden Engagement an dem
Münchener Hoftheater vertauschte, wo ich mich nun neuerdings für lebenslänglich verpflichtet habe; — hoffentlich bleibe
ich auch ebenso lange im Besitze meines Gesangs-Organs.

Diesen glücklichen Verlauf meiner künstlerischen Laufbahn
schulde ich wohl größtentheils meinem großmüthigen Wohl-
thäter, denn ohne ihn würde ich vielleicht damals, wie meine
Collegen, von welchen ich nie wieder gehört, in Paris elend
zu Grunde gegangen sein. — Segen seinem Angedenken!

Leider hat er es nicht mehr erlebt, mich in einer ersten
künstlerischen Stellung zu sehen, an den reifen Früchten seiner
noblen That sich zu erfreuen. Er starb bald, nachdem er
mich nach Meiningen gebracht hatte. Wohl hätte er sich
schon damals überzeugen können, daß er seine Güte nicht
einem Unwürdigen zugewandt hatte, aber ungleich lebhaftere

Genugthuung hätten ihm die weiteren Engagements- und Gastspiel-Etappen meiner Carriere bereitet, zumal mein nunmehr zwölfjähriges herrliches Engagement in der Residenz des kunstsinnigen und edlen Königs von Baiern, der mich mit seiner Huld beglückt hat. Und mit Freuden denke ich noch oft an mein entscheidendes Debüt als Walther von Stolzing bei der ersten Aufführung der Richard Wagner'schen „Meistersinger" zurück; auch ihm, dem größten Dichter-Componisten unserer Zeit, dessen Anerkennung zu erringen mir vergönnt war, hätte ich ein „Preislied" zu singen. — — —

14

Josef Kögel.

Im stärksten Contrast zu der fachgemäßen Tiefe meiner honorirten Stimme steht die nicht fachgemäße Höhe meiner Privatpaſſion. In meiner bairiſchen Heimath gelte ich nämlich für einen gewaltigen Bergsteiger vor dem Herrn, und in der That habe ich schon häufig genug auf jenen „Höhen der Menschheit" mich umgeſchaut, wo vom Erhabenen der Natur zu einem nichts weniger als lächerlichen Ende oft nur ein Schritt vom Wege, d. h. Fehltritt iſt; ſo auch im letztverfloſſenen Sommer. Die Sommermonate bringe ich regelmäßig im Hochgebirge zu, nicht in modiſchen Curorten, unter geſchniegelten und geleckten Menſchen, ſondern in einſamen weltverlorenen Bergdörfern, unter „unſeren braven Landleuten", die meine Neigungen verſtehen und ihnen zuweilen auch folgen. Einer meiner intimſten Freunde hat mich ironiſch mit der Raimund'ſchen Titulatur „Alpenkönig und Menſchenfeind" beehrt. Die erſtere Bezeichnung laſſe ich mir gefallen, aber die letztere muß ich ablehnen, ſchon aus dem Grunde, weil ich als theatraliſcher Hauptrepräſentant der würdigſten Oberprieſter und Seelenhirten

aller Confeſſionen, mit Ausſchluß jedes Culturkampfes, ſowie
der edelſten weltlichen Fürſten, gewiſſermaßen für die religiöſe
Humanität und Urbanität moraliſch und materiell engagirt
bin. Im Uebrigen kann ich ſogar mit einer regelrechten
Lebensrettung aufwarten. Es war am 27. Juli 1872,
als ich in Murnau am Staffelſee, wo ich bei dem früheren
Reichstags-Abgeordneten Kuttmüller wohnte, eines Nachmittags
beim Baden einen des Schwimmens unkundigen neunzehnjährigen Burſchen, Namens Johann Buchner aus Froſchhauſen,
der ſich auf den offenen See hinausgewagt hatte, mit eigener
Lebensgefahr vom ſicheren Ertrinkungstode gerettet habe.
Der Kampf und die Aufregung hatten auch mich damals
tüchtig mitgenommen, ich lag acht Tage krank darnieder, aber
nach dieſer Zeit waren wir Beide wohlauf und feierten die
glückliche Rettung. Es war ein armer Burſche, und als ihn
bei dieſer ſolennen Kneiperei Jemand ſcherzhaft fragte, was
er mir denn zur Belohnung gebe, da erbot er ſich, mir für
ſein Vermögen, das im Ganzen aus zwölf Kreuzern beſtand,
zwei Maaß Bier zu kaufen. Natürlich gab ich dem braven
Burſchen noch ein paar d'rauf und begnügte mich im Uebrigen
mit dem Bewußtſein, einer Wittwe ihren Sohn gerettet
zu haben, und mit der Anerkennung, welche die Preſſe, und
zumal das Regierungsblatt von Oberbaiern, meiner That
zollten. Das iſt doch einmal etwas Anderes, als die Recenſion
über irgend eine theatraliſche Leiſtung, ſo groß auch meine
Liebe zu meinem Berufe iſt und ſo erhebend und erfreulich
mir jedes kritiſche Lob iſt. — Apropos Kritik! Einmal verbrachte ich die Ferien im Niederbairiſchen in einem Kloſter,
deſſen Pater Guardian mein Freund iſt. Da habe ich denn

auch in der Kirche mitgesungen, daß die Kirche und die
Bauern bei der Vesper erbebten. Nach dem Gottesdienste
saß ich mit den Bauern im Refectorium, wo ein Pater sie
fragte, was sie denn zu dieser Stimme, dieses „Basses Grund-
gewalt", sagten. Da hat es denn recht robuste Aeußerungen
gegeben; der eine meinte: „Das is grad' so, als wenn man in a
Kuhhorn blast!" Ein anderer, ein Wirth aus der Umgegend,
erklärte, er habe nur e i n e n Wunsch: diese Stimme möchte
er zum Abschaffen, d. h. Feierabendbieten oder A n s a g e n
d e r P o l i z e i s t u n d e besitzen. Beide Bemerkungen sind nicht
eben geschmackvoll, aber urwüchsig und drastisch; wenn man
jahrelang hauptstädtische Kritiken liest, dann muß man sich
freilich an diese Art von „Volkston" immer erst wieder gewöhnen.

Trotzdem ist beim Ablauf jeder Saison — und unter der
Leitung der rühmlichst bewährten Direction Pollini muß ja
jegliches Mitglied dieses stattlichen Künstlerpersonals von Anfang
bis zu Ende der Saison die eifrigste Thätigkeit entfalten, von
der man sich allerdings ein volles F e r i e n - Q u a r t a l, auf
das man von vornherein abonnirt ist, gründlich erholen kann,
wenn man nicht die wilde verwegene Gastspiel-Jagd vorzieht
— „mein Herz im Hochland", da wo es am höchsten und
die Gefahr am nächsten ist. So unternahm ich im Juli 1880
die waghalsige Tour nach Groß- und Kleintiefenthal, — in Gesellschaft des Provisors Herrn Speth, eines ausgezeichneten
Bergsteigers, wie die Gemsen über die Berge klimmend.
Nachts kamen wir an und fanden in einer Sennhütte gastliche
Aufnahme und den Umständen angemessene Bewirthung, der
wir freilich durch einige Flaschen Sect, die mir der wackere
Weinhändler Theilig aus Hamburg geschickt hatte und die nun

in Lawinen-Eis kalt gestellt wurden, einen neuen Reiz
verliehen. Veuve Clicquot unter dem primitiven Dache der
Sennerin, mit Culturtoasten, und sodann das Nachtlager auf
Heu, — fürwahr, ein curioser Contrast! Beim Anbruch des
Morgens waren wir wieder auf den Beinen und bestiegen die
sehr steile „rothe Wand"; das gewaltige, unvergleichlich
herrliche Schauspiel aber, das uns da oben auf der Spitze
erwartete, entschädigte uns genügend für alle Mühen und
Gefahren, denn „Jefahr muß ja dabei sein", wie Freiherr
von Stritzow im „Versprechen hinter'm Heerd" meint. Und
es war keine geringe Gefahr, als mein kühner Begleiter sich
den allerliebsten Scherz machte, über die „rothe Wand"
hinauszulugen und ich selbst auf einer der vielen Klippen ein
wenig vom Schwindel befallen ward; schon fürchtete ich, daß
mein letztes Stündlein gekommen sei, und ließ schon im Geiste
die Reihe meiner eventuellen Nachfolger am Hamburger
Stadttheater die Revue — „bassiren". Aber wir sollten
glücklich erhalten bleiben, und zum Dank dafür bestieg ich
vier Tage später abermals die „rothe Wand", aber — von
der leichteren Seite, die ich schließlich Allen empfehle, welche
nicht gerade mit dem Kopf gegen die — „rothe Wand"
rennen wollen.

Robert Buchholz.

Vor circa zwanzig Jahren war ein junger Referendar B . . in der kleinen märkischen Landstadt A . . . . bei dem dortigen Kreisgericht stationirt.

Die Zeit, die ihm die üblichen Referate in Alimentations- und anderen interessanten Sachen, die Vertheidigung unzweifelhafter Gauner ꝛc. übrig ließ, mit Skat, Quinze und dergleichen geistvollen Spielen auszufüllen, war ihm zu langweilig; er gründete ein Liebhabertheater auf Actien.

Die Honoratioren des Städtchens zahlten einen bestimmten monatlichen Beitrag und ließen sich dafür von der einheimischen und eingewanderten Jugend Comödie vorspielen.

Nachdem Benedix' Haustheater fast durchgespielt war, brachte der Theaterreferendar B.., wie er nun genannt wurde, den „Faust" ersten Theil, ersten Act, auf die Bühne: Der Apotheker stattete das Studirzimmer aus, eine zwischen zwei kupfernen Fischkesseln an einem Bindfaden geschwungene Kartoffel versinnlichte das Geläute der Kirchenglocken, und der Talar Faust's bestand aus einem adaptirten schwarzen Frauencamelotrock, da der Geistliche des Städtchens die

Darleihung des seinigen zu einem so sündhaften Werke stand-
haft verweigerte.

Die Vorstellung verlief glänzend; nur der Erdgeist, der
aus dem Loch, aus welchem der Kronleuchter herabhing,
seine Stimme erschallen ließ, lispelte das S etwas stark und
war nicht ganz dialectfrei, so daß die versammelten Hörer bei
den vernichtenden Worten:

„Du gleichst dem Geist, den Du begreifst, nicht mir, —"
freudig ihn erkennend, hinzufügten: — „dem Doctor
Löwenberg!"

Da aber dieser Versuch, das classische Drama dem
Repertoire einzuverleiben, im Ganzen gelungen war, wurde
eine Vorstellung der — „Räuber" vorbereitet.

Die ganze Bevölkerung des Städtchens war in der größten
Aufregung; der „Theaterreferendar" hatte Alles aufgeboten, um
diese Vorstellung zu einer glänzenden zu gestalten.

Als der Gerichtsdirector am Tage vor der Aufführung in
sein auf dem Kreisgericht befindliches Zimmer trat, blieb sein
Auge befremdet auf der Wand haften, wo sonst ein großes
Oelgemälde des berühmten preußischen Rechtsgelehrten und
Kanzlers Samuel Cocceji hing, — es war verschwunden.

Der Director klingelt, der Gerichtsbote tritt ein.

„Krüger", sagt der Director, „wo ist das Bild geblieben?"

„Herr Referendar B . . hat et holen lassen", erwidert
dieser, „er meente, et paßte janz ausjezeichnet in de Bilder-
jallerie — als oller Moor."

Der Director murmelte einige unverständliche Worte in
die Binde, setzte sich und begann, sich aus den bereitgelegten

Actenconvoluten für die morgige Sitzung zu informiren; plötzlich hielt er inne und las:

„Menschen, Menschen! falsche heuchlerische Krokodilbrut!"

„Krüger", rief er dem Boten zu, „holen Sie mir mal sofort den Registrator Schulz her." — — —

„Herr"! fuhr er diesen an, „was soll das bedeuten?" und dabei hielt er ihm das corpus delicti entgegen, „was ist das?"

„Das — das — das sind die Räuber", stotterte der Registrator. „Verzeihen Sie, Herr Director, ich habe die Rollen abschreiben müssen; dieser Theil des Carl Moor war mir abhanden gekommen — ich muß ihn aus Versehen hier eingeheftet haben — ich bitte um Entschuldigung."

„Entfernen Sie das Zeug sofort und lassen Sie künftig diese Allotria", rief der Director und der Registrator huschte davon, froh, mit dieser kleinen Nase davon gekommen zu sein.

„Was sagen Sie dazu?" rief der Director einem eben eintretenden Kreisrichter entgegen: „dieser Referendar B . . läßt mir den Samuel Cocceji zu seinen Räubern holen — in den Acten finde ich heuchlerische Krokodilbrut; was sagen Sie dazu, Herr College?"

„Gräuliche, gräuliche Frevel, die zum Himmel stinken", rief lachend der Kreisrichter.

„Um Gotteswillen, fangen Sie auch an —?"

„Ich bin mitten d'rin", entgegnete der Kreisrichter, „ich spiele den Pater!"

„Krüger", rief der Director energisch, „holen Sie mal den Referendar B . . her!"

„Entſchuldigen Se, Herr Derecter", ſagte Krüger, „aberſt
der Herr Hauptmann werden woll nich zu Hauſe ſind."

„Hauptmann, welcher Hauptmann?" fragte der Director,
als traute er ſeinen Ohren nicht.

„Na, den Hauptmann von des Janze, den Räuber
Moor."

„Krüger", rief der Director entſetzt, „ſpielen Sie vielleicht
auch mit?"

„Ne, Herr Derecter, ick ziehe man blos den Vorhang uff!" antwortete Krüger vergnügt.

„Sofort ſchaffen Sie den Referendar B . . zur Stelle,
ſofort!" rief der Director zornig.

„Entſchuldigen Se, Herr Derecter," erwiderte Krüger
gelaſſen, „aberſt der Herr Jraf ſind ogenblicklich bei
Freilein Amalie; er wollte die Rolle noch mal mit ſie
durchjehen, un denn da Mittag eſſen, un denn —"

„Reiß' ihn vom Mahle, wenn er be . . .," ſchrie jetzt
der Director außer ſich, hielt aber ſprachlos inne, als der
„Theaterreferendar" plötzlich eintrat und freundlich ſagte:

„Bravo, bravo, Herr Director, vortrefflich geſprochen! —
Sie könnten mich aus einer großen Velegenheit befreien.
Oberſtlieutenant v. H. hat dem Lieutenant L., der den
Schweizer ſpielen ſollte, die Mitwirkung verboten, weil derſelbe
heute bei der Felddienſtübung, als er mit dem Schützenzug
vorgehen ſollte, den Soldaten begeiſtert zurief: „Schweizer's
Würgengel kommt!" Wenn Sie nun, Herr Director, die
Rolle des Schweizer ſpiel . . ."

„Herr Referendar," fiel der Director mit dem Aufgebot
ſeiner ganzen Würde ein, „Herr Referendar, räubern Sie ſo viel

Sie wollen; aber aus diesen Mauern, aus dem Gerichts-
gebäude bleiben Sie damit fern, oder ich muß Sie bitten,
selbst — — — —"

— — — — — — — — — —

Die „Räuber" waren die letzte dramatische Chat in
A . . . ., aber nicht die letzte des damaligen „Theater-
referendarius." Er wurde Schauspieler, Regisseur, — ja,
zuweilen versucht er sich als Schriftsteller. Aber wie? — —
Die Bescheidenheit verbietet mir die Beantwortung
dieser Frage.

Paul Jensen.

Ein gar kleiner Bursche war ich noch, als mir das Unglück widerfuhr, die Mutter zu verlieren; sie folgte, vom Gram erdrückt, meinem einige Jahre zuvor dahingeschiedenen Vater. So stand ich, der kleine Junge, allein in der Welt, und das gerade zu einer Zeit, wo der Ernst des Lebens zum ersten Male an das junge Herz klopfte, der Ernst des Lebens — in Gestalt der Schule.

Wird doch dem Kinde bei seinem Eintritt in die Schule zum ersten Male mit Erschrecken klar, daß unser Dasein denn doch noch andere Aufgaben bietet, als Soldaten- und Ball-Spiele!

Auch ich hätte gern mein erstes Weh am mütterlichen Herzen vergessen mögen, aber die Mutter war nicht mehr, und die fremden Leute, bei denen man mich für geringes Geld untergebracht hatte, verstanden meine kleinen Leiden nicht. Da war es denn ein rechtes Glück, daß ich ab und zu, d. h. an freien Tagen und wenn die Wochenzeugnisse nicht allzu ungünstig lauteten, zu Tante Barbara laufen konnte. Tante Barbara war eine alte Stiftsdame. Ob ich eigentlich

in Wahrheit mit ihr entfernt verwandt war, weiß ich kaum.
Meine Mutter entstammte einem alten Geschlechte und war
mit der Hälfte unseres Provinzadels in irgend welchem Grade
verwandt, — ob auch mit Tante Barbara, deren einzige Vertraute sie durch viele Jahre war, weiß ich nicht gewiß. Genug, ich
nannte die alte Dame „Tante", ohne mir viel den Kopf zu
zerbrechen, ob dies auch mit Berechtigung geschah. Welch
ein wohliges Gefühl durchströmte mein junges Herz, wenn sie
mir in der Thür entgegentrat! Die hohe schlanke Gestalt,
ganz schwarz nach einer längst vergessenen Mode gekleidet,
das goldene Kreuz auf der Brust, ein mehr als sauberes
Spitzenhäubchen auf dem Haupte, und ein unendlich liebens-
würdiges Lächeln tiefsten und wahrsten Wohlwollens in den
edlen und schönen Zügen, — so steht ihr Bild, das Urbild
einer echten Edeldame, unauslöschlich in meinem Gedächtnisse.

Bei ihr, der an Geist und Herz Hochgebildeten, fand ich
für alle meine kleinen Schülersorgen und später für alle mich
interessirenden Tagesfragen die freundlichste Aufnahme, das
tiefste Verständniß. Immer und immer wieder war sie mit
der echten Religion des Herzens meine Vertraute und Führerin,
und auch, als die trübste Zeit meines bisherigen Lebens
heranbrach, als ich Jahre hindurch ohne den ersehnten Erfolg
um die Geliebte warb, war es Tante Barbara, die mich
tröstete und mir neuen Muth einzuflößen wußte; ihr danke
ich in Wahrheit mein jetziges Glück. —

Eines Tages, als ich — wie dies wohl noch von der
Knabenzeit her meine Gewohnheit war, — auf dem Schemel
zu ihren Füßen sitzend, ihr mein Leiden klagte, sah sie mich
lange mit feuchten Augen an; es war, als ob ein innerer Kampf

sie bewege, als ob die Worte, die sie sprechen wollte, sich nur
schwer von ihren Lippen losrangen; endlich legte sie ihre
schmale weiße Hand wie segnend auf mein Haupt und begann:
„Du hast mich oft um mein Bild gebeten, mein lieber Sohn,
ich habe jedoch Deinem Wunsche nie willfahren mögen. Was
nützt Dir auch eine Wiedergabe dieser alten durchfurchten
Züge? In Deinem Gedächtnisse lebt mein Bild, das weiß
ich; warum aber sollen fremde Augen mit dem üblichen
Spotte die alte Jungfrau betrachten? Einst galt ich für
schön, so schwer dies auch vielleicht aus meinen heutigen
Zügen herauszulesen sein mag." Mit diesen Worten erhob
sie sich und holte aus der alterthümlichen, messingbeschlagenen,
großen Commode ein Medaillonportrait hervor. Dasselbe
zeigte in der einst üblichen Pastellmalerei ein reizendes, etwa
sechszehnjähriges, braunes Lockenköpfchen, welches allerdings
nur durch seine großen blauen Augen an die heutige Tante
Barbara erinnerte. „So sah ich einst aus", begann sie lächelnd
wieder, „und es ist dies das einzige von mir vorhandene Bild; es
befindet sich in meinen Händen, weil sein einstiger Besitzer, mein
theurer Eberhard, seit vielen Jahren gestorben und von Allen,
außer mir, vergessen ist!" — Bei diesen Worten stockte ihre Stimme,
Thränen umflorten die großen blauen Augen und ein Schimmer
fast überirdischer Verklärung bestrahlte ihr Antlitz, als sie den
Blick zum Himmel aufschlug. Mit einem Male war mir ihr
einsames Leben erklärt. Wie oft hatte ich schon darüber nach-
gedacht: wie war es möglich, daß dieser vornehme Sinn,
dies edle Herz unbeachtet bleiben mußte? Sollte kein Mann
den Werth dieser Perle erkannt haben? Jetzt wußte ich die
Antwort und sollte bald die Bestätigung von Barbara's

eigenen Lippen erhalten. — „Du hast," begann sie wieder,
„heute zum ersten Male aus meinem Munde den Namen
jenes geliebten Mannes gehört, dessen Bild dies müde Herz
noch heute, wie zur Jugendzeit erfüllt; ich breche mein bis-
heriges Schweigen, um Dir Muth und Trost in Deinem Kampfe
um die Geliebte einzuflößen, die Dir, so lange sie lebt, ja
unverloren und erreichbar bleibt. Mir hat ein hartes Schicksal
schon früh den schönen Traum zerstört, der unserm Leben
seinen eigentlichen Werth verleiht."

„Du weißt, ich bin am Ende des vorigen Jahrhunderts
geboren, ein Sprosse einer längst entschwundenen Zeit. Die
heutige ist mir fremd. Nicht als ob ich nicht die ungeheuren
Fortschritte der Neuzeit zu würdigen wüßte; aber zu einem
steten Zurückträumen in die Vergangenheit paßt das Geräusch
des modernen Lebens schlecht, und wie ich noch nie einen
Dampfwagen bestieg, habe ich auch seit dem Jahre 1820, da
ich, vom heimischen Gute kommend, diese Stadt zum ersten
Male betrat, ihr Weichbild nicht wieder verlassen. Das Gut
meiner Eltern lag ganz in der Nähe der See; ich habe es
seit mehr denn fünfzig Jahren nicht gesehen. Mein Bruder
ist todt, es ist in fremde Hände übergegangen und in dem
herrlichen Buchenwald, an welchen sich meine süßesten
Erinnerungen knüpfen, haben speculative Köpfe allerlei
Pavillons und Vergnügungs-Etablissements für die Gäste des
neu errichteten, benachbarten Badeortes gebaut. Das ist der
Lauf der Welt, und dennoch betrübt mich's, wenn ich davon
durch die Zeitungen erfahre. Geheiligt erscheint uns die
Stätte, wo wir mit unseren Lieben in ferner Zeit gewandelt,
und ich glaube, nicht Jeder kann den ganzen Zauber der

Meeresküste, die Reize unserer Heimath erfassen. Ich habe
ja freilich die Berge nie gesehen, aber mir will scheinen, als
ob sie die Majestät des Meeres nie erreichen könnten.

Vielleicht wurde meine Seele früh zur liebevollen Be-
trachtung und Bewunderung der erhabenen und reizvollen
Natur geleitet durch mein schon in der Kindheit bis zu gewissem Grade einsames Leben. Meine Mutter habe ich nie
gekannt. Sie starb, als sie mir, dem zweiten Kinde, das
Leben gab. Mein Vater mußte sie wohl sehr geliebt haben,
er dachte nicht an eine zweite Ehe, sondern hatte meine Erziehung in die Hände einer entfernten Verwandten und des
schon bei meinem älteren Bruder bewährten, ausgezeichneten
Pfarrers unseres Dorfes gelegt. Beide haben vollauf ihre
Pflicht gethan, aber das Fehlen der mütterlichen, zarten
Fürsorge gab meinem Wesen jene gewisse Härte, die es
freilich später allein befähigte, dem furchtbaren Sturme des
Geschickes Stand zu halten.

Mein Bruder Ottokar theilte den Unterricht und seine
Spiele mit einem Altersgenossen, dem jungen Grafen
Eberhard Bardenstein, dem einzigen Sohne unseres Guts-
nachbars. Die beiden begabten, lebhaften und gutgearteten
Knaben waren freilich um Vieles älter als ich, aber sie
duldeten, soweit dies möglich war, meine Theilnahme an ihren
Spielen und namentlich war es Eberhard, der mich mit
großer Liebe behandelte und mich seine „kleine Braut"
nannte. Mochte er auch diesen Scherz ohne Verständniß dem
gutgelaunten Vater nachplappern, Eines steht fest: die Väter
hatten uns für einander bestimmt.

In diese frühe Jugendzeit fällt die unglücklichste Periode

15

unferes Vaterlandes. Napoleon hatte Preußen geschlagen,
der Friede von Tilfit war geschlossen. Was half es, daß alle
Patrioten die Fäuste ballten und haßerfüllt gegen den corsischen
Eroberer nach Rache dürfteten! Die Zeit war noch nicht erfüllt. Aber in unfere jugendlichen Gemüther, und namentlich
in diejenigen meiner beiden Gefährten, legten die Gespräche
unferer Väter einen unvertilgbaren Haß gegen die Franzofen,
von denen wir so furchtbares erdulden mußten. —

Im Todesjahre unferer großen Königin bezogen Ottokar
und Eberhard die Universität. Ihr Lehrer konnte stolz auf
fein Werk fein; denn Beide waren jetzt kaum achtzehn Jahre alt.
Da begann nun für mich eine recht einfame Zeit. Ich stand
damals im vierzehnten Jahre, und war mir also bereits
meiner Einfamkeit recht bewußt. Mein Vater war die Güte
felbft gegen mich, aber mir fehlte die Mutter, die ftete
Theilnahme eines verständnißvollen, weiblichen Herzens.
Meine Erzieherin, unfere Verwandte, ftand dem mir von
unferem trefflichen Lehrer gegebenen Bildungsgrade doch
immerhin zu fern; fie hütete mich wie ihren Augapfel,
dennoch waren wir, je älter ich wurde, einander mehr und
mehr entfremdet. Auch die mütterliche Zärtlichkeit der Gräfin
Bardenftein, einer fonft nicht leicht zugänglichen Dame, die
jedoch mir mit größeftem Wohlwollen entgegenkam, konnte
mir die fehlende Mutter nicht erfetzen. So vergingen mehrere
Jahre. Da brach denn endlich in unferem Vaterlande die
große Epoche an. Napoleon kehrte aus Rußland zurück, zum
erften Male geschlagen, mehr durch die Macht der Elemente,
als durch Menschenhand. Aber fein Uebermuth, das Be-
wußtfein feiner Unüberwindlichkeit, hatten einen harten Stoß

erlitten, und überall regte sich's nun im Vaterlande. Das
Volk glaubte, den Finger Gottes zu sehen. Der kaltherzige,
vom Glück verwöhnte Corse, den auch seine Feinde anstaunen
mußten, war also doch zu überwinden; — nun galt es schnell
den gegebenen Vortheil auszunutzen. Nur der König zögerte
noch, eingedenk seines Wortes und Vertrages. Was aber
vermochte er gegen das Andrängen des erwachten Volkes?
Der Sturm brach los, es half kein Wiederstehen! —

Ich brauche Dir wohl nicht zu sagen, daß Eberhard und
Ottokar nicht die Letzten waren, welche zur Fahne eilten.
Voll freudigen Stolzes auf ihre jugendliche Begeisterung,
rüsteten die Väter sie aus und gaben den Scheidenden ihren
Segen. Ich hatte ihnen kein Abschiedswort zurufen können,
denn sie waren garnicht mehr in's Elternhaus zurückgekehrt,
vielmehr waren mein Vater und Eberhard's Eltern zu den
Söhnen nach der Stadt gereist. O, wie schmerzlich beklagte
ich damals, daß ich kein Jüngling war, daß nicht auch ich
in's Feld gegen die verhaßten Feinde ziehen konnte! Mir blieb
nichts übrig, als für das Glück der deutschen Waffen zu beten. —

Ich unterlasse es, Dir unsere Erregung während des
Krieges zu schildern, es trafen nur glückliche Nachrichten
ein, denn eine unbedeutende Verwundung, welche mein Bruder
bei Leipzig davon trug, ein schlecht parirter Säbelhieb, zierte
nur den rückkehrenden Sieger. O, diese Rückkehr! — Am
Morgen nach meines Bruders Ankunft sprengte ein Husaren-
officier in unseren Hof; ich sah's von meinem Fenster aus, es
war Eberhard. O, wie er schön war! Diese stolze, ritterliche
Haltung, diese hohe Gestalt, diese leicht gebräunten, männlich-
schönen Züge! —

Jetzt parirte er sein Pferd vor dem Hause und sah zu meinem Fenster empor, unsere Blicke begegneten sich, ich fühlte, wie mir die Röthe in's Antlitz stieg und sah auch ihn erröthen. Es war der zündende Blitz der Liebe! Er sprang vom Pferde, warf die Zügel einem herbeieilenden Knechte zu und stürmte, von meinem Vater und Ottokar empfangen, die Schloßtreppe hinauf. Ich hörte, wie die Männer sich begrüßten, wie sie sich eiligst die letzten Erlebnisse mittheilten; aber ich vermochte nicht, zu ihnen zu gehen, mein Fuß war wie gebannt. Ottokar rief mich, doch er mußte fast sanfte Gewalt anwenden, ehe es ihm gelang, mich mit sich zu ziehen. Sprachlos stand ich Eberhard, dem Jugendgespielen, gegenüber, und wurde erst wieder meiner mächtig, als er mich fragte: „Barbara, haben Sie kein freundlich Wort zum Willkommen für mich?" —

Acht Tage später war ich seine erklärte Braut. — Mein Bruder kehrte in seine Garnison zurück, Eberhard indessen hatte bereits seinen Abschied genommen und blieb im elterlichen Hause. Soll ich Dir die nun folgende Zeit schildern? Zarte Herzen fühlen die Seligkeit reinster Liebe, aber um sie zu schildern, muß man ein Dichter von Gottes Gnaden sein. Nur Schiller hat für meine Empfindung in Max Piccolomini und Thekla das Rechte getroffen... Ich sollte Thekla's herbes Schicksal begreifen lernen. —

Unserer Jugend wegen hatten die Eltern noch mit der Festsetzung unserer Vermählung gezögert, und wir hatten nicht getrieben und um endgültige Vereinigung gebeten; uns genügte das Bewußtsein des sicheren Besitzes, uns konnte ja nun nichts mehr trennen. Endlich aber wurde die Hochzeit näher be-

sprochen und in Aussicht genommen... Da fiel die Nachricht
von Napoleon's Flucht von Elba und seiner Rückkehr nach
Frankreich wie ein Blitz aus heiterem Himmel in unsere
Seligkeit. Die Armee wurde gerüstet, die Männer griffen
wieder zum Schwerte, der Krieg mit allen seinen Schrecken
war da. Der Geliebte entwand sich meinen Armen; „die Ehre
über Alles" war die Devise seines Wappens. Er meldete sich bei
seinem Regimente und zog, wie mein Bruder, auf's Neue in's
Feld. — Ich habe ihn nicht wieder gesehen! Eines der letzten
Opfer, ist er noch gegen Abend bei Waterloo gefallen,
mein Bruder, in dessen Armen er seine Seele aushauchte,
brachte mir mein Bild und die letzten Grüße des Geliebten!"

Tante Barbara verhüllte ihr Antlitz, — nach langem
Schweigen, begann sie wieder: „Ich habe kaum noch etwas
hinzuzufügen. Graf Bardenstein überlebte seinen einzigen
Sohn nur um wenige Jahre; wir Frauen müssen wohl besser
geeignet sein, große seelische Erschütterungen zu überwinden,
denn auch die Gräfin ist, wie ich, recht alt geworden. Ich
habe mich bis zu ihrem Tode nicht mehr von ihr getrennt;
als sie hierher zog und diese gräflich Bardenstein'sche Stiftsstelle
antrat, folgte ich ihr und bin ihre Erbin darin geworden.
Die Jahre verflossen uns in gleichmäßiger Ruhe, wir lebten
nur in der Erinnerung, unser Dasein war nur — das meine
ist noch — ein Cultus der Todten!" —

Carl Mittell.

Als „Schiller" in Laube's „Karlsschülern" habe ich einst in Ungarn höchst merkwürdige Dinge erlebt, die für die damaligen politischen Zustände im hohen Grade bezeichnend sind und daher wohl erzählt zu werden verdienen. Nur ein paar einleitende Worte schicke ich voraus. Kaum achtzehn Jahre alt, betrat ich im Jahre 1846 zum ersten Male die „weltbedeutenden Bretter" unter der Direction Carl in Wien, und fand daselbst ein einjähriges Engagement als Volontair. — Da eine große Bühne dem Anfänger nicht gerade förderlich ist, so hatte ich, um mir Repertoire zu schaffen, eine Wintersaison in Oedenburg (Ungarn) angenommen (1847), und darf wohl sagen, daß ich mich dort bald einer großen Beliebtheit zu erfreuen hatte und bei Schluß der Saison mit, gewiß unverdienten, Ehren entlassen wurde. — Ich führe dies an, weil es meinen innigsten Wunsch, den nämlich: in Oedenburg einmal zu gastiren, begreiflich erscheinen lassen wird. — Dieser Wunsch realisirte sich vier Jahre später, als mir Director Carl in Wien, woselbst ich schon in einer ersten Stellung engagirt war — (ich

hatte das Glück, nach Aufhebung der Censur der erste
„Schiller" in den „Karlsschülern", der erste „Joseph" in
„Deborah" und der erste „König Ludwig" im „Urbild des
Tartüffe" zu sein), — einen außercontractlichen Urlaub von
sechs Tagen gewährte, den ich, überglücklich, zu diesem lang
ersehnten Gastspiel benutzte. — Nun will ich erzählen, wie
es dem „jungen Heißsporn" auf dem ersten Gastspiel-Ausflug
ergangen ist: —

Als ich nach einer furchtbaren Nacht, halb erfroren und
vom Postwagen entsetzlich durchgerüttelt (die Eisenbahn ging
damals nur bis Neustadt), in Oedenburg ankam, war die erste
Gast-Vorstellung für den nächsten Tag, den 17. December 1851,
angesetzt, und zwar „die Karlsschüler", darauf sollten folgen
„Mutter und Sohn" (Bruno), „Maria Stuart" (Mortimer)
und „Er muß auf's Land" (Ferdinand). — Zur Schilderung
der Situation muß ich bemerken, daß Oedenburg, gleich Graz,
der Sitz vieler pensionirter, hoher Officiere ist, daß viel
Militair dort liegt, besonders Cavallerie, und daß die Wogen
der kaum bekämpften Revolution noch sehr hoch gingen. —
Schon auf der Probe am Tage der Vorstellung bedeutete mir
der Regisseur, daß diese und jene Stelle hier von der Censur
gestrichen sei — und das war schließlich „der ganze Schiller",
mindestens jeder seiner Freiheitsgedanken. — Ich erklärte, daß
ich das nicht Alles bis zum Abend behalten könne, da ich
die Rolle zu fest memorirt und zu oft in Wien gespielt habe
— und unter diesen Verhältnissen lieber von der Vorführung
dieser Rolle abstehen wolle. Eine Abänderung war indessen
nicht mehr möglich, und da ich die Frage des Regisseurs, ob
ich die betreffenden Stellen denn in Wien spreche, mit „Ja" be-

antwortete, so fügte er sich endlich, mir aber die Verantwortung überlassend. —

Der Abend kam heran — ein volles Haus und herzlicher Empfang, — man hatte den „Liebling" nicht vergessen! — Dies machte alle meine Bedenken zu nichte und ich donnerte alle die schönen Tiraden mit jugendlicher Begeisterung in's Publicum, — stürmischer Applaus und Hervorrufe nach dem zweiten Acte erschollen aus dem Parterre und den Gallerien; ich hatte nicht bemerkt, daß der Adel und die Officiere in den Logen sich nicht daran betheiligten. Zwischen dem zweiten und dritten Acte sah ich allerdings, daß ein höherer Officier, wie ich später erfuhr der Adjutant des Commandirenden, sehr erregt mit dem Regisseur sprach. — Letzterer bat mich auch vor Beginn des dritten Actes, doch seinetwegen wenigstens die Striche in diesem Acte zu berücksichtigen, ich aber war in zu gehobener Stimmung, zu sicher im Bewußtsein meines Rechtes, das, was ich in Wien spreche, auch hier sprechen zu dürfen, als daß ich auf die wohlgemeinte Mahnung geachtet hätte. — Die Folgen sollten sich bald genug zeigen: Als ich die Rede begann: „In mein Quartier?! — So ist denn die Tyrannei erfüllt bis auf den letzten Buchstaben" 2c., war mir's, als würde man im ersten Rang und in den Logen ein Bischen „unruhig", -- als ich aber mit jugendlicher Begeisterung fortfuhr: „Himmel und Erde! Das Thier des Waldes hat seine Höhle, wohin 'ihm die Zudringlichkeit seiner Feinde nicht folgen kann — und nur der Mensch hat keinen Schlupfwinkel mehr vor den schmutzigen Tatzen der menschlichen Jagdherren", — da brach der Sturm los! Der Höchstcommandirende stand mit Geräusch auf und

mit ihm sämmtliche Officiere und Insassen der Logen — und
während Parterre und Gallerie jubelten und klatschten, verließen unter Zischen, Pfeifen und Säbelgerassel die Herren
Officiere die Logen und mit ihnen die ganze haute volée, —
das Alles bei offener Scene! — Wie mir damals zu Muthe
war, kann ich nicht genau mehr sagen, — ich glaube aber,
mir war doch nicht ganz wohl! — Während die „Herrschaften"
sich entfernten, dauerte der Applaus fort und so spielte ich
auch, nachdem es wieder ruhiger geworden, den Act aus,
endlich auch den vierten und fünften unter großem Beifall
des noch im Hause anwesenden Publicums. — Ich wollte
nach der Vorstellung den Director, den Regisseur sprechen —
sie waren „verduftet"! Einer der Collegen sagte mir, Ersterer
fürchtete, man würde ihm in Folge des heutigen Abends die
Concession nehmen; ich selbst solle mich auf Alles gefaßt
machen! — Um nicht Veranlassung zu Debatten 2c. zu geben,
aß ich im Hôtel auf meinem Zimmer — und schlief schließlich
ohne alle Scrupel, mit dem größten Stolz auf meinen Erfolg,
in glücklich zufriedenem Gefühle ein! —

Am nächsten Tage hatte ich um 10 Uhr Probe von
„Mutter und Sohn"; wir warteten vergebens vor der Thür
auf den Regisseur — es war bereits 10½ Uhr, als derselbe
endlich in Begleitung eines höheren Polizeibeamten und
zweier Heiducken ankam und mich dem Ersteren als „Herr
Mittell" bezeichnete. Er theilte mir darauf mit, daß mich
die Herren bereits in meiner Wohnung aufgesucht hätten. —
Der Beamte ersuchte mich nun, in ziemlich kurzem Tone, ihm
sofort auf die „Stadthauptmannschaft" zu folgen, da mich der
Herr Polizeidirector (dort Stadthauptmann genannt), zu

sprechen wünsche. — Ein Blick auf die beiden Heiducken belehrte mich, daß jedes weitere Wort vergebens wäre, und so erklärte ich mich denn bereit. Da sich schon mehrere Neugierige versammelt hatten, so fragte ich den Beamten, ob er nicht ermächtigt wäre, die beiden Trabanten zu entlassen, damit ich nicht abermals, wenn auch diesmal unschuldig, den Anlaß zu einem öffentlichen Auflauf gebe. Er schien dies auch einzusehen, winkte den Beiden ab und wir gingen, der Regisseur auch, scheinbar gemüthlich plaudernd zur Stadt-hauptmannschaft. — Ich wurde sofort vor den Polizeichef geführt, einen stattlichen Herrn von imponirendem Aeußern, der, ohne mich eines Grußes zu würdigen, erregt auf und ab ging. Er warf mir einige stechende Blicke zu und begann in kurzen Absätzen folgendes Gespräch, — das sehr große Aehnlichkeit mit einem Verhör hatte:

„Sie heißen Carl Mittell?" — „Ja." — „Sie sind ein Wiener?" — „Ja." — „Kommen von Wien, vom Carl-theater?" — „Ja." — „Sie haben gestern durch Ihre Darstellung ein öffentliches Aergerniß erregt." — „Erlauben Sie —" „Ich spreche! Hat Sie dieser Herr" (auf den Re-gisseur deutend) „nicht darauf aufmerksam gemacht, daß die von Ihnen gesprochenen Stellen von der Censur gestrichen seien?" Der Regisseur war ein alter Freund meines Vaters, und so wollte ich ihn jeder Verantwortung entziehen. Ich erklärte also: „Ja! Er hat mich sogar wiederholt darauf aufmerksam gemacht; ich sagte ihm aber, daß ich die Ver-antwortung ganz allein auf mich nehmen würde." — „Es ist gut, mein Herr", rief der Polizeichef dem Regisseur zu — und entließ ihn mit einer entsprechenden Handbewegung.

Sobald sich die Thür hinter ihm geschlossen hatte, brach sich der wohl schon lange zurückgehaltene Unmuth gegen mich in heftigen Worten Bahn: „Wissen Sie, Herr Mittell, was Sie gethan haben? Eine ganze Stadt haben Sie in Aufruhr versetzt! Sie haben, trotz des Verbotes, von der Bühne herab politische Reden, die zum Widerstand gegen die Staatsgewalt aufreizen, in's Publicum geschleudert!" — Als ich Einspruch that, und mir vor Allem einen höflicheren Ton ausbat, indem ich bemerkte: ich sei doch nicht sein Gefangener, — donnerte er mir entgegen: „Ja, das sind Sie! Ich habe den Befehl vom Commandirenden, die ganze Strenge des Gesetzes gegen Sie anzuwenden und wenn ich will, so lasse ich Sie „per Schub und in Ketten geschlossen", nach Wien zurückbringen." — Nun wurde es mir zu bunt; mich, den unschuldigen Schiller in Ketten! Ich fühlte in mir so etwas von „Beleidigung der Menschenwürde", ich war jung, feurig, muthig, so garnicht erfüllt von der Tragweite des „Verbrechens", das ich begangen haben sollte — kurz, es flammte mächtig in mir auf — und ich fabelte, glaube ich, etwas von „Rechtfertigung suchen bei einer höheren Instanz, da ich wohl annehmen dürfe, daß die incriminirten Worte, die in Wien Se. Majestät der Kaiser und der höchste Adel gelassen anhöre, den Herren Officieren in Oedenburg wohl auch genehm sein könnten." — Nach dieser Erklärung, die mir die sittliche Entrüstung dictirte, glaubte ich, nun würde ich sofort auf den „Hohen-Asperg Oedenburg's" geschleppt werden — aber merkwürdigerweise schien dem Chef diese Aufwallung zu imponiren. Er frug erst, ob das wirklich vom Dichter vorgeschrieben sei und nicht meine eigenen Worte wären — (diese Auffassung zeigte mir, daß der gestrenge Herr dem Dichter- und Bühnenwesen ziemlich ferne stand), dann frug er noch, ob diese Reden wirklich am k. k. Hofburg- theater in Wien gesprochen würden — und als ich dies mit meinem Ehrenwort bekräftigte, fiel mir plötzlich ein, daß ich ihm das auch ad oculos beweisen könne. — Auf seine Frage, wie ich das könne, ersuchte ich ihn, nur nach meinem Hôtel zu senden, auf dem Tisch liege mein Soufflir- buch, welches das kaiserliche Siegel der Censur in Wien trüge, mit dem Vermerk: „Nach dem Hoftheater-Exemplar adjustirt im Auftrage der k. k. Stadtcommandantur. Wien, 16. Aug. 1850. Director Janota." —

Dieses Buch war mein Eigenthum und gelangte nur durch Zufall zu dem qu. Vermerk. Joseph Wagner spielte nämlich einmal in einer Wohlthätigkeits-Vorstellung am Carltheater den „Schiller". Er brachte das Soufflirbuch des Burgtheaters zur Einrichtung unseres Buches mit. Es enthielt unbedeutende Veränderungen in den Strichen, — da aber zu jener Zeit jede Veränderung die Censur passiren mußte, die Direction aber kein zweites Buch besaß, um es nach dem des Hofburgtheaters einzurichten, so lieh ich das meinige, welches nun mit dem polizeilichen Siegel versehen wurde; — dieses Buch ist zufällig noch heute in meinem Besitz. —

Und nun zum Ende. Das Buch war inzwischen gebracht worden, der Chef überzeugte sich von der Wahrheit des Gesagten, wurde freundlicher und entließ mich endlich mit der Versicherung, Alles aufzubieten, den Commandirenden durch seine Fürsprache und das beifolgende Buch, dahin zu bestimmen, wenigstens von den beabsichtigten „Gewalt-

maßregeln" abzustehen. — Auf meine Frage, ob es denn
wirklich so ernst sei, und wie es mit der für den Abend
angekündigten Vorstellung würde, erwiderte er, daß von
einem nochmaligen Auftreten nicht die Rede sein könne, daß
ich vielmehr mich nirgends öffentlich zeigen solle, bis er mir
von dem Resultat der Unterredung mit dem Commandirenden
Mittheilung machen könne. — Unterwegs las ich bereits auf
rothen Zetteln: „Eingetretener Hindernisse wegen
bleibt heute das Theater geschlossen." — Als ich
Nachmittags wieder zum Polizei-Director beschieden wurde,
theilte er mir mit, daß ich es ihm, — der Fürsprache einer
hohen Gönnerin, aber hauptsächlich dem qu. Buche zu danken
habe, wenn die Angelegenheit nur nach Wien zu berichten sei,
daß ich selbst aber sofort die Stadt zu verlassen habe.

Ich sprach ihm meinen herzlichen Dank für seine gütige
Verwendung und mein Bedauern aus, Veranlassung zu all'
diesen Unannehmlichkeiten gegeben zu haben. Er entließ mich
mit wohlwollender Güte, versprach mir auch, den Bericht nach
Wien so milde wie möglich zu machen und rieth mir schließlich,
recht still zu verschwinden. — So fuhr ich denn mit weniger
Geräusch, als mein kurzer Aufenthalt hervorgerufen hatte, des
Nachts bei 16 Grad Kälte wieder nach Hause — zwar ohne
das geträumte „klingende Silber", aber doch glücklich —
für die Darstellung meines Schiller in Oedenburg mich nicht
mit „klirrendem Eisen" belohnt zu sehen. —

Schon nach acht Tagen bekam Director Carl eine Vor-
ladung, seine Ansicht über mein sittliches und politisches
Verhalten während meiner Engagementszeit zu Protocoll zu
geben. — Vierzehn Tage später erhielt ich eine Einladung

zum Bezirksgericht. Der betreffende Polizeihauptmann, der mir persönlich geneigt war und die Sache überhaupt von einem toleranteren Standpunkte aus betrachtete, empfing mich mit folgenden Worten:

„Sie sind ja ein ganz verfl..... Kerl, Mittell. Sie bringen durch Ihr Spiel ein ganzes Land in Aufruhr, und nur der Vermittelung einer hohen Dame danken Sie es, daß man Sie nicht als „politischen Verbrecher" behandelte; die Angelegenheit ist mir zur Untersuchung übergeben, unterschreiben Sie dies Protocoll, daß Sie diese Reden nur wie sie der Dichter vorschreibt, in Ausübung Ihres Berufes, nicht aber als Ausdruck Ihrer eigenen Gesinnung gesprochen haben, — und folgen Sie meinem Rathe — vermeiden Sie zunächst jede politische Aeußerung, da man Sie dieses Gastspiels wegen wohl eine Zeitlang als einen unter „polizeilicher Aufsicht stehenden, politisch Gravirten" beobachten wird." —

Damit war diese Schiller-Affaire beendet, — aber ich habe doch solchen Respect vor den „freisinnigen Oedenburgern" bekommen, daß ich eine Aufforderung zu einem längeren Gastspiel, — die ich drei Jahre später erhielt — mit bestem Danke ablehnte! —

Daß es in folge dieses gewiß Aufsehen erregenden einmaligen Gastspieles auch nicht an Hänseleien von Seiten meiner Collegen fehlte, werden sich die freundlichen Leser wohl denken können. —

Wie oft habe ich nicht hören müssen: „Na, Du, sei ganz still; Du spielst ja eine polizeiwidrige Comödie!"

Und unvergeßlich bleiben mir die Worte, die mir mein alter lieber College und freund Wenzel Scholz,

der mir 1854 beim Scheiden von Wien, nebst vielen
Anderen, das Geleite gab, nachrief: „Du! Coarl, woaſt
woas? Spül' bei Dein'n erſten Gaſtſpiel in Hannover den „Schüller", — do kriag'n mer Di doch
wiedar!"

Volkmar Kühns.

ie Erinnerung an mein Heim führt väterlicherseits in eine kaufmännische, mütterlicherseits in eine geistliche Familientradition. Das Hauptbuch und die Bibel schlossen einen Ehepact, aus dem ich mit noch drei Geschwistern hervorging. Gerade meine Mutter, die unbewußt auf ihren Sohn den schauspielerischen Zug vererbte, stellte sich dem Dämon, der mich schon in meinen Knabenjahren beherrschte, entgegen. Seltsam! Ungeachtet ihrer streng kirchlichen Richtung, in die ich unwillkürlich mit hineingedrängt wurde, wußte die gute Mutter Kirche und Theater so leicht zu verbinden, daß sie oft mit dem Gesangbuch in der Hand vor den Theateraffichen stehen blieb, um sich die ihr convenable Vorstellung auszusuchen. Wenn ich aber im Morgenhabit an die erste Ecke rannte, um meine kindliche Einbildung mit der Tagesvorstellung des Hoftheaters in Berlin aufzuregen, dann gab's Vorwürfe und beliebte Redensarten, wie: „Nase in die Bücher stecken, wäre gescheidter" ꝛc. Aber was half's? Auf dem Gang zur Schule suchte ich mir unter den Vorübergehenden die Typen heraus, mit denen man die heutige Vorstellung im Hoftheater besetzen könnte, und manches Zuspätkommen ist auf Rechnung dieses Triebes zu stellen, denn meine Typen ließ ich so leicht nicht los; ich mußte genau wissen, ob sie auch zu meinen Rollen paßten, und Berlin hatte vor 1848 noch eine hübsche Collection solch theatralisch wirksamer Erscheinungen aufzuweisen. Kein Mensch war vor mir sicher. An Jedem mußte ich die für die Darstellung verwerthbare Seite aufzufinden; wie oft hörte ich den wohlgemeinten Rath: „Geh' lieber in die Schule, mein Söhnchen, statt daß Du mich hier anglotzest". Meine armen Opfer wußten nicht, weshalb ich sie „anglotzte".

In stillen Stunden holte ich mein Memorial-Album gesammelter Eindrücke hervor, und der gesammte Hausrath mußte mir die Requisiten liefern, um diese Eindrücke in Scene zu setzen. Merkwürdig! Bis jetzt wurde diesen naiven Exercitien nur Widerstand bis zur Fühlbarkeit entgegengesetzt; da mit einem Male erfuhren sie Förderung von einer Seite, von der man sie am wenigsten erwartet hätte.

Wir hatten im Friedrich Wilhelm-Gymnasium einen Lehrer, der namentlich auf den Vortrag Gewicht legte. Eine klare, lebendige Darstellung in fließendem Vortrag und correctem Deutsch fand sein besonderes Wohlgefallen. Für seine augenscheinliche Wohlgeneigtheit revanchirte ich mich dadurch, daß ich den mit schulmeisterlichen Lächerlichkeiten behafteten Mann getreu copirte. Nun, es war nicht bös gemeint. Ein Mal hatte ich meine Sache besonders gut gemacht. Er nahm mich in einer Zwischenstunde bei Seite und fragte mich, was ich wohl einmal werden wollte. Naiv bekannte ich ihm, daß ich

alle Tage was Anderes werden wolle. Er nahm Fühlung
mit meinen Anlagen, und wußte mit Vortrefflichkeit Schein
und Wesen, Kern und Schale mir so klar zu legen, daß ich
von dem Augenblick an wußte, in mir stecke ein Schauspieler.
Er rieth mir, diese Anlagen in's Auge zu fassen, unbeirrt
durch Widerstand, der oft auf kleinlichen Vorurtheilen beruhe,
auf mein Ziel loszusteuern. Die Gelegenheit, diese Amme
unseres Schicksals, fand sich bald. Die leuchtenden Vorbilder,
die uns halberwachsene Buben von den Brettern des königlichen Theaters herab begeisterten, veranlaßten die Gründung
einer Dilettantenbühne unter uns Gymnasiasten meiner
Classe, die alle vierzehn Tage am Sonntag eine Reihenfolge
von beliebigen Scenen, die der weiblichen Mitwirkung ent-
behren konnten, zur Aufführung brachte. Vor einer einge-
ladenen Gesellschaft rangen wir nun um den Lorbeer. Das
jugendliche, in der Mutation begriffene Organ knarrte bald im
Kunstbaß des Verrina, suchte seine natürliche Lage zum
Ausdruck eines Schiller zu erheben, klagte bald als alter Moor
um den verlorenen Erstgeborenen, und perorirte mit dictatori-
scher Würde auf dem Forum in der großen Rede des Brutus:
„Mitbürger, freunde, Römer!"

An dem Abend, an welchem ich als Schiller gegen den
Censurzwang des Herzogs Karl mich bäumte, führte der Zufall den Hofschauspieler fr . . . in unser kleines, aber ge-
wähltes Auditorium. Angesichts dieser Autorität fühlten wir
uns zur Bethätigung unserer höchsten Bravour verpflichtet.
Die Scene ging ohne Souffleur tadellos, für unsere Verhältnisse tadellos!

Hofschauspieler fr . . . näherte sich mir, nachdem wir

drei Mal hervorgejubelt waren, und, im Gespräch mir
das Silberpapier von den Knöpfen des Schillerrocks ziehend,
sagte er:

„Nun, mein kleiner Kühns, Sie sind ja ein
Mordskerl!"

Fr... kannte mich, kannte meine Eltern durch
Familienverbindungen, und war höchlichst erstaunt, mich bei
der Pflege dieses Sports zu erblicken. — „Wir wollen wohl
gar Ernst aus der Geschichte machen? Was sagt denn Papa
und Mama dazu?"

In flammenden Worten bekannte ich, daß ich für die
Kunst erglühe, daß ich aber auf den heftigsten Widerstand
bei den Eltern stoße, die wünschten, daß ich studiren solle.
Er übernahm es, Papa über mich aufzuklären, und sein
Votum wurde bestimmend. Fr... hatte mir nicht gesagt,
wie ich ihm gefallen habe, — er sagte es statt dessen meinem
Vater, den er in's Gebet nahm und beschwor, meine unverkennbaren Anlagen nicht wegen eines engherzigen Vorurtheils
aus der Richtung zu bringen.

Fr... war der richtige Mann. Sein tadelloser Lebens-
wandel gab in den theatralischen Kreisen Berlin's ein rühm-
liches Beispiel, seine künstlerische Tüchtigkeit und Solidität
war ganz geeignet, derartige Bedenken zu beschwichtigen, und
trotz der Thränen meiner Mutter, trotz des grollenden Ge-
witters, das hin und wieder noch in der Stimmung meines
Vaters aufzog, — es wurde wieder sonnig am Familien-
horizont, und mit weichendem Widerstreben wurde im
Familienrathe die Wahl meines Berufes in pro und contra
erledigt, und endlich, endlich die Bewilligung ertheilt, an

einem Berliner Liebhabertheater die Tragweite meines Talentes,
die Dauerhaftigkeit meiner Neigung zu erproben. Ein Onkel
von mir war Vorstand der „Thalia". Meine erste Rolle war
der Soldat im „Glöckner von Notre Dame". Ich kannte
meine Rolle bis auf's „und", — „verwuzelte" mich aber doch
einmal, sagte einen Satz zwei Mal und wurde ausgelacht.
Weinend stürmte ich über die Waisenbrücke und stieg auf's
Geländer, um mich in's Wasser zu stürzen; man riß mich
zurück, gab mir einen fühlbaren Denkzettel mit auf den Weg,
und, um eine doppelte Beschämung reicher, schlich ich nach
Hause, im dunkeln Zimmer die Ankunft der Eltern erwartend,
die Zeugen meines ersten Debuts gewesen und denen ich vor
Scham ausgerissen war. Mein älterer Bruder, das Orakel
der Familie, richtete mich Niedergeworfenen mit herzlichen
Trostworten auf, berief sich auf die Anfänge unserer ersten
Größen, „denen es nicht viel besser ergangen", ermuthigte
mich, das Lampenfieber zu überwinden und constatirte das
unleugbare Talent, das sich in der Sicherheit der Rede und
Bewegung, trotz der „Verwuzelung", gezeigt hätte. Er wurde
mein künstlerischer Rathgeber, und seinem sicheren Urtheil,
seinem ästhetischen Geschmack, der ihm später sogar einen
hervorragenden Rang in der Berliner Künstlerwelt bei Malern
und Bildhauern einräumte, habe ich manchen unschätzbaren
Einblick in das Wesen der Kunst zu danken. Durch ihn gewann ich neuen Muth zur Fortsetzung meiner Studien, deren
Erfolge mir nach verhältnißmäßig kurzer Wanderschaft schon
bemerkenswerthe Ziele steckten, so daß ich in der Blüthe meiner
Jahre mir bereits erste Stellungen, wie in Leipzig und Prag,
gründen und dieselben behaupten konnte.

Leider hat der Leib dem geistigen Drange nicht immer
Stand halten können, und da das Instrument unseres
Körpers unzertrennlich ist von der Ausdrucksfähigkeit unseres
Talents, so muß ich ihm zur Last legen, was etwa an der
Erfüllung meines Schicksals, an der vollständigen Erreichung
meines Zieles noch „in Manco" geblieben ist.

Jenny Kafka.

Es ist so wenig und einfach, was ich aus meinem Leben zu bieten habe, und doch ist es in gewissem Sinne viel, weil an der kleinsten Erinnerung, die man hegt, ein Stück Herz hängt, das man in Freude oder Schmerz darangegeben.

Schule und Theater! Theater und Schule! Dies sind die beiden Sterne, um die sich bis jetzt mein Leben gedreht hat. Ich habe die eine verlassen, um die Schwelle des anderen zu betreten und umgekehrt, hätte ich dem Theater bald für immer Adieu gesagt, um zur Schule zurückzukehren. So bin ich, obgleich der Schule entwachsen — leider — Schulmädel mit Leib und Seele.

In Wien, meiner Heimathstadt, ist man so recht eigentlich an der Quelle der reinen Begeisterung für die dramatische Kunst, und Jeder, hätte er auch nicht die Absicht, sich der Bühne zu widmen, hält doch das Hofburgtheater als sein Eigenthum hoch in Ehren. Wer, als etwa ein Burgtheaterbesucher des vierten Stockes, kann die jubelnde Begeisterung empfinden, mit der ich „dahin" stürzte, um den Vorstellungen

beizuwohnen, die einen unauslöschlichen Eindruck für das
ganze Leben auf mich ausgeübt haben, die Quelle der schönsten
Genüsse und reinsten Freuden für mich waren.

Wer einmal dort „oben" einer Vorstellung beigewohnt,
wo Alles ohne Unterschied des Alters und Geschlechtes oft in
den gefährlichsten Stellungen (denn einen anständigen Platz
zu bekommen, wenn man nicht schon um 3 Uhr vor den
Pforten steht, ist unmöglich), in glühendem Enthusiasmus den
Darstellungen lauscht, der hat, trotz steifer Glieder und Quet-
schungen, einen Begriff von wahrer Theaterfreude. Allein ich
war auch ganz zufrieden, als das gütige Schicksal mich einige
Regionen tiefer in's Parquet führte, denn nun begann das
eigentliche Studium.

Eine renommirte dramatische Künstlerin, welche mit
meiner für die Kunst schwärmenden Mutter befreundet war,
kam sehr häufig in das elterliche Haus und recitirte im engen
Familienzirkel ihre neueinstudirten Rollen, um sie der Kritik
meines sich damals mit ästhetischen Studien befassenden Vaters
zu unterwerfen. Dies waren die Samenkörner, die in der
frühesten Kindheit in mein Gemüth fielen, um später als
Liebe zur Kunst aufzugehen und mich zur Bühne zu führen.
Ich hatte bei einem der tüchtigsten dramatischen Lehrer, dem
zugleich als Künstler vortrefflichen Herrn Arnau, Unterricht
und verfolgte eifrig den einmal betretenen Lebensweg.

Ich war auch wenige Monate an einer österreichischen
Provinzialbühne. Als ich kurze Zeit dort war, sollte zum
Benefiz eines Collegen „Egmont" gegeben werden. Am Tage
der Vorstellung jedoch ließ „Clärchen" absagen, da sie krank
geworden war. Das Theater war bereits ausverkauft, —

also wegen der Störung große Trauer im Hause. Director und College gingen in heftigen Schritten und eifrig sprechend, im Bureau hin und her, als ich, von all' den Vorfällen nichts ahnend, zur Thüre hineintrat. Ich kam, um wegen meiner ferneren Auftrittsrollen mit dem Director zu verhandeln. Dieser wandte mir nun sein verzweifeltes Gesicht zu, um mit bittersüßer Miene zu fragen, was ich denn eigentlich wolle.

„Was ist denn vorgefallen?" fragte ich, „Ihr macht ja Gesichter, als ob Ihr Essig getrunken hättet." Mein unglücklicher College antwortete: „Ja, Ihnen ist leicht lachen, aber ich, wo nehm' ich bis heute Abend ein passendes Clärchen her?" Darauf erzählte er mir die traurige Geschichte. Mich rührte sein Schmerz derart, daß ich vom Momente hingerissen, ohne zu bedenken, welche Verantwortung ich dabei übernahm, ihm die Hand reichte und rief: „Na, wissen's was, ich spiele Ihnen das Clärchen heute Abend!"

Wenn man nun bedenkt, daß ich diese Rolle nur durch Lesen kannte, daß ich kaum die Bühne betreten hatte, so wächst dieses Wagniß immerhin zur Tollkühnheit. Dies mochte auch mein College meinen, denn er schüttelte ärgerlich das Haupt und sagte: „Gehn's, machen's keinen dummen Witz, jetzt ist's 11 Uhr, und Sie haben's Clärchen ja nit einmal studirt." Ich aber war einmal im Zuge und sagte ganz unbekümmert: „Das lassen's mich nur machen, ich nehme halt alle Kräfte zusammen". Als sie nun sahen, daß ich wirklich Ernst machte, da brach erst stürmischer Jubel los, es folgte eine große Rührscene, Einer fiel dem Andern in die Arme und weinte vor Schmerz und Freude. Dann ging's hinauf zur einzigen Probe. Ich weiß nicht, war es nun die gehobene

Stimmung, war es der Drang, meinen Collegen zu helfen, — ich weiß nur, daß mir an diesem Nachmittag die Worte zuflogen, und als ich in's Theater zum Ankleiden ging, hatte ich die Rolle perfect inne.

Indessen verbreitete sich die Kunde von dem Wagnisse im Publicum, und Universitätshörer, mit „Egmont"-Büchern bewaffnet, verfolgten mit pedantischer Genauigkeit meine Partie, um sich zu überzeugen, ob ich sie auch correct gelernt. Der rauschende Beifall, der mir bei diesem Anlasse zu Theil wurde, entschädigte mich reichlich für die übermenschliche Aufregung, die ich beim Einstudiren und Spielen dieser Rolle empfunden... Nun ging es auf einfacher geebneter Bahn rasch vorwärts.

Größere Begebenheiten hat mein Lebenslauf nicht aufzuweisen. Das Streben und Lernen ist der Kernpunkt eines jeden neuen Tages. Die Freundlichkeit und Theilnahme, das Zutrauen, das mir liebe Menschen während meiner kurzen Laufbahn gezeigt, sind mir angenehme Erinnerungen. — Und nun an der Stelle zu stehen, wo so manche Künstler, die ich an heimischer Stätte bewundert, gestrebt und gerungen und so Hohes erreicht haben, unter Leitung eines vortrefflichen edlen Directors! Wenn ich mir auch bewußt bin, mit den bedeutenden Collegen nichts Anderes gemein zu haben, als die Begeisterung und Liebe zur Kunst, so fühle ich mich doch beglückt, an derselben Stelle wirken zu können, und blicke froh und vertrauensvoll in die Zukunft.

Franz Kafka

Franz Siegmann.

Im Kriegsjahre 1870 war es, Ende November. Der erste Schnee war gefallen und brachte mit seiner Kälte, seiner Einfarbig- und Einförmigkeit eine keineswegs erfreuliche Abwechselung in unser aufreibendes Vorpostenleben. Wir gehörten zum Belagerungs-Corps vor Paris und waren durch den strengen Dienst wahrhaftig nicht in der Laune, den ersten Schneefall als Wintervergnügen zu betrachten; im Gegentheil, wir erblickten in dem weißen Gast den Bringer neuen Leidens in unser freudenloses Dasein.

Unsere Compagnie lag als Soutien in Maison blanche bei Chelles, östlich von der belagerten Hauptstadt, und ich saß mit einigen meiner Kameraden am Feldfeuer und wärmte meine erstarrten Knochen, um sie für den fällig werdenden Patrouillengang ein wenig gelenkiger zu machen, als plötzlich eine Ordonnanz angeritten kam und unsern Compagnie-Chef zu sprechen verlangte. Zehn Minuten später erklang das Commando: An die Gewehre! und unser Capitain theilte uns mit, daß seine Compagnie die Ehre habe, die im Vorterrain gelegene Irrenanstalt St. Evrard von den französischen

Truppen zu räumen, welche dieselbe besetzt hielten. Meine Schützensection hatte den Auftrag, als Avantgarde vorzugehen und auf einen leisen Pfiff das Feuer zu eröffnen. Wir avancirten langsam und behutsam. Es war eine eisig kalte, klare Nacht, und die Gestirne funkelten ruhig und gleichmäßig über unseren leidenschaftlich erregten Herzen, die in diesem Augenblick die Empfindung hatten, das ganze Weltgetriebe präge sich in ihrer Bewegung und Erschütterung ab. Wie die Katzen vorwärts schleichend, erreichten wir das dunkle Gebäude; jeden Busch als Deckung benutzend, näherten wir uns der feindlichen Aufstellung, — ein Licht gab uns die Richtung an, es war ein Lagerfeuer, das die Franzosen im Park errichtet hatten und um welches ein Trupp Mobilgardisten beschäftigt war, sich ihr frugales Abendbrod zu bereiten. — Wir waren auf Schußweite; — ein leises: „Halt" ertönt aus meinem Munde, sicher gedeckt strecken wir uns nieder, um das Signal zum Angriff zu erwarten.

Das Menschenherz, das sonst jeder edlen Regung fähig ist, scheint jetzt nur der Mordlust offen zu stehen, und fiebernd erwartet man den Moment, dieser Furie die Zügel schießen zu lassen. Es vergehen ungefähr 10 Minuten; — stumm und spähend schauen wir nach unsern Opfern aus. Da löst sich vom französischen Trupp am Feuer ein junger Soldat ab; mit leichtem Schritt nähert er sich unserm Hinterhalt, ein Liedchen pfeifend, — näher — immer näher — ich erkenne die Melodie: „Nimm hier den Säbel — den Säbel, den Säbel, nimm hier den Säbel, den einst mein Vater trug" — aus der „Großherzogin von Gerolstein!" — Der Schauspieler erwacht in mir, durch mein Gehirn blitzt die Erinnerung: heut' vor einem Jahre hörtest du diese Arie in entzückendster Weise von der großen Geistinger in Wien vortragen, und nun — da ertönt ein leiser Pfiff — das Signal! — Der junge Franzose war uns ganz nahe, mein Nebenmann hob das Gewehr, nahm ihn auf's Korn, in der Absicht, mit diesem Schuß den Kampf einzuleiten; — da erfaßte mich ein wehmüthiges Gefühl: — armer Bursche, dachte ich mir, mit einem solchen Knalleffect eine Arie zu schließen, ist doch zu unkünstlerisch, — ich drückte das drohende Gewehr nieder — „das wäre Mord" — dann sprang ich auf, brüllte ein kräftiges Hurrah, schoß meine Ladung über den Kopf des ahnungslosen Sängers ab, und war zum ersten Mal, wenn auch nicht als Schauspieler, so doch als Mensch meines Erfolges sicher, denn schneller, als ich dies niederschreibe, war der Platz von den Franzosen gelichtet, die in dem schützenden Gehöft unsern Angriff abwarteten. . . . Ich muß gestehen, ich habe in diesem Augenblick nicht meine Pflicht als Soldat gethan, doch die Menschlichkeit verlangt auch ihre Rechte, und dies Gefühl beseligte mich doppelt, als ich nach dem Ende des blutigen Gefechtes meinen jungen Franzosen unversehrt unter den Gefangenen sah. Das Bewußtsein, einem Menschen das Leben erhalten zu haben, ist doch intensiver und nachhaltiger, als jede noch so kühne Waffenthat, die mit dem Leben des Gegners geendet hat, und wenn es dafür auch keine äußeren Ehrenzeichen giebt, welche in Form von Kreuzen und Medaillen an unsere Brust geheftet werden, so muß man sich damit trösten, einer armen Mutter vielleicht einen großen Schmerz erspart zu haben. — — Das ist auch ein Vergnügen!

Franz Tiegmann.

Nerta von Pistor.

Es war in Graz, im schönen Steierland, wo meine Wiege stand! — Die paradiesische Gegend machte mein Herz schon früh empfänglich für die Reize der Natur. Wenn ich als junges Mädchen den Schloßberg, eine mitten in der Stadt gelegene malerische Anhöhe hinaufeilte, wurde mir die Brust so weit — ach, so weit! Tief unten zu meinen Füßen die silberglänzende Mur, durch grüne Triften sich windend — in blauer Ferne die schneeigen Alpen! Ich jubelte laut auf, gleich der Lerche in frischer Morgenluft, richtete meinen Blick nach dem sonnigen Himmel und dankte ihm für all' das Schöne, das mein Auge sah! —

Die Liebe zur Natur erregte mächtig mein Gefühl, meine Phantasie, — ich wurde, wie so manche meiner Schwestern im Flügelkleide, eine kleine Schwärmerin, die, als sie zum ersten Mal mit der Welt des schönen Scheins in Berührung kam — und zwar beim ersten Besuch unseres Landständischen Theaters — von dem Zauber der Bühne so umstrickt wurde, daß ihr Sinnen und Trachten sich ihm ganz gefangen gab.

Ein kaum sechszehnjähriges Mädchen, trat ich als

Anna in Anzengruber's Volksstück: „Der Pfarrer von
Kirchfeld", auf. Meine Landsleute, in liebenswürdiger
Gutmüthigkeit, überschütteten die kleine Grazerin mit Bei-
fallssalven; es war ein Familien-Applaus im besseren Sinne,
die halbe Stadt nahm Theil daran. Das Publicum konnte
sich an mir nicht satt sehen, und so mußte ich nolens volens
wohl dreizehn Mal mein „holdes Angesicht" zeigen — so oft
wurde ich heraus gerufen. —

Was ich an diesem Abend empfand, vermag ich kaum
zu schildern. Mein ganzes Wesen fieberte; ich fühlte, daß ich
an einem Wendepunkt meines Geschickes angelangt sei, ich
hatte in diesen Stunden nur Anlaß zu frohen Hoffnungen
und malte mir die Zukunft so rosig wie möglich aus. Aber
es kam ein zweiter Abend, und mit ihm die Ernüchterung! —
Man hatte mir die Rolle der Abigail in dem Scribe'schen
Muster-Lustspiel „Das Glas Wasser" anvertraut, und, wie
die Collegen meinten, soll ich eine passable Figur gemacht
haben. Drei Acte hatte ich glücklich überstanden; ich errang
wiederum Beifall und Auszeichnung, wenn ich auch eine
mehr in's Steirische übersetzte Abigail war. — Denn warum
soll ich's verhehlen? Mein Dialect trieb zuweilen noch einen
Koboldsscherz mit mir, — nun, davon sollen die Leser und
Leserinnen dieses Buches später hören! —

Der Vorhang erhebt sich zum vierten Male. Die letzte
Scene beginnt. Der französische Gesandte, Marquis von
Torcy, wird eingeführt, der Spieltisch arrangirt. Die Königin
ersucht die Herzogin von Marlborough um ein „Glas
Wasser"; diese zögert betroffen. Königin: „Nun, Mylady,
haben Sie mich verstanden?!" — Darauf bietet die

Marlborough, auf's Höchste verletzt durch eine derartige
horrible Zumuthung, mit zitternder Hand „das Glas Wasser"
der Königin dar, welches aber vom Plateau herabgleitet und
auf das Kleid der Königin fällt! — Königin: „Ah! Sie sind
so ungeschickt!!" —

Kaum hörte ich die Worte, als mich, die ich den Schein
für Wirklichkeit nahm, wie ein Blitz der Gedanke durchschoß:
diese Ungeschicklichkeit mußt Du wieder gut machen!

Ich eile zur Königin, knie nieder, ergreife das Glas und
stelle dasselbe mit demüthiger Geberde auf ein Tabouret, leise
Worte der Entschuldigung nach Innen stammelnd! — Was
nun erfolgte? Wer die Situation kennt — kann sich's lebhaft
denken! — Die Königin war wie vom Donner gerührt! —
Der Hof verblüfft! — Die Parlamentsmitglieder — sprachlos!
— Der Souffleur stockte — natürlich auch Bolingbroke —
Masham — die Marlborough. — Und meine lieben Grazer?!
Nun, die nahmen dieses Intermezzo von der humoristischen
Seite und applaudirten meiner — Geistesgegenwart! —

Der Vorhang fiel! Jetzt aber brach der Sturm los. Alles
tobte durcheinander. Der Regisseur stürzte wie ein wilder
Eber auf mich ein. — „Nein, solch bodenlose Dummheit hat
der Mond noch nicht beschienen!! Aus Ihnen wird nie
etwas!! — Eine wunderbare Logik — nicht wahr? —
Wollen Sie Scribe verbessern? Wollen Sie etwa auch —
Geschichte — machen?!! Sie — — Capitolretterin!!!" —

Da stand ich nun — ich armes Lamm — auch — wie
mit kaltem Wasser begossen, wie unsere englische Königin!
— So endete mein zweites Debut! —

— — — — — — — — —

Drei Jahre waren seit meinem Eintritt in die Bühnenwelt verflossen. Drei Jahre! — eine kurze Spanne Zeit in
meinem Künstlerleben, — und doch, wie viel Freud' und
Leid füllen dieselben aus. Wie manch' bittere Stunde der
Enttäuschung durchlebte ich. — Aber wenn mein Herz ver-
zagen wollte — dann eilte ich hinweg aus den engen
Räumen, hinaus in's Freie, in die schöne Gotteswelt! Dann
kam es wie ein himmlischer Trost über mich und — Aber
da will ich etwas von einer — Gräte erzählen, die ich ver-
schluckte — und beginne schon wieder mit Sentiments! —
Bitte, grollen Sie der kleinen Schwärmerin von ehedem nicht;
denken Sie nur hübsch an die Worte Preciosa's, des holden
Zigeunerkindes: „Was dem Wesen angeboren — davon trägt
es das Gepräge!" — Und hat das Schauspielervölkchen nicht
insgesammt mehr oder minder einen Zug des Schwärmerischen,
Phantastischen, Romantischen? Und wer diesen Zug nicht
im Character trägt, „kann der's erjagen, wenn er es nicht
fühlt?" — Doch nun genug der Reflexion, — zur Sache!

Fräulein Clara Ziegler, die berühmte Heroine,
gastirte in Breslau als Vicomte von Letorière. Mich hatte
ein günstiges Geschick dort Engagement finden lassen. Nach
der Probe — ich spielte im „Vicomte" die Schneidersfrau
Marianne — eilte ich froh nach Hause; denn Gast, Director,
Regisseur, alle waren zufrieden mit meiner Leistung.

Es war schon spät an der Zeit, mein Magen wurde
ungeduldig und begann sehr unzart an das Mittagessen mich
zu mahnen! Sie sehen, meine geehrten Leser und Leserinnen,
ich kann auch sehr prosaisch fühlen. — Meine gute Mama,
eine Kochkünstlerin par excellence, hatte mir am Tage der

Vorstellung mein Lieblingsgericht zubereitet, einen deliciösen
gebackenen Karpfen — wie wir Oesterreicher ihn zu speisen
pflegen. — Doch wie verhängnißvoll sollte dieser Gebackene mir
werden. Kaum hatte ich die ersten Bissen mit Wohlbehagen
verzehrt, als ich plötzlich einen stechenden Schmerz in der
Kehle spürte! — Ich hatte, erregt von der Probe, während
des Essens einige Sätze meiner Rolle recitirt und das Unglück
war geschehen — mir saß eine Gräte im Halse! Eine Scene
der Verwirrung folgte jetzt, — die trotz ihres Ernstes einen
Anstrich des Grotesken hatte! Ich stand da, blaß wie der
Tod — an allen Gliedern zitternd, ängstlich nach Luft
schnappend, — das ist der richtige Ausdruck, da das
Malheur von einem Fisch herrührte — die Augen starr, —
weit geöffnet. — Instinctiv jeden Ton unterdrückend, ward
ich von dem Gedanken gepeinigt: „Unglückselige, Du kannst
heute Abend nicht spielen!" Meine Mutter hatte der Schreck
in einen Lehnstuhl geworfen, sie rang jammernd die Hände,
unfähig sich zu erheben; unser dienstbarer Geist, ein
Mädchen vom Lande, resolut wie immer, bearbeitete mit
ihren kräftigen Fäusten meinen Rücken, — die Spuren ihrer
Thätigkeit verblaßten erst nach einigen Tagen. — Aller
Liebe Müh' war umsonst! — Mit jedem Athemzuge wurde der
Schmerz ärger. — Da blitzte ein Gedanke durch mein Gehirn:
— „Die Barmherzigen!" — Unserer Wohnung gegenüber
hatten die „barmherzigen Brüder" ihr Asyl. Das segensreiche
Wirken dieses Ordens ist bekannt, — wohlthätige Pflege der
Kranken ist sein Beruf, dem sich die würdigen Geistlichen mit
wahrer Aufopferung widmen. Wie ich ging und stand —
ohne Shawl, ohne Hut — stürzte ich aus dem Zimmer auf

die Straße und eilte hinüber. Die Thür zur Apotheke auf-
reißend, sah ich einen Ordensgeistlichen vor mir stehen.
„Ehrwürden" — stammelte ich in fieberhafter Aufregung —
„i — hab' — a — Gröt—en im — Hals — i — soll —
heut' — Abend — spielen — retten's — mich!!" — Entsetzt
wich der Mann der Barmherzigkeit zurück, — er glaubte
sicherlich — ich sei eine Irrsinnige, die ihrem Wärter
entsprungen — „Heiliger Nepomuk! — Was haben Sie im
Hals?! eine Kröte?! — gräulich! — eine Kröte? — wie
ist Ihnen denn das Unthier in den Schlund gekrochen?" —
„Nein, nein, Ehrwürden, — i — hab' — 'n gebackenen
Karpfen — 'gessen — und da ist — mir — eine Gröt—
Grä—te — in der — Kehle — stecken — g'blieben — und
— i hab' — heut' Abend eine Roll'!" — Jetzt dämmerte
Sr. Ehrwürden ein Licht auf! — „Ahhhh! So!! Schauspielerin
sind Sie?" — und der Ton seiner Stimme klang — wie ein
— — Apage Satanas! — Jedoch sein Pflichtgefühl überwand
den Widerwillen; er ergriff einen — Lampenglas-Wischer,
— drückte mich auf einen Stuhl nieder — riß mir den Mund
auf — und — wollte mir mit dem Wischer in den Schlund
fahren. — — Mit einem gellenden Schrei schnellte ich empor:
„Um aller Barmherzigkeit willen — Ehrwürden — was
wollen's mit mir machen?" — und siehe da — das Wunder
war geschehen! ohne daß ich irgend welchen Schmerz empfand,
kamen die Worte über meine Lippen; — die verhängnißvolle
Gräte hatte sich gelöst! — Die fürchterliche Erregung, der
nervenerschütternde Schreck, der beim Anblick des seltsamen
chirurgischen Instrumentes mir durch alle Glieder drang, —
hatten das Wunder bewirkt und mich von meiner Qual befreit.

Am Abend erzählte ich zum Ergötzen des Directors und der Collegen mein tragikomisches Erlebniß. Im Publicum aber hatte wohl Keiner eine Ahnung, daß die lustige Schneidersfrau — beim Mittagessen eine sogenannte „Kröte“ verschluckt — und ein „barmherziger Bruder“ ihr mit Hülfe eines Lampenglas-Wischers das Leben im Allgemeinen und das Bühnenleben im Besonderen gerettet hatte.

Tobar v. Pistor

Minna Peschka-Leutner.

Während meines Engagements in Leipzig, einer Stadt, die man ihres künstlerischen Sinnes und des geistig anregenden Verkehrs wegen herzlich lieb gewinnen muß — im Jahre 1872, — gelangte plötzlich die Einladung an mich, bei dem Friedens-Jubiläumsfeste in Boston mit-zuwirken. Rasch entschlossen, nahm ich an, und wird mir der dortige kurze Aufenthalt von vier Wochen ewig unver-geßlich bleiben, ebenso die Reise über den Ocean in Begleitung des liebenswürdigen Wiener Walzerkönigs Johann Strauß, des inzwischen leider verstorbenen Clavierspielers Bendel, des Liedercomponisten Franz Abt, der preußischen Musik-capelle ꝛc., welche Alle bemüht waren, die nicht zu umgehen-den Unannehmlichkeiten der Seereise sich gegenseitig durch launige Unterhaltung, durch Spiel und Tanz zu erleichtern und vergessen zu machen. Nachdem wir glücklich in Newyork angekommen waren, ging es auf schwimmendem Palaste — so darf man die Schiffe, welche zwischen Newyork und Boston verkehren, wohl nennen — sogleich an den Ort unserer Be-stimmung.

Mit Jubel wurden wir überall begrüßt, und bewegt durch
diese herzliche Aufnahme, waren wir zugleich überrascht durch
die Großartigkeit der amerikanischen Städte, sowie später nicht
minder durch den sich in ungewohnter, leidenschaftlich tobender
Weise äußernden Beifall des Publicums, wenn den Erwartungen desselben entsprochen ward. Die lauten Aeußerungen
des Entzückens, der lärmende Jubel wirkten dann so betäubend,
daß es ein „günstigenfalls" an „warmen" oder „lebhaften"
Applaus gewöhntes deutsches Herz kaum zu fassen vermag.

Unter solchen erhebenden Acclamationen gingen siebenzehn Concerte glücklich vorüber, und ich dachte nun schon
gegen jeden Ansturm gefeit zu sein, Alles ertragen zu können,
selbst die stärksten Ausbrüche eines frenetischen Beifalls.
Doch weit gefehlt: der denkwürdigste, der letzte Tag brach an.
Das letzte Concert war der Allgemeinheit gewidmet: es war
ein Volksconcert im größten Styl. Dem Himmel gefiel es an
diesem Tage, seine Schleusen weit zu öffnen, und in Strömen
kam das Wasser herab, unter Blitz und Donner, eine Folge
der namenlosen Juli-Hitze. Das furchtbare Gewitter machte
die aus Holz erbaute Riesenhalle erzittern; die reichen Teppiche
in dem Künstlerzimmer hoben und senkten sich wie die Wellen
des Meeres, daß man die Augen schließen mußte, um bei
Besinnung zu bleiben. Trotzdem wurde munter weiter concertirt, nur ich in meiner Angst bat, man möge meine
Nummer verlegen, da das Unwetter sich sogar stellenweise in
die Halle Bahn brach. Das Comitee ging bereitwillig auf
meinen Wunsch ein, doch wir hatten diesmal die Rechnung
ohne — die Hörer gemacht. Der für mich eintretende Piston-
bläser wurde mit dem drohenden Rufe: „Peschka-Leuttner"!

empfangen, — Leutner können die Amerikaner nämlich nicht
aussprechen, der Name klingt dadurch namentlich für ein
englisches Ohr so häßlich, daß man in den dortigen Blättern
die Bemerkung nicht unterlassen konnte: ›she is prettier then
her name‹ (sie ist hübscher als ihr Name), das unter Umständen doch nur ein zweifelhaftes Compliment war. Das Toben
nahm endlich so zu, daß ich mich fügen mußte. Eine Negerin,
die zu meiner Bedienung immer um mich war, insbesondere
um mir Kühlung zuzufächeln, begleitete mich, in einer Hand
den Regenschirm, in der anderen meine Schleppe
tragend, auf die Tribüne, und zitternd, theils aus Angst vor
den mich umdrängenden, beinahe wilden Menschen, die mich
wie ein Wunderthier anstaunten, theils vor Wuth, in
solcher Situation singen zu müssen, schmetterte ich die Arie
der „Königin der Nacht" buchstäblich in die Gesichter der
Zuhörer.

So endete das Friedensfest eigentlich etwas unfriedlich
und stürmisch, — ein keineswegs passender Abschluß der sonst so
brillant verlaufenen Festivitäten. Jetzt erinnere ich mich nur
noch lachend dieser Episode. Was auch meine Sangescolleginnen
erlebt, welche Triumphe sie auch gefeiert haben mögen, —
in einem riesigen Holzbau, bei Blitz und Donner, vor solch
leidenschaftlichem Publicum unter dem Regenschirm einer
Negerin, Mozart gesungen zu haben, — das ist mir allein
vergönnt gewesen.

Theodor Wachtel.

Berlin, 15. September 1880.

An den Herausgeber und Redacteur des
„Hamburger Theater-Dekamerone."

Werther Freund!

Ihre liebenswürdige Aufforderung, mich an dem von Ihnen projectirten Werke mit einer kleinen Episode, Skizze oder „ausgewachsenen Autobiographie" zu betheiligen, setzt mich in eine zwiefache Verlegenheit. Erstens trifft sie mich in einer Zeit, die mir kaum — die Zeit läßt, mich zur Abfassung eines derartigen Aufsatzes niederzusetzen: Ich habe kaum mein Gastspiel am Kroll'schen Theater beendet und muß mich mit größter Eile rüsten, um in Gesellschaft des geschätzten Hofpianisten Leonhard Emil Bach nach Skandinavien abzureisen, wo ich mir namentlich in Kopenhagen und Stockholm, womöglich neue Küstenstriche, die Gunst zweier nordischer Höfe und Völker erobern soll. Zweitens — und das ist der Hauptgrund — weiß ich in der That nicht, was ich den Lesern Ihres ohnedies gewiß schon

recht interessanten Buches Neues über mich erzählen könnte,
was sie nicht schon aus so und so vielen Zeitungen, aus
vielgenannten und „Namenlosen Blättern", aus v. Selar's
„Künstler-Album", ja sogar „von Brockhause aus" längst
wüßten, insoweit sie sich überhaupt für mich und meine
allerdings ziemlich glückliche Carriere interessiren. Zumal
aber meine lieben Hamburger Landsleute, die
thatsächlich meinen Lebenslauf von meinen ersten „Fahrten",
die in die Vierziger Jahre fallen, und auf denen ich für die
Zukunft entdeckt ward, bis zu meiner letzten Rückkehr als
Gast im Frühjahre 1880, mit so rührender Theilnahme und
Sympathie verfolgt haben — und Sie, mein Freund, haben
ja stets dazu beigetragen, dieses Interesse rege zu erhalten!
— was könnte ich ihnen und speciell Ihnen, lieber Herr
Philipp, heute noch erzählen, was irgendwie den Reiz der
Neuheit hätte, abgesehen etwa von dem Reiz, den es haben
könnte, daß ich selbst einmal „mit Vergnügen die Feder
ergriffe" und es erzählte! —

Mein Künstlerleben liegt wie ein offenes
Buch, insbesondere vor den Augen meiner
Hamburger Freunde und Verehrer, — und dieses
Buch ist an sich kein „Dekamerone", weil es garnichts Ueberraschendes und Pikantes enthält; ich habe stets redlich und
eifrig gewirkt, gestrebt, gearbeitet, studirt, höhere Ziele zu
erreichen gesucht, — und die gütige Vorsehung hat mir den
Lohn nicht versagt. Das ist Alles, — aber wozu diese
einfache Geschichte noch mit Details repetiren? Vielleicht
interessirt es Ihren Leserkreis, daß ich nun den „Postillon
von Lonjumeau" zum 800sten Male singe! „Zahlen

beweisen" und d i e s e Zahl beweist, daß mich die jugendliche
Kraft und Freude an der heiteren Muse nach wie vor erfüllt,
daß ich mich noch als Herr meines Tenors fühle, und daß
ich diese Parthie „aus Ad a m's Zeit" noch immer mit Vorliebe
verkörpere, — weil sie, wie die Presse mit Recht constatirt hat,
gewissermaßen einen typischen und meine Carriere hübsch illu-
strirenden Character trägt, und weil das Publicum allerorten
den lustigen Chapelou und den obligaten „Wachtel-Schlag"
mit der Peitsche nicht oft genug da capo verlangen kann.
Ganz besonders geschieht dies ja bei Ihnen in Hamburg, wo
Viele sich noch des am 23. März 1825 dort geborenen Sängers
als Jünglings und — Leiters des elterlichen Fuhrwerksbesitzes
gern erinnern und die für sie doppelt anziehende Metamorphose
des Postillons Chapelou in den königlichen Kammersänger —
St. Phare immer wieder auf musikdramatischem Wege sich
wiederholen lassen. Und doch umfaßt mein Repertoire neben
dieser meiner eigentlichen — Leibrolle noch circa fünfzig erste
internationale Tenor-Partien, theils lyrischen, theils heroischen
Characters! Aber enfin, es lebe Chapelou! —

Doch da erinnere ich mich, daß Sie N e u e s wünschen,
und daß das Neueste eben — Ihre Aufforderung ist, der
ich beim besten Willen nicht genügen kann, was ich Ihnen
außerdem noch in wenigstens drei Sprachen versichern könnte,
die ich bereits jahrelang auf Gastspiel-Tournees in England,
Schottland, Frankreich und zweimal in Amerika inclusive
Californien's in geselligem und dramatischem Dialog ver-
werthet habe. Aber ich bleibe bei unserer gemeinschaftlichen
Landessprache, und in der einfachen Sprache der Wahrheit
und mit dem „Brustton der Ueberzeugung" erkläre ich

Ihnen: „Hier stehe ich, ich kann nicht anders, Gott helfe
mir, Amen!" —

Noch etwas im Vertrauen! Die Zahl meiner Orden und
meiner Ehren-Mitgliedschaften diverser Hoftheater können Sie
leicht in irgend einem Bühnen-Almanach finden, — sie nimmt
freilich auch im Druck vielen Raum ein. Und — last but
not least — daß ich glücklich verheirathet bin und meine
treue, kluge Lebensgefährtin mich auf allen meinen
Gastspielreisen begleitet, das wissen Sie auch längst. Nun
fahre ich in ihrer Gesellschaft auch nach Dänemark und Schweden. Sollte mir vielleicht in jenen nördlichen Himmelsstrichen
etwas Bemerkenswerthes begegnen, so will ich Ihnen s. Z.
davon berichten. Jetzt aber sind schon die Koffer gepackt —
ich muß meinen Brief schließen, den Sie, wenn er sonst
keinen Zweck erfüllt, zu Ihrer und meiner Entschuldigung
Ihrem Buche einverleiben könnten. Da haben Sie denn
meinen neuesten Einfall! — — Es ist wenig, aber von
Herzen. Im Uebrigen verbleibe ich in Freundschaft und mit
landsmannschaftlichen Grüßen

Ihr

Theodor Wachtel

Marie Barkany.

Während der mehrjährigen Zeit meines Engagements am Hamburger Thalia Theater, die mir stets in freundlichster Erinnerung bleiben wird, habe ich zuweilen auch aus kleinen Städten der Provinzen die schmeichelhafte Aufforderung erhalten, durch meine Gastspiele einige Abwechselung in das Repertoire und — was den Directionen noch mehr am Herzen lag — etwas Leben an die Casse zu bringen. Handelte es sich dann einmal darum, durch die Mitwirkung eines bekannten Mitgliedes dieser weit und breit renommirten Hamburger Bühne einer nothleidenden Gesellschaft ein wenig aufzuhelfen, und traf mich das Loos einer „Retterin der Gesellschaft", dann habe ich nie lange gezögert, den Herzenswunsch armer Collegen zu erfüllen, wenn auch die internen Verhältnisse dieser kleinen Musentempel nichts weniger als „einladend" waren. In dieser Hinsicht erinnere ich mich noch oft mit einem Gemisch von Schmerz und Freude der eigenthümlichen Umstände, unter denen ich einst in einem norddeutschen Garnisonstädtchen als „Jane Eyre" gastirt habe. Die dortige Truppe stand am Rande des Abgrunds, und mir

fiel die Aufgabe zu, sie vor dem gänzlichen Ruin zu be-
wahren. Ganz abgesehen von der humanitären Seite der
Sache, verlohnte es sich schon, die Bekanntschaft der Opfer
dieser finanziellen Misere zu machen, die mit der künstlerischen
eng verbunden war. Es waren da allerdings recht klangvolle
Namen vereinigt, so daß die Gesellschaft sich — gegenseitig eines
guten Rufes erfreute. Der Director war ein Adliger, die
Liebhaberin eine Adlige, die komische Alte desgleichen. Nur
Lord Rowland Rochester, der doch das erste Anrecht auf
Nobilitirung hatte, war — ein Bürgerlicher. Besagte hoch-
aristokratische Société war nun wahrscheinlich durch die
schlechten Verhältnisse, in denen sie sich seit längerer Zeit
befand, in eine gewisse socialdemokratische Regellosigkeit und
künstlerische Verwilderung hineingerathen, — so schien es mir
nach gewissen scenischen Vorgängen, deren Zeugin ich sein
sollte. Man höre und staune!

Kaum hatte John, der Sohn der reichen Wittwe
Mrs. Sarah Reed, mich mit der Peitsche bedroht, als er auch
schon sich bemühte, mir zu helfen, und zwar in der Function
eines Souffleurs, welche die Mitspieler, je nachdem sie
auf der Scene nicht beschäftigt waren, abwechselnd zu versehen hatten. So begab er sich denn in den Souffleurkasten,
aus dem soeben Mrs. Reed in vollem Staat hervorgekrochen
war, und blickte mich treuherzig an, als wollte er sagen:
„Lassen Sie Ihr Staunen und rechnen Sie auf mich." In
diesem Kasten habe ich im Verlaufe der Vorstellung sämmtliche
Mitglieder nach einander erblickt, — ein Schauspiel, das an
sich reizvoll genug war, und man wird begreifen, daß diese
nützliche Arbeit, mit vereinten Kräften, dieses Erscheinen

sämmtlicher Kasten-Geister in den verschiedensten Gewandungen mich nachgerade recht heiter stimmte. Angesichts dieser Noth, aus der eine Tugend gemacht war, suchte ich immer noch ernst zu bleiben, um nicht auch meinerseits eine Störung zu verursachen, doch konnte ich mich bald des Lachens nicht mehr erwehren, als noch Folgendes passirte: John, der mich hatte schlagen wollen und dann von der engen Unterwelt aus mir beistand, erschien später auch noch in der Gestalt der Lady Georgine Clarens — bekanntlich wird John von einer jungen Dame gespielt — und die hochmüthige junge Wittwe erleichterte mir wahrlich die Erkennungsscene. Sie, die mir im ersten Acte schon die Bücher, welche mir Onkel Reed geschenkt, wieder genommen hatte, nahm mir in der zweiten Abtheilung des Birch-Pfeiffer'schen Stückes, welche acht Jahre später spielt, sogar — meine Kleider, und erschien plötzlich in dem Anzuge, den ich in der Garderobe abgelegt hatte. — Ein so krasses Bild theatralischen Elends war mir bislang noch nicht vorgekommen und es hat mir seitdem noch oft vorgeschwebt und mich mit Wehmuth erfüllt. Zu meiner freudigsten Genugthuung erfuhr ich indeß, daß ich der unglücklichen Truppe durch meine Mitwirkung und Verzichtleistung auf mein Honorar, das Reisegeld und dadurch ein anderes günstigeres Engagement verschafft habe. Hoffentlich geht es den braven Comödianten jetzt so gut, daß die stolze Lady Georgine nie mehr genöthigt ist, die Kleider der armen Waise von Lowood zu tragen!

Marie Barkan

Leopold Landau.

er mir im Jahre 1868 gesagt hätte, ich würde einst
— wie sich der liebenswürdige Chapelou ausdrückt —
als Wilder gekleidet und geschminkt auf den Brettern
erscheinen, dem würde ich — geantwortet? o nein, ich würde
davon gerannt sein, wie vor einem Menschen, bei dem es
plötzlich nicht ganz richtig im Kopfe geworden. Wer hätte
auch an so etwas denken sollen! War ich doch ehrsamer
Vorsänger der sogenannten Neu-Synagoge in
Prag, meines Talentes, wie meiner guten Führung wegen
von meiner Gemeinde geschätzt und so gut honorirt, daß ich
nicht einen Tag im Jahre, ausgenommen — am Versöhnungstage, Hunger zu leiden brauchte.

Daß ich durch die freudigen Familien-Ereignisse in meiner
Gemeinde, wie Geburten und Trauungen, zu Nebeneinkünften
gelangte, die mich in den glücklichen Stand setzten, meiner
Schwärmerei nachzuhängen und das Theater oft zu besuchen,
daß ich bei Frau Lehmann, der Mutter der berühmten
Sängerinnen Lilli und Marie Lehmann, Gesang-Unterricht
nahm, um meine sonst nicht ungelenke Kehle auch für

anderen, als Synagogen-Gesang heranzubilden, daß ich endlich
dann und wann in einem Liedertafel-Concerte ein Solo
vortrug, — alles das berechtigte noch lange nicht zu dem so
hochfliegenden Gedanken, daß ich einst aus der Kutte springen
und — nein! undenkbar!

Und doch stand ich schon am 21. December 1870 als
„Stradella" auf der Bühne des Leipziger neuen Theaters.
Wie das gekommen, sei hier in Kürze erzählt.

Auf Wunsch meiner Gesanglehrerin studirte ich zu meinem
Vergnügen mehrere Opern-Partien, und die Entwickelung
meiner Stimme machte einen so erfreulichen Fortschritt, daß
meine Lehrerin mich vor Fachmännern hören lassen konnte.
Diese sprachen sich sehr lobend über meine Fähigkeiten aus
und bestürmten mich, die Bühnen-Carriere zu betreten.

So unfaßbar mir nun anfangs ein solcher Gedanke war,
so befreundete ich mich dennoch allmälig mit demselben.

Dr. Heinrich Laube, der damalige Leipziger Theater-
Director, der Förderer junger Talente, auf meine Existenz
aufmerksam gemacht, berief mich nach Leipzig.

Nachdem eine Prüfung, die er mit mir vornehmen ließ,
günstig ausgefallen, engagirte er mich unter der Bedingung:
sechs Monate vor dem ersten Auftreten auf Directionskosten
bei Herrn Professor Götze in Leipzig Gesang-Unterricht zu
nehmen. Diese Bedingung gerade bestimmte nun meinen
kühnen Entschluß. Mit dem Contracte in der Tasche, kehrte
ich nach Prag zurück und erklärte zu seiner nicht geringen
Ueberraschung dem Gemeinde-Vorstande, daß ich nur noch
wenige Wochen dem ehrwürdigen Stande eines Vorsängers
angehören würde, um dann im Tempel der Kunst, im —

Theater, zur Andacht zu stimmen. Das war „schön gesprochen", aber lange nicht ohne Schwierigkeit zur Ausführung gebracht. Die Gerechten wie die Gottlosen bemächtigten sich nun meiner. Während die Ersteren mit den kräftigsten Bibelsprüchen in mich drangen, dem Dienste des Herrn treu zu bleiben, wiesen die Letzteren mit womöglich noch größerer Beredtsamkeit darauf hin, daß auch die Kunst heilig und dem Herrn wohlgefällig sei.

Ich selbst schwankte keinen Augenblick, denn es gehörte von jeher zu meinen Eigenheiten, einen bereits gefaßten Entschluß, den ich für gut erkannte, nicht wieder aufzugeben. Doch noch ein neues Ereigniß sollte meinem gewiß löblichen Vorhaben, wenn auch nicht hinderlich, so doch unfreundlich in den Weg treten. Bevor ich nämlich das Engagement in Leipzig antrat, hatte dort der bekannte Theater-Scandal den Rücktritt Laube's veranlaßt. Der an seine Stelle gelangte neue Director Herr Friedrich Haase fand durchaus keinen Geschmack an der von seinem Vorgänger übernommenen Verpflichtung: ein Talent heranbilden zu lassen, und hätte gern meinen mit Laube abgeschlossenen Contract rückgängig gemacht. Ich aber mußte auf meinem Schein bestehen, dessen Respectirung eine Pflicht der neuen Direction war.

Es erfolgte nun nach eifrigen, aber noch nicht hinreichenden Studien von nur wenigen Monaten mein erster theatralischer Versuch, als „Alessandro Stradella". Das Publicum ließ es an wohlwollender Aufmunterung nicht fehlen und spendete mir lebhaften Beifall. Der große Schritt war nun gethan, der neue heiße Boden betreten. Jetzt war noch das Urtheil der Kritik abzuwarten, das mich erheben oder meine nächste Zukunft vernichten sollte.

Ich las die Tagesblätter, und die meisten fanden meinen
Versuch — verfrüht. Franz v. Holstein, den ich leider
persönlich nicht kannte, war der Einzige, der in mir ein der
besonderen Beachtung werthes Talent und alle jene Eigen-
schaften entdeckte, die zu großen Hoffnungen berechtigten.

Die Direction, der ich immer unangenehm war, machte
nun von ihrem Rechte der Kündigung Gebrauch, was gewiß
nicht der Fall gewesen wäre, wenn ich für die kleine
Anfänger-Gage mich gleich als Stern à la Sontheim oder
Wachtel erwiesen hätte. Ich war nun in einer recht peinlichen
Situation. Wie ich meinen Plan ausführen sollte, nach
welchem ich noch zwei Jahre den mir so lieb und nützlich
gewordenen Unterricht des Herrn Professor Götze genießen
wollte, das wußte ich nicht; denn mir fehlten die Mittel.

Es dauerte jedoch nicht lange, und mein guter Freund,
der Humor, kam wieder, ihm voran aber ging mein guter
Stern, der meinen heißesten Wunsch, der edlen Kunst treu
bleiben zu können, erfüllte. Dieser gute Stern leuchtete mir
an — einem Versöhnungstage, und zwar mehrere Monate
vor meinem mißglückten ersten theatralischen Versuch.

In feierlicher Stimmung betrat ich am Vorabende des
Versöhnungs-Festes im Jahre 1870 die prächtigen Hallen
der Leipziger Synagoge. Wann hatte man je mehr Grund,
diesen Tag würdig zu begehen, als gerade in diesem Jahre!
Es hätte nicht der herrlichen Klänge der Orgel, nicht der
wunderbaren Chöre des unter der Leitung von Jadassohn
stehenden „Psalterion" bedurft, um an diesem Tage Andacht
und gehobene Stimmung zu erwecken. Schon hatte der
Prediger in erhebender Weise die hohe Feier eingeleitet, die

üblichen weihevollen Gebete hatten ihren Anfang genommen, als eine Störung in dem schönen Gottesdienst eintrat. Der Vorsänger nämlich sah sich wegen plötzlicher Heiserkeit gezwungen, den Altar zu verlassen, und ein Unterbeamter, ein Laie, übernahm zur Noth die Fortsetzung des Restes des Abendgottesdienstes.

Große Sorge herrschte nun im Gemeinde-Vorstand wegen eines Remplaçanten des Cantors für die Hauptfunctionen des Tages. Da kam dem nun seligen Stadtrath Cohner, dem damaligen Präses der Gemeinde, der Einfall: mich, der ich in seinem Hause verkehrte, um die Vertretung zu bitten.

Angesichts der großen Verlegenheit, in welcher sich die Gemeinde befand, übernahm ich die für den nicht Vorbereiteten schwere Aufgabe, und hatte ich das Glück, dieselbe so zu lösen, daß meine Leistung Gegenstand ehrenvoller Besprechung war. So wurde mir nämlich von vielen Seiten versichert. Daß es nicht bei Redensarten blieb, bewies die großmüthig entgegenkommende Art, in welcher einige Herren, besonders aber der edle Herr Alexander Werthauer, der gegenwärtige Vorsteher der Leipziger Cultus-Gemeinde, mir Hülfe anboten, als ich einige Tage nach meinem ersten theatralischen Versuch, um meine künftige Existenz besorgt dastand. Ich konnte nun vermöge der mir geleisteten Hülfe meine Künstlerlaufbahn weiter verfolgen, da ich noch anderthalb Jahre den gediegenen Unterricht des Meisters Götze genoß.

So verdanke ich meinem letzten Auftreten als Vorsänger meinen jetzigen Künstlerberuf, dem ich im Kreise so vieler ausgezeichneter und liebenswürdiger Collegen mit aller Liebe angehöre, und in welchem ich mich täglich mehr zu vervollkommnen strebe.

Und dies Alles kam durch einen Versöhnungstag! — Hoffentlich haben sich nun auch die früheren Gegner mit meinem Uebertritt versöhnt.

Paul Flashar.

Der wahre Künstler „ißt" sich nie genug! Daß dieses Wort tief in's Herz des Volkes gedrungen ist und festen Glauben gefunden hat, habe ich schon zu Beginn meiner Theater-Laufbahn erfahren. Die Saison hatte begonnen. Das liebliche Thüringen hatte sein Sommer-kleid abgelegt und war für uns, die wir unter der Leitung eines in des Wortes verwegenster Bedeutung fahrenden Directors dasselbe unsicher machten, nichts weniger, als ein Land, wo Milch und Honig fließt, geworden. In einem Städtchen an der Unstrut, einer ehemals freien Reichsstadt, war Quartier für einige Wochen gemacht. Das Theater befand sich in einem Gasthof, der den vornehmen Namen „Berliner Hof" führte. Ueber das, was wir leisteten, habe ich kein Urtheil mehr, hatte es auch wohl zu jener Zeit nicht, in der mir Alles, was mit dem Theater in Verbindung stand, im rosigsten Lichte erschien. Das empfand ich jedoch damals schon, daß an dem Giebel dieses Theater-Hotels eine aller-liebste Jronie auf unser Wirken zu lesen war. Auf besagtem Giebel hatte nämlich ein wohlmeinender Maler mit fetten

schwarzen Lettern die Worte: „Berliner Hof-Theater"
angebracht, hatte aber bei der Anlage damit etwas zu weit
nach links begonnen, so daß, als die schönen drei Worte nun
dastanden, rechts eine zu große Leere entstanden war, welche
der sinnige Autor durch drei dicke Ausrufungszeichen zu ver-
tuschen gewußt hatte. „Berliner Hof"-„Theater!!!" Himm-
lische Einfalt!

Mein monatliches Einkommen nöthigte mich, eine Pension
zu suchen, wie ich sie zu finden nicht für möglich gehalten
hätte, allein das Schicksal begünstigte mich. Ich erhielt
Quartier bei einem Bäckermeister, der zugleich Protector des
Theaters war, und hatte es durch Zufall glücklicher getroffen,
als alle meine Collegen. Aber hat es der Mensch gut, so
will er es besser haben, und wohl ihm, wenn's gelingt. Wir
waren vielleicht acht Tage im Städtchen, gingen schon mit
dem schönen Bewußtsein durch die Straßen, gekannt und
beobachtet zu sein, ja, hörten wohl gar einmal ein paar
vorübergehende Backfische hinter uns wispern: „das war ja,
das war ja 2c. 2c." Ach! wer das Gefühl nicht kennt und
anerkennt, der hat keinen Ehrgeiz!

In diesem Stadium der Beliebtheit befand ich mich am
ersten Sonntagmorgen in M., nachdem ich Tags zuvor an
einem Abend einen Spaziergänger, den Schüler und den
Valentin im „Faust" gespielt hatte, und ich beschloß, mir an
diesem Tage etwas zu Gute zu thun. Aber was? Während
ich noch darüber nachdachte, führte mich der Weg an einem
Wurstladen vorüber, aus dessen Fenster mir mit überwältigend
verführerischen Augen eine angeschnittene Zungenwurst ent-
gegenlächelte. Der Genuß eines solchen Leckerbissens war mir

nur noch vom Hörensagen bekannt, denn bei einem Einkommen von fünfzehn Thalern per Monat, waren mir derartige Extravaganzen versagt. Ein kurzer Entschluß, — und
ich stand im Laden. Hinter der Toonbank sprang, — ob
durch das schnelle Eintreten, oder durch meine Persönlichkeit
selbst erschreckt, war mir unklar, — ein sauber gekleidetes,
frisches junges Mädchen empor. „Für fünf Silbergroschen
Zungenwurst" forderte ich höflich. Das Mädchen wird über
beide Ohren roth, nimmt ein Messer zur Hand, und fängt an,
zu schneiden. „Für fünf Silbergroschen", wiederholte ich
schüchtern, als die Anzahl der Scheiben mir über meine
Mittel hinauszugehen droht. Das Mädchen nickt stumm:
„der wahre Künstler ißt sich nie genug", denkt sie wohl, und
schneidet weiter. Da plötzlich — aus dem angrenzenden
Zimmer nahen Tritte — im Nu ist die Wurst eingewickelt.
„Der Vater, der Vater, — bitte, — da nehmen Sie schnell."
Ich nehme, zahle und gehe verwundert zum Laden hinaus.
Wurst hatte ich genug, für heute und morgen die Hülle
und Fülle.

Das war eine Nachricht für meine Collegen, die nun
jenen herrlichen Laden schleunigst aufsuchten. Der gute
Schlachtermeister mag sich gewundert haben über den plötzlichen
Zuspruch in seinem Geschäft. Merkwürdiger Weise aber
theilte Niemand meine Begeisterung: das sei ja ganz schön,
meinte Jeder, aber mehr, als wo anders, erhalte man da
auch nicht.

Wieder acht Tage waren vergangen. Ich hatte den
Rudenz im „Tell" gespielt und trippelte frostig nach Hause.
Der Laden, an welchem ich täglich vorbei lief, den ich mir

aber zu bemerken gewaltsam abgewöhnt hatte, war sonst um
diese Zeit längst geschlossen, heute aber offen. Das verlockte.
Wieder ein schneller Entschluß, und wieder das rothwangige
erschreckte Mädchen hinter der Toonbank. Wieder schneidet
und schneidet sie ab — — und mit jeder Scheibe wird ihr
Köpfchen dunkler. Ich sehe sie an, stutze, die Augen gehen
mir auf — die Liebe war ihr recht eigentlich — Wurst,
und, ich Thor! gehe gekränkt aus dem Laden. — Armes
Mädchen! So hold deine Liebe, so gesund deine Verehrung der
Kunst, — und so undankbar dein Ideal! Heute gebe ich
dir gerne das Zehnfache für eine Scheibe, zur Erinnerung
an jene köstliche, tragikomische Zeit. . . . Vergieb mir!

Paul flaskar

Emma Wooge.

Mein Vater, Musiklehrer in Harburg, ertheilte mir von meinem achten Jahre an selbst Clavierunterricht. Obwohl sich bald erwies, daß ich durchaus nicht ohne musikalische Anlagen, so hatte mein guter Vater doch seine liebe Noth mit mir; nur gezwungen setzte ich mich täglich an's Clavier und trommelte unter Aufsicht meiner Mutter, die mir gar zu pedantisch erscheinenden Tonleitern und Etuden herunter. Dabei kam ich aber doch allmälig vorwärts. Ungefähr mit meinem vierzehnten Jahre, als ich ernster geworden war, obwohl ich auch recht viel mit offenen Augen träumte, wie man zu sagen pflegte und auch häufig in meinen Schulzeugnissen mit dem obligaten Tadel bemerkt hat — erwachte die Lust zur Musik immer mehr in mir und ich fing nun an, recht fleißig Clavier zu spielen.

In der Schule sang ich auch, und zwar immer die dritte Stimme, während ich zu Hause für mich mehr die höheren Töne producirte. Mit fünfzehn Jahren sang ich zum ersten Male öffentlich in Harburg ein Solo in dem „Weihnacht-Oratorium für Kinder" von Hoffmann. Siebzehn Jahre alt-

begann ich plötzlich, in Folge allzu schnellen Wachsens, zu
kränkeln, was mich zwang, ein Jahr lang mein Clavierspiel,
das ich jetzt mit einer gewissen Leidenschaft betrieb, ganz
einzustellen. Als ich wieder anfangen durfte zu üben, zu
welcher Zeit auch die Uebungen des Quartetts in unserem
Hause — mein ältester Bruder sang Baß, mein zweiter
Bruder Tenor, meine Zwillingsschwester Alt und ich Sopran —
eifrig begannen, natürlich unter der Leitung meines Vaters,
kam Letzterem und mir nach und nach der Wunsch, daß ich
mich ganz der Musik widmen möchte, und zwar hoffte ich
sehnlichst, das Conservatorium in Leipzig absolviren zu können.
Nachdem ich dann wieder eine furchtbare Krankheit, die
mich fast ein halbes Jahr niedergehalten, durchgemacht
hatte und wieder mich mit der Musik beschäftigen durfte,
erhielt ich vom Arzt, der nicht zugeben wollte, daß ich nach
Leipzig ging, die Erlaubniß, das Hamburger Conservatorium
zu besuchen, da ich dann doch in der Nähe meiner
Eltern blieb.

Am 1. October 1876 trat ich als Clavierschülerin mit
der Absicht, mich zur Clavierlehrerin für Harburg ausbilden
zu lassen, dort ein. Nebenbei fing ich auch bald an, etwas
Gesang-Unterricht zu meinem Vergnügen zu nehmen. Nach
einem halben Jahre kam meine Lehrerin, Frau Farnbacher,
nach Harburg, um meine Eltern zu überreden, mich ganz im
Gesang ausbilden zu lassen, da meine Stimme etwas
verspreche, und bekam ich von Michaelis 1877 ab bei Herrn
Professor von Bernuth, Director des Conservatoriums,
Gesangstunden. Mein Clavierspiel setzte ich natürlich nach
wie vor eifrig fort.

Nach anderthalb Jahren rückte die entscheidende Frage heran, welches der beiden Fächer: Gesang oder Clavierspiel, ich wählen wollte. Herr von Bernuth erkannte mir für beide Fächer Talent zu. Bald kamen wir zu dem Entschluß, beim Gesang zu bleiben, da wir hiervon mehr glaubten hoffen zu dürfen. Im Winter 1879, im Prüfungs-Concert, sollte sich herausstellen, ob meine Stimme einen großen Concertraum ausfülle; war es so, so wollte ich Concert-Sängerin werden. Am 23. Februar 1879 fand die Prüfung statt und wurde meine Stimme für kräftig und ausgiebig genug erklärt.

Plötzlich wurde ich von allen Seiten gedrängt, nicht Concert-Sängerin zu werden, sondern zur Bühne zu gehen, da man in meinem Gesang dramatisches Element zu entdecken glaubte. Lange Zeit schwankten meine Eltern, dann endlich, nach vielen Bitten meinerseits, — die ich, obwohl überhaupt erst drei Mal in meinem Leben im Theater gewesen, plötzlich so große Neigung und Lust zur Bühne in mir erwachen fühlte, — erhielt ich die Erlaubniß, vorläufig zur Probe ein halbes Jahr bei der vorzüglichen Schauspielerin und Opern-Altistin Frau Elvira Egli am Hamburger Stadt-theater dramatischen Unterricht zu nehmen. Meine Lehrerin bearbeitete mich steifes, lang aufgeschossenes Ding dann sechs Monate mit großer Liebenswürdigkeit, Ausdauer, Gewissen-haftigkeit und Strenge. Um Michaelis 1879 erklärte Frau Egli auf eine heimliche Anfrage meiner Eltern hin, daß ich Talent für die Bühne habe, so daß ich, nachdem ich auch die erste Probe auf der Bühne in Leipzig vor der dortigen Direction mit Erfolg bestanden, endlich bestimmte Erlaubniß zur Bühnenlaufbahn von meinen Eltern, besonders von

meinem guten, sehr ängstlichen Mütterchen, erhielt. Noch bis
Ostern 1880 Schülerin des Conservatoriums, hatte ich das
Glück, im Laufe des Winters in Leipzig, Berlin, Rostock,
Kiel :c. in Concerten mit guten Erfolgen zu singen, und hatte
Aussicht, zum folgenden Winter in Braunschweig oder in
Leipzig engagirt zu werden. Frau Egli bewirkte, daß ich auch
Herrn Director Pollini etwas vorsingen und vorspielen
durfte, in Folge dessen ich die Aufforderung erhielt, am
11. März 1880 in Altona in der Benefiz-Vorstellung meiner
Lehrerin, als Anna in „Hans Heiling" zu debutiren, worauf
ich von Herrn Director Pollini für Hamburg-Altona auf
zwei Jahre engagirt ward. Mein erstes Auftreten an der
Hand meiner lieben Lehrerin, war ein sehr glückliches, und
wird mir dieser Abend natürlich in jeder Beziehung
unvergeßlich sein. Am 20. März sang ich in Hamburg
dieselbe Rolle; es folgten die Gräfin in „Figaro's Hochzeit"
und die Tamina in der „Zauberflöte". Am 1. September 1880
fing nun mein erstes festes Engagement in Hamburg an.
So ist das erste wichtige Stadium meiner bisher ziemlich
ebenen theatralischen Laufbahn glücklich erreicht; möge die
Vorsehung, die mir in der That gütig gewesen, mir auch
ferner in dem Streben nach künstlerischen Zielen förderlich sein!

Emma Waage.

Ludwig May.

Ich sehe mich noch als neunzehnjährigen Jüngling den Wanderstab ergreifen, um leichten Herzens, aber auch mit leichtem Geldbeutel, in die neue Welt meiner Hoffnungen, in das Eldorado meiner Wünsche, in die Gefilde der Kunst zu ziehen, wo, wie ich mit Bestimmtheit erwartete, das Glück mir blühen sollte. — Eines schönen Tages komme ich zum Director K .... nach Friesack, um mich als zukünftiges Mitglied seiner Truppe vorzustellen, und staune über nichts, was mir Seltsames und Ungewohntes entgegentritt, weder über das mehr als patriarchalische Aussehen meines sich allwissend dünkenden Directors, noch über die zahlreiche Familie desselben (ich glaube, es waren elf Kinder vorhanden), am allerwenigsten aber über die Art des Empfanges, der mir zu Theil wird. Man nickt souverain zu mir herab, man schlägt die Arme übereinander und mustert den Kühnen, der es wagt, in die göttlichen Geheimnisse der Bühne eindringen zu wollen.

Nachdem das Fegefeuer der ersten Vorstellung, — das heißt, meiner persönlichen Vorstellung beim Director, von der ich mir auch eine ganz andere Vorstellung gemacht hatte, — überstanden ist, wandere ich fürbaß durch die Stadt, um den neuen Schauplatz meiner nunmehrigen Thätigkeit zu be-augenscheinigen und gleichzeitig ein Domicil auszusuchen, das würdig ist, meiner Person zum dauernden Aufenthalt zu dienen. Ich finde es selbstverständlich, daß man mich mit ausgesuchtester Artigkeit behandelt, denn ich sage mir: „Du bist der Erlesenen einer und Ihr, aus dem Staube Friesack's gezeugte Erdenbrüder, empfangt die hohe Ehre, mich zu den Euren zu zählen." Alles Nothwendige ist bald arrangirt und die Tage meines Wirkens können beginnen; und sie begannen, — wechselvoll, stürmisch, leidenschaftlich und auch wiederum oft sehr abkühlend! Du lieber Gott, was habe ich da nicht alles zusammengespielt! Helden und Narren, schurkische Intriguants und vorlaute Gecken, ja selbst Kinder und Greise waren mir nicht mehr heilig, und gelernt habe ich mit einem Eifer, um den ich mich selbst beneiden könnte. Da habe ich denn nun von vornherein so manche komische Affaire erlebt, die erzählt zu werden verdient, insbesondere, was mir bei einer sogenannten Spritztour von Friesack nach dem Dörfchen G . . . . passirte. Wir reisten per Achse nach G . . . ., um den „Wilderer", Schauspiel von Gerstäcker, vom Stapel zu lassen, in welchem Stücke ich bereits mit einigem Erfolge den Forstgehülfen Keller gespielt hatte und nun abermals Proben meines Könnens ablegen sollte. Nun hatten wir bei unserer Gesellschaft u. A. einen in jeder Hinsicht hoch-begabten Schauspieler, Gustav H . . . . mit Namen, der für das Fach jugendlicher Helden und Liebhaber engagirt war und dasselbe in einer Weise vertrat, wie sie manchem Künstler

ersten Ranges Ehre gemacht hätte. Wäre dieser brave Held
der Bretter nur nicht mit jenem Laster behaftet gewesen, das
nur ein Ziethen'scher Husar zuweilen als Tugend anerkannt
wissen will! Es war bei meinem Helden derart entwickelt,
daß derselbe jede Sicherheit der Bewegung auf dem profanen
Weltboden verlor, um wie viel mehr auf dem so klassischen
Boden der Bretter, die die Welt bedeuten. Bei solchen Ge-
legenheiten pflegte Freund H.... die Bühne möglichst ruhig
zu betreten, um während jedes Dialogs fest und steif wie
eine Statue zu stehen und keine Bewegung nach rechts oder
links zu wagen, da jede, selbst die kleinste, ihn der Gefahr
nahe brachte, die Balance zu verlieren. Bei der oft
obwaltenden Cassenmisere meines Freundes H.... spielten
die Kosten des zu consumirenden Getränkes bei ihm eine große
Rolle, weshalb sich Niemand darüber wundern darf, daß
H.... zuletzt zu reinem Spriet seine Zuflucht nahm, den
er höchstens aus „Milderungsgründen" zuweilen mit etwas
Wasser vermischte. Besagter Herr H.... also hatte keine
Lust, mit uns den Weg nach G.... per Achse zu machen,
sondern erklärte, lieber zu Fuße gehen zu wollen, indem er
höchstens eine Stunde nach uns in dem nahegelegenen
Dörfchen einzutreffen versprach. Nachdem wir in Friesack
von ihm Abschied genommen, fuhren wir frohen Muthes in
einem sogenannten Zeltwagen, worin wir, eingepreßt wie die
Bücklinge, saßen, unserem Ziele entgegen. Halb gerädert und
zerschlagen kommen wir in dem Oertchen an und bemühen
uns lange vergeblich, die nach der anstrengenden Tour erstarrten und gelähmten Glieder wieder zu den gewohnten
Functionen zu bringen, und wir verfügen uns in das Local,

wo unser Musentempel aufgeschlagen werden soll. — Man
denke sich einen nicht zu großen Tanzsaal, von altmodischem
Bau, nicht zu umfangreich, wie man ihn nur in kleinen
Städten, respective Dörfern anzutreffen pflegt. Einige Arbeiter
eilen herbei, sich am Bau unseres Tempels zu betheiligen;
mit Hülfe einiger Fässer, die man in gewissen Entfernungen
von einander aufstellt, und über die dann einige Bretter
gelegt und mit Theaterbohrern befestigt werden, wird das
Podium errichtet. Was an Gardinen in unseren Mitteln,
wird an den Seiten angebracht; der Hintergrund, der auf
einer Seite Wald, auf der anderen ein Zimmer darstellt,
angenagelt, ein farbenbeklextes Stück alter Leinewand als
Vorhang befestigt, und — das sogenannte Theater ist fertig. —
Die Bühne selbst reicht nicht bis hinten an die Wand, da
man nicht Bretter genug hatte, das Podium so weit
auszufüllen, so daß hinter dem Prospect noch ein großer
klaffender Raum übrig bleibt, der die angenehme Aussicht
bietet, bei einem zu starken Retiriren die Widerstandsfähigkeit
menschlicher Knochen auf die härteste Probe zu stellen! Aber
ein wahrer Künstler setzt sich über so Manches hinweg, warum
nicht auch einmal über einen solchen Raum! —

Es dunkelt bereits, und die Kunstbeflissenen begeben sich
in die Garderoben. Präcise 7½ Uhr soll die Vorstellung beginnen; es ist bereits 7½ Uhr und unser Freund H.... fehlt
noch. Wir Alle ergehen uns in Vermuthungen, die dem
Grunde der Verspätung H....'s nicht sehr entfernt liegen; —
es wird mittlerweile 7½ Uhr, — nichts ist von H....
zu sehen und zu hören. Das Getöse vor dem Vorhang,
welches mein Director boshafter Weise die Musik nennt,

martert schon zum dritten Male mein Ohr, da öffnen sich die Gardinen des Raumes, der uns zur Garderobe dient, und zwei kräftige Gestalten, wahrhafte Cyclopen, schieben etwas, was einem Menschen nicht ganz unähnlich sieht, zu uns herein. — Es ist H.... Aber wie sieht er aus! — Wie eine überheizte Schnellzug-Locomotive, die irgendwo ein paar Räder verloren hat und zufällig bei uns entgleiste. —

„Mensch!" ruft mein Director, „was machen Sie denn? Sie sollen ja den Kerdelmann spielen!" —

„Weiß ich!" — lallt sehr lakonisch H...., der kaum fähig ist, sich aufrecht zu erhalten und sich anschickt, sich umzukleiden, was ihm jedoch erst gelingt, als Einige von uns ihm helfen.

„Sie sind ja aber wieder total betrunken!" jammert mein Director. — „Weiß ich!" sagt ebenso lakonisch der Unverwüstliche. Da es 8 Uhr ist und das Publicum bereits anfängt ungeduldig zu werden, so verbeißt mein Chef seinen Ingrimm über das Betragen H....'s, und legt selbst Hand mit an, H.... beim Ankleiden behülflich zu sein. Endlich ist derselbe so weit; nachdem er von kräftigen Armen auf's Podium gehoben ist, ertönt das Zeichen, der Vorhang hebt sich, und die Comödie beginnt. Freund H.... steht nach alter Gewohnheit fest wie ein Leuchtenpfahl, und spricht Wort für Wort, als hätte er das Buch vor sich liegen und lese etwas vor; seine Augen schauen hervor, wie zwei Rosinen aus einem „Klöben", sein Kopf glüht ganz bedenklich, — aber was thut's, der Act wird doch zu Ende gespielt und das Publicum beweist durch lebhafte Acclamation seine Zufriedenheit. Auch das erste Bild des zweiten Actes erreicht

fein Ende ohne befondere Auffälligfeiten. Der Vorhang hebt
fich abermals und ich trete als Forftgehülfe Keller aus dem
Dickicht, mich über mein jämmerliches Loos beklagend, das
mich zu einem fo undankbaren Leben, wie dem des Waid-
werkes verdammt; — ich beklage mich feufzend über die Heldin
des Stückes, die durchaus nur an dem vom Glücke bevorzugten
Kerdelmann Gefallen findet, der, wie ich mit unverhohlenem
Grimm ausfpreche, ein Wilddieb ift, welchen einmal in
flagranti zu ertappen, mein höchfter Wunfch fei. Auf einmal
fällt ein Schuß! — „Ha! — ein Schuß!" rufe ich, und drücke
mich in das Dickicht zurück, von wo aus ich den Attentäter
erwarte. Kerdelmann erfcheint jetzt in Perfon meines be-
trunkenen Freundes, ein Stück Wild, welches er foeben erlegt,
nach fich fchleifend, und ftellt fich mit ausgefpreizten Beinen,
gleich einem Wegweifer, mitten auf die Bühne. Ich trete
hervor und erkläre ihn zu meinem Gefangenen; Kerdelmann
behauptet, der Rolle gemäß, das Stück Wild, welches am
Boden liegt, und das ich ihm befehle mitzunehmen, nicht
allein aufheben zu können, da es zu fchwer fei. Ich bücke
mich, ihm zu helfen, und bei diefer Gelegenheit hat
Kerdelmann den Moment abzupaffen und mir einen Dolchftich
beizubringen. Kerdelmann holt alfo aus, macht aber eine
fehr verderbliche Schwankung und droht niederzuftürzen;
natürlich falle ich ihm in die Arme, indem ich ihn krampfhaft
fefthalte, — es entfteht abermals eine ftarke Schwankung,
Kerdelmann neigt fich zu fehr dem Hintergrunde zu, tritt fehl
und wirft fich mit unnachahmlicher Grazie in die gähnende
Spalte, mich, der ich ihn halten will, durch fein ungeheures
„fpecififches Gewicht" mit fich reißend; der Hintergrund fällt

über uns und — „Roß und Reiter sah man niemals wieder!" — Große Pause! Rufe hinter der Scene: „Kerdelmann aufstehen, weiter spielen!" Kerdelmann rührt sich nicht; er liegt wie festgenagelt, keines seiner Sinne mächtig, und weder Bitten noch Drohungen bewegen ihn, sich zu bewegen. „Vorhang 'runter!" ruft der Director, und der Vorhang fällt elegisch. Allgemeines Bravo aus dem Publicum. In der Garderobe wird jetzt großer Kriegsrath abgehalten. — Was ist zu thun? Kerdelmann hat das Stück zu halten und liegt besinnungslos unten bei den Fässern; man beschließt endlich, ihn liegen zu lassen und übergiebt mir den Auftrag, jetzt mein Meisterstückchen zu machen, indem ich, der ich soeben in dem Stück als Keller habe sterben müssen, meinen eigenen Mörder, den Joseph Kerdelmann, weiter spielen sollte! Mit Hülfe eines riesigen Vollbartes wird eine wesentliche Veränderung mit mir erzielt, und ich spiele weiter, spiele „wie ein junger Gott", — und das Publicum hat es geglaubt, und ich selbst ward beinahe überzeugt, daß ich mich getödtet habe! — So geschehen im Jahre 1867.

Richard Schindler.

s war Anfangs October 1860, als ich aus meiner Heimath Frankfurt, in Hamburg anlangte, um von dort meine erste Seereise als Schiffsjunge nach dem Cap der guten Hoffnung anzutreten. Meinem glühenden Wunsche, Schauspieler zu werden, hatten meine Eltern keine Folge geben wollen, und ich, kurz entschlossen, wählte die Seemannscarriere, die mir in meiner Phantasie, nächst der Bühnenlaufbahn, als die begehrenswertheste erschien! — O schöner Jugendtraum! — Ich hatte keine Ahnung, daß das Schiff, auf dem ich angemustert hatte, ein Auswandererschiff war, und war ich bei meinem Eintreffen an Bord nicht wenig erstaunt, im Zwischendeck die Vorkehrungen zur Aufnahme von 400 Personen getroffen zu sehen. Am Abend vor unserer Abfahrt kamen die Passagiere an Bord, größtentheils Schlesier, die sich in der Ferne eine neue Heimath gründen wollten. Vor Allem zeichneten sich dieselben durch einen ungeheuren Kindersegen aus, der auf der dreimonatlichen Seefahrt nach Capstadt noch um 13 Sprößlinge vermehrt wurde, während nur ein Kind und ein junges

Mädchen starben. Ich übergehe die weiteren Details dieser
ersten Seereise, — nur darauf gebe ich mein Wort, daß ich
in den drei Monaten von der Seemannskunst nichts
weiter erlernt habe, als Messer und Gabeln putzen, Deck
waschen und dergleichen reinliche Geschäfte mehr. Meine
Phantasiegemälde waren schnell entschwunden, aber mit dem
Erkennen der Schattenseiten des schweren, gefahrvollen und
undankbaren Seemannsberufs, kam auch sofort der Entschluß,
der Sache so bald als möglich ein Ende zu machen. Am
7. Januar 1861 lief unsere Bark bei wunderschönem Wetter
in die Table-Bay ein. Der Anblick der Capstadt, welche
von drei Seiten von hohen Bergen, dem Tafelberg, dem
Löwenkopf und dem Löwenrücken, eingeschlossen, wie ein
Schmuckkästchen daliegt, während sie von der vierten Seite
von der See bespült wird, bleibt mir unvergeßlich. Wir
sollten, nachdem die Passagiere gelandet waren, Proviant,
Wasser 2c. einnehmen, um am zweitnächsten Tage die Reise
nach Australien fortzusetzen; ich zog es vor, mit dem
Schiffszimmermann, dem ich mein Vertrauen geschenkt, und
der mir das seinige nicht vorenthalten hatte, in Capstadt zu
bleiben. Nachts verließen wir heimlich das Schiff, nur das
Nothwendigste in einem Bündel mit uns nehmend, ich aber
unter dem Arm meine treue Begleiterin — die Geige! —
Wir marschirten die Nacht durch und erreichten beim Tages-
grauen eine kleine Cantine in der Nähe von Symonsbay.
Hier hielten wir uns versteckt, bis unser Schiff Tags darauf
den Hafen von Capstadt verlassen. Noch an demselben Tage
trennte sich mein Kamerad von mir; er ging nach Port
Elizabeth, ich kehrte nach Capstadt zurück.

Da stand ich nun mutterseelenallein in einem fremden
Lande, Tausende von Meilen von der Heimath entfernt, kaum
der Sprache des Landes mächtig, mit einem Baarvermögen
von 2½ Pfund Sterling (circa 50 Mark) in der Tasche. Ein
tiefes Heimweh bemächtigte sich meiner, gepaart mit der
Angst für meine weitere Existenz. Damals konnte ich noch
weinen, und ich schäme mich nicht, einzugestehen, daß ich es
that. Die Thränen erleichtern wirklich des Menschen Herz,
— dazu der Jugendmuth und leichte Sinn eines Achtzehn-
jährigen, — ich wurde ruhig. Den nächsten Morgen verließ
ich die Cantine, die Brust voll Hoffnung auf eine glückliche
Zukunft, und kehrte nach Capstadt zurück. Im Commercial-
Hotel, welches mir wie ein Hotel zweiten Ranges erschien,
kehrte ich ein. Ich erhielt auf meinen Wunsch ein kleines
Zimmer, und bestellte mir ein Beefsteak und eine halbe Flasche
Ale. Dieses bescheidene Abendessen kostete nur 7 Shillings
6 Pence, nach unserem Gelde also 7 Mark 50 Pfennige. Ich
erzähle dies so genau, weil mich beim Bezahlen dieses Abend-
essens wieder die furchtbare Angst packte, was aus mir
werden sollte, wenn mein Geld zu Ende. Ich schlief trotz
des anstrengenden Marsches, den ich gemacht, recht schlecht,
und stand schon gegen 4 Uhr Morgens auf, um, wie ich mir
selbst vorlog, spazieren zu gehen; heute kann ich ja die
Wahrheit sagen: — ich wollte dem wahrscheinlich sehr kost-
spieligen und für mich ziemlich überflüssigen Kaffee entgehen.

Nachdem ich einige Stunden durch die Straßen der Stadt
geschlendert, kam ich an eine herrliche Eichen-Allee, die nach
dem botanischen Garten führt. Es berührte mich eigenthümlich
in diesem fremden Lande, weit vom Vaterhause, unsere schöne,

grüne deutsche Eiche zu erschauen. Ich hatte mich auf eine
Bank niedergelassen und saß in Gedanken versunken, als
plötzlich Schritte neben mir ertönten und sich Jemand am
andern Ende der Bank niedersetzte. Ich erblickte einen ält-
lichen, hoch aufgeschossenen hageren Herrn neben mir,
dessen zahnloser Mund mich freundlich angrinste und mir im
schönsten Hochdeutsch einen freundlichen guten Morgen! bot.
Unter deutschen Eichen im Süden Afrika's, ein deutscher
Morgengruß, — wer würde sich nicht wie ich herzlich gefreut
haben! Wir waren bald in ein Gespräch verwickelt. Er
hielt mich für einen mit der Hamburger Bark angekommenen
Passagier und ich ließ ihn bei diesem Glauben. Wir waren,
ich weiß nicht wie, in unserer Unterhaltung auf die Musik
gekommen, und ich erwähnte, daß ich Geige spiele und mein
Instrument mit habe. Bei dieser Nachricht sprang mein
langer Herr plötzlich auf, faßte meinen Arm, riß mich von
der Bank empor und keuchte: „Sie spielen Violine, Sie haben
ein Instrument? Kommen Sie, — ich muß hören, wie Sie
spielen, — ich heiße Jacob, bin Director einer Musikcapelle,
bin aus Kassel gebürtig, — und kenne Spohr; ich brauche
eine erste Geige, — kommen Sie!" — diese Worte ruckweise
herausstoßend, riß er mich fast mit sich fort.

Wir waren bald bei meinem Hotel angekommen, ich
spielte ihm die Variationen über: ›Je suis le petit Tambour‹
von David vor, und der alte Mann weinte vor Freude, vor
Rührung — was weiß ich! — Drei Monate war ich bei
Jacob erster Geiger im Theater, auf Bällen, Hochzeiten, in
Concerten ꝛc. Ich verdiente viel Geld, wohnte in seinem
Hause, verkehrte in seiner Familie, — liebte natürlich seine

Tochter, welche bereits Braut war, hoffnungslos, kurz, ich
führte das schönste Leben, und — wurde leider etwas übermüthig.
Eines Tages erklärte ich Herrn Jacob, daß ich eine kleine
Reise machen wolle; — er suchte mich davon zurückzuhalten
— vergeblich. Ich hatte den Ober-Steward des Postdampf-
schiffes, welches zwischen Capstadt, Port Elizabeth und Port
Natal fährt, kennen gelernt, beschloß, die nächste Fahrt mit
dorthin zu machen, und führte diesen Beschluß aus. Jacob
war böse, als ich fortging, und meinte, ich könne von nun
an geigen, wo ich wolle, — er sei früher ohne mich fertig
geworden, es würde nun auch ohne mich gehen. Der arme
Alte! — ich habe mir später oft Vorwürfe gemacht, denn er
hat es väterlich gut mit mir gemeint!

Als wir nach vierzehn Tagen von Port Natal wieder
nach Capstadt zurückkehrten, war mein schönes Geld, das erste
das ich mir selbst verdient und erspart, — aufgebraucht. Ich
hatte an Bord sehr nobel gelebt, von Natal aus eine Excursion
in's Innere gemacht, fast bis in die Gegend, wo achtzehn
Jahre später ein Napoleon fallen sollte, kurz, an mir das
Sprichwort zur Wahrheit gemacht: leicht gewonnen — schnell
zerronnen. Wieder zu Jacob zu gehen, hatte ich nicht den
Muth, oder war ich zu stolz.

Ich wurde Steward auf demselben Dampfschiffe, auf
welchem ich soeben als Passagier und Gentleman die Reise
gemacht hatte. Diese Steward-Periode dauerte auch gerade
drei Monate, bietet aber für den Leser nichts Interessantes,
höchstens der Grund, weshalb ich sie aufgeben mußte. Es
war eine schwere Nacht, die ich da mit durchgemacht habe,
an der Südspitze Afrika's, — die Maschine zerbrochen, die

Schanzkleidung zerschlagen, die Masten über Bord, ein willen-
loses Spielzeug der Wellen. Nachdem wir dreizehn Tage auf
See waren, mit ungenügendem Proviant für sechsundachtzig
Passagiere und die Mannschaft, wurden wir endlich von einem
englischen Kriegsschiff gefunden und nach Symonsbay geschleppt. Das Schiff kam auf die Slipp zur Reparatur — die
Mannschaft hatte ihre Schuldigkeit gethan, — wir konnten
gehen! — Ein holländischer Farmer, der als Passagier diese
letzte Reise mitgemacht hatte und dessen Sympathie ich mir
erworben haben mochte, machte mir den Vorschlag, ihn nach
seiner Farm zu begleiten; wenn es mir nicht gefallen sollte,
könnte ich ja immer wieder nach Capstadt zurückkehren. Ich
schlug ein, und zwei Tage später trafen wir auf der holländi-
schen Farm Conterberg in der Nähe der hannöverschen
Missionscolonie Malmsberry ein. Ich bekam ein niedliches
Zimmer in einem Nebenhause zugewiesen, aber meine Geige
eröffnete mir bald die Familienzimmer. Die älteste Tochter
des Hauses, ein sehr schönes Mädchen in meinem damaligen
Alter, spielte gewandt Clavier, es wurden Noten von Capstadt
requirirt, und manche vergnügte Stunde ist den Zuhörern bereitet worden. Ich mit meinen achtzehn Jahren verliebte mich
selbstverständlich vorschriftsmäßig in Miß Mary — und war
sogar so dumm, oder so dreist, es ihr zu gestehen, — aber
diese brave Holländerin (die eben so schlecht Englisch sprach
wie ich), hatte doch mehr Verstand, als Herz, — sie ließ
mich furchtbar abfallen. — Ich mußte übrigens auch arbeiten.
Zunächst ging es Morgens früh in die Country, um zu sehen,
ob die Viehherden auf gute Weideplätze getrieben waren, und
es wurde fast Mittag, ehe ich alle Kraale abgeritten hatte.

Das Mittagsmahl bestand ohne Ausnahme während der ganzen Zeit, die ich in Conterberg zubrachte, aus gekochtem Hammelfleisch, Haferbrot und Wein. Meine schwarze Dienerin Lea suchte sich zwar durch Zustecfung einiger Backwaaren oder sonstiger Dinge in mein Herz zu stehlen, aber ich rächte mich an Lea, indem ich sie verschmähte, für meine zweite hoffnungslose Liebe. Nachmittags wurde im Garten gearbeitet, Wein gekeltert 2c. 2c. Dieses ewige Einerlei, besonders was das Hammelfleisch anbetraf, und der Mangel an Aussicht auf irgend welche geistige Anregung, machten mir den längeren Aufenthalt geradezu unmöglich. Ich erbat meinen Abschied und erhielt ihn. Auch hier war ich merkwürdigerweise gerade ein Vierteljahr!

Ich hatte Fahrgelegenheit nach Port Elizabeth, und zog es daher vor, dorthin zu fahren, als nach Capstadt zu gehen. Als ich zum ersten Male das Meer wieder sah, — packte mich eine unendliche Sehnsucht nach meiner Heimath; — merkwürdig, dort haben sie fast zur selben Zeit meine Mutter begraben! — Geld zur Ueberfahrt nach England mit dem Postdampfschiff hatte ich nicht, aber ich wußte mir zu helfen. Eine kleine englische Brigg „Lizzie & Kate" genannt, lag segelfertig im Hafen, um nach London zu gehen, — es fehlte ihr ein Leichtmatrose. Mit unglaublicher Dreistigkeit ging ich in die Shipping-Office und ließ mich anmustern. Ich kannte keinen Namen der englischen Segel, kein Commando, aber ich wollte nach Hause — und dachte: über Bord werden sie Dich ja nicht werfen. Eine Stunde später waren wir in See — und ich bin glücklich nach London gekommen; meine Geige war wieder die Vermittlerin, wenn die Unzufriedenheit mit mir zu groß wurde. Auch habe ich in den 2½ Monaten der Ueberfahrt mehr Englisch sprechen gelernt, als in fünf Jahren auf der Schule und neun Monaten in Südafrika.

Von London kehrte ich nach meiner Vaterstadt zurück. Meine Mutter war todt, mein Vater stellte meinem Wunsche, zur Bühne zu gehen, nichts mehr in den Weg, und so betrat ich am 9. November 1862 — in dem kleinen fürstlichen Theater in Gera — zum ersten Male die Bretter.

Richard Schindler.

Thoma Börs.

Wenn der norddeutsche Winter beginnt und der Herbst-
wind das Laub von den Bäumen schüttelt, oder der
träge Himmel Schnee und Regen durcheinander
weint, kurz ein Wetter herrscht, daß alle Theaterbesitzer sich
vergnügt die Hände reiben, dann ist es für mich ein rechter
Genuß, etwa nach einer anstrengenden Opernpartie, noch
ein paar Stunden in meinem „molligen" Zimmer auf dem
bequemen Divan zu verträumen.

Ich schaue still in den traulichen, rosigen Lampenschirm
und krame in meinen Erinnerungen herum; liebe interessante
Bekanntschaften ziehen vorüber, Freudvolles und Leidvolles
steigt auf, doch behält man leichter das Angenehme im Gedächtniß. Je schlechter nun das Wetter da draußen, desto
schöneren italienischen Himmel erträume ich mir zurück, und
so will ich denn heute von Italien, dem Lande der
Sehnsucht der Künstler plaudern, von Rom, wo ich so viel
freudiges erlebt habe.

Vorzügliche Empfehlungen hatten mir in Rom die kunst-
liebenden Kreise der besseren Gesellschaft eröffnet, — fast nur

italienische Familien, in denen ich die liebevollste Aufnahme und die herrlichsten Anregungen fand.

Unter Führung wissenschaftlich Gebildeter sollte ich die Roma vecchia kennen lernen. Diese vergangene, und doch noch heute gewaltige Größe, hatte stets den stärksten Reiz für mich, und mit Recht stolz auf ihre Kunstschätze, waren die Römer immer auf's Neue bemüht, mir ein Stück der „ewigen Stadt" zu zeigen. Am Tage wurde bildende Kunst exercirt, Abends Musik gemacht, — so gestaltete sich mein römisches Leben zu einem steten Festtage.

Eines Nachmittags, als ich mit meiner Schwester Clara auf dem Monte Pincio flanire, tritt der Graf Negroni auf uns zu. „Haben Sie schon das Colosseum bei Monden-schein gesehen?" fragte er mich nach der üblichen Begrüßung. „Nein!" riefen wir mit dem unverkennbaren Ausdruck, daß nichts uns erwünschter sein könne, als dieses Schauspiel, und so wurde gleich verabredet, noch denselben Abend die Partie in's Werk zu setzen.

Unvergeßlich wird mir dieser wunderbare Abend bleiben. Es hatte sich eine große Gesellschaft eingefunden, lauter Bekannte, nicht etwa gleichgültige Badecur-Reisende, denen die auf Trinkgeld hoffenden Fremdenführer zuweilen das Vergnügen einer Beleuchtung des Colosseums durch Fackellicht bereiten, sondern ein warmfühlendes Künstlervölkchen oder doch Leute, die Künstlerinteressen verfolgten.

Nach einer entzückenden Wanderung, unter allerlei Scherzen, wobei wir modernen Menschen mit dem furchtbaren Ernste des alten Rom sonderbar contrastiren mochten, waren wir bald bei den Riesenbögen des Colosseums angelangt.

Hier wurden von einer Schaar Diener Fackeln angezündet und der Aufmarsch begann. Da waren noch die Nummern der verschiedenen Theaterzugänge über den Bogenportalen deutlich zu sehen, die Treppen zu den Rängen noch gut conservirt. Wir fühlten uns um zweitausend Jahre zurückversetzt und brachten, indem wir die Stufen erstiegen, allerlei scherzhafte Fragen und Bemerkungen vor: „Wird der Hof des Kaisers Titus heute erscheinen?" — „Ich höre, die Sabina hat absagen lassen." — „Halten Sie fünfhundert Sesterzen auf Nerverus?" ꝛc. Ein Franzose, der uns durch Anachronismen noch heiterer stimmen wollte, rief dazwischen: ›Le programme s. v. p.! Demander les photographies des artistes! N'oubliez pas l'ouvreuse!‹ jene Ausrufe, wie man sie in den Pariser Theatern zum Ueberdruß hört. Als wir die höchsten Stufen erklommen hatten und in stiller Einsamkeit der mondbeglänzten Zaubernacht die antike Welt zu unsern Füßen lag — da fühlte ein Jeder diese bewältigende Größe, dieses erhabene Bild auf sich einwirken und ward wortlos; selbst der Franzose schwieg.

Prächtig und rein beschien der volle Mond eine Seite des Theaters, während die Schattenseite durch das Fackellicht magisch beleuchtet wurde. Hier entsendete der Mond seine silbergrünen Strahlen auf die Stufen und Wölbungen des Amphitheaters, auf die mächtigen Mauerwände mit ihren dunkeln Spalten, worin Wucherpflanzen und allerlei Buschwerk eine üppige Vegetation treiben. Dort warf das gelbrothe Fackellicht dämonische Schatten in die schwarzen Wölbungen der Bögen, und unheimlich bewegten sich die dunkeln Gestalten der Fackelträger.

Mancher mochte, sich in die alte Zeit zurückträumend, seine Phantasie mit historischen Figuren beleben, ein Anderer schwelgte vielleicht nur in den malerischen Effecten. Welchen Eindruck dieses grandiose Schauspiel auf mich machte, — ich weiß es nicht mehr, — ich fühlte, wie Agathe, „alle meine Pulse schlagen". Schweigen ist zwar das beredteste Zeichen der Bewunderung, doch konnte ich meine Gemüthsbewegungen nicht still ertragen; mein Enthusiasmus rang nach Ausdruck, — ich mußte singen. Schüchtern trällerte ich anfangs nur mezza voce einige Passagen, dann muthiger werdend, sang ich mit voller Stimme, die bei der nächtlichen Stille und der unglaublichen Akustik, das ganze Riesentheater ausfüllte, einige Lieder von Schumann und Rubinstein. Ich hatte einen dröhnenden Erfolg, und als von allen Seiten »benissimo, bellissimo, bravissimo!« erscholl und stürmisch »bis« verlangt wurden, gab ich noch einige italienische Sachen zum Besten, die von den dankbaren Zuhörern mit immensem Applaus belohnt wurden. Allgemeiner Jubel, Händedrücken, kurz „Freude war in Troja's Hallen" oder vielmehr im classischen Colosseum. Der Franzose versuchte, aus Mauersträuchern mir einen Kranz zu winden, »faute de mieux«, wie er entschuldigend sagte, — und damit trollten wir vergnügt heimwärts, oft noch des gelungenen Abends gedenkend.

Diese improvisirte Gesangs-Leistung war indeß von einer Tragweite, die ich nicht erwartet hatte. Bald darauf erhielt ich nämlich die ehrenvolle Aufforderung, in dem nächsten Concerte der Reale Accademia di S. Cecilia zu singen. Ich wählte die „Freischütz"-Arie: „Wie nahte mir der Schlummer", die ungemein gefiel und mir viel Anerkennung einbrachte. Ich muß gestehen, daß ich mich nie so stolz und glücklich fühlte, als an diesem Abend in der classischen Stadt. Kann man überhaupt, als junge Sängerin, etwas Schmeichelhafteres erhoffen oder wünschen, als vor einem gebildeten Auditorium im Lande des Gesanges Beifall zu finden? Die römische Tagespresse besprach mein Debut mit Anerkennung; allgemein wurde ich beglückwünscht und die exclusivsten Kreise versagten mir ihre Huldigungen nicht. Die Folge war, daß ich ein Engagement beim Teatro Apollo fand; dieses ist das erste Theater Rom's und das Rendezvous der römischen Aristokratie, welche die beste Gallerie für sich reservirt hält. Mein Vortrag der „Agathen"-Arie aber hatte weiter bewirkt, daß unsere liebe deutsche Oper „Der Freischütz", die bislang nie in Rom gegeben war, am genannten Theater, und zwar mit großartigem Erfolge, zur Aufführung kam, und somit darf ich mir schmeicheln, daß ich die intellectuelle Urheberin dieses Ereignisses war. So hätte ich denn auch meiner kleinen Skizze die Ueberschrift geben können: „Wie der Freischütz in Rom zur Aufführung kam."

Eine große Künstlerfreude stand mir aber noch bevor. Am 23. Mai 1873 überreichte man mir feierlichst ein Diplom, worin ich zum Ehrenmitgliede der königlichen Musik-Akademie ernannt wurde. Schön eingerahmt, hängt dieses Document mit seinem stattlichen Wappen im Kreise meiner Lorbeerkränze. Wie oft habe ich den Inhalt gelesen — ich kenne ihn auswendig, — wie stolz bin ich auf die mit schönen Lettern darin verzeichneten Worte:

›Insignata del titolo di Socia Onoraria uella classe de cantanti.‹

Jetzt bin ich als wohlbestallte Primadonna des königlichen Theaters in Hannover. Ich sitze in meinem behaglichen Zimmer, der böse Nordwind rüttelt die Fenster, — und so denke ich, wird mir der gütige Leser wohl verzeihen, wenn mich die Lust anwandelte, ein wenig vom schönen Süden zu plaudern.

Carl Schultze.

Meine ersten theatralischen Eindrücke erhielt ich als circa elfjähriger Knabe in meiner Vaterstadt Hamburg hinter den Coulissen oder auf dem Schnürboden des seit dem Jahre 1818 bestandenen Theaters in der Steinstraße, in deren Nähe, am Pferdemarkt, — unweit jener Stelle, auf welcher sich später das aus diesem Bühnen-Unternehmen unter der Direction Manrice hervorgegangene Thalia-Theater erhob, — ich bis zu meinem dreizehnten Lebensjahre wohnte. Aber nicht nur als passionirter kleiner Zuschauer, sondern auch schon als mitwirkender Volontair in Possen und Pantomimen, wie „Die falsche Catalani", „Purzel I." ec. frequentirte ich jenen winkeligen Musentempel, der am Ende eines langgestreckten Hofes zu finden war, — daher die Titulatur „Hofschauspieler", mit der mich der nun selige Director Th. Damm in späteren Jahren einmal beehrt hat, indem er mir Entree gewährte. Frau Handje, die Schwiegermutter Kaßmann's, ehemaligen Theater-meisters am Stadttheater, der sich im Jahre 1851 mit dem trefflichen Chéri Manrice, dem nunmehrigen Helden eines

50jährigen Bühnendirections-Jubiläums, associirt
hat, verwerthete im Steinstraßen-Theater ihre Concession,
wie vordem in einem Dilettanten-Theater auf dem Valentinskamp, im Hotel de Rome, und im frau'schen Theater auf der
großen Drehbahn, das später das Apollo-Theater wurde. In
der Nähe des letzteren hatte der Verein „Concordia" seine
Bühne, und auf diesen Brettern habe ich zuerst als wohlbe-
stalltes Mitglied eines Theater-Verbandes fungirt. Besonderes
Glück hatte ich als Schulmeister Benne in der bekannten
einactigen Vaudeville-Posse: „Ein Stündchen in der Schule",
und diese Rolle habe ich denn auch am Abend meines
25jährigen Schauspieler-Jubiläums, am 30. September 1874, in meinem Theater gespielt, unter Mitwirkung
meiner sechs Kinder, und unter der liebevollsten Theilnahme
des Publicums.

Zur Zeit meiner Wirksamkeit an der „Concordia" florirten
in unserer Stadt die sogenannten Liebhaber-Theater; eines
derselben, in der Nähe meiner Behausung belegen, konnte
auch in engster localer Beziehung als ein Vorläufer des
Thalia-Theaters betrachtet werden. Da gab es denn für den
kunstbegeisterten Knaben Gelegenheit genug, sein Talent zu
entwickeln, und es wäre dies vielleicht noch schneller geschehen,
wenn ich nicht vom dreizehnten Jahre ab gezwungen gewesen
wäre, selbstständig für meinen Lebensunterhalt zu sorgen. Das
war ein schweres Stück Arbeit für den kleinen Burschen, zumal derselbe mit ganzem Herzen für das Getriebe der Bühnenwelt entflammt war. Doch die Noth des Lebens, die ich nur
zu früh kennen lernen sollte, ist eine strenge Lehrmeisterin,
und so scheute ich vor keiner honetten, wenn auch mühseligen

Arbeit zurück. So versuchte ich es damals im Tapezierfach, das
mein Vater „bekleidet" hatte und das immerhin meinem aus-
geprägten Sinn für das „decorative" Element nicht kraß
widersprach. Aber warum sollte ich nicht das Schöne mit
dem Nützlichen verbinden können? dachte ich mir, und siehe,
es ging: während ich früher gewöhnlich nur in's Theater
gegangen war, ging ich jetzt erst recht zum Theater und verlangte und erhielt sogar Honorar für meine in große Thaten
umgesetzte Lust zur Menschenmalerei oder Tapeziererei, —
ohne alle Ziererei. Im St. Georger Theater, beim Director
Bieler legte ich nun manche wohl zahlungswürdige Proben
meiner Begabung ab; sie waren „klein aber nüdlich", wie
meine Figur selbst bezeichnet ward. Doch ich war vorläufig
zufrieden und mein Director ebenfalls; Beweis dafür die auf
zehn Thaler per Monat normirte Gage. Die Collegen aber
— es waren keine „bösen Buben", denen man nicht folgen
soll — riethen mir, vor Allem mich einer reisenden Truppe
anzuschließen, bei der ich mich einspielen konnte. Gerathen,
gethan, — ich beschloß, gemeinsam mit meinem lieben lustigen
Landsmann August Himmel (hoffnungerweckender Name),
auszuwandern, im Hinblick auf die Propositionen des Agenten
Christiani, — und als wir an einem 1. Juni Morgens
glücklich die Gage erhalten hatten, verließen wir das Local,
aber nicht durch den vorderen Thorweg, sondern auf etwas
ungewöhnlicherem Wege, — über die Planke. Jetzt begann ein
unstätes Wanderleben, wobei Himmel, der fast immer „voller
Geigen hing", und ich Freud' und Leid redlich getheilt und
zahllose toll-lustige Dinge erlebt haben. Ein sonderbarer Zufall war es, daß das Dampfschiff, welches uns im Sommer 1850

von Hamburg nach Stade, und der Omnibus, der uns von
dort weiterführte, beide auch den Namen „Concordia"
trugen, — wie jenes Privattheater, auf welchem ich zuerst
sozusagen in Reih und Glied marschirte. — —

Unsere Hauptstation bildete zunächst — Uchte, eine an-
genehme Gegend! Da wurde denn gemimt, was das Zeug halten
wollte; an einem Sonntag wurde aufgeführt: »Pas styrien«,
getanzt von „Fräulein Lemanski" und Herrn Himmel vom
Corps de Ballet zu Hamburg. Die Sache ging brillant und
das Publicum merkte gar nicht, daß — ich als Fräulein
Lemanski figurirte. Dieser falschen Vorstellung von meiner
Person folgte „Der Vetter aus Bremen", zum Schluß: „Die
Zaubertrommel", komisches Ballet, worin ich den Pierrot gab.
Wir gefielen Alle riesig und von mir bemerkte der Director
Lundt: „Kinder! Schultze ist ein geborener Komiker, ich
freue mich, ihn für unsere Gesellschaft gewonnen zu haben."
Mit diesem Beifall und dem des Publicums begnügte ich mich,
denn Journal-Kritik gab es in Uchte nicht; aber später haben
es ja noch mehr Leute und auch die Presse bestätigt, und so
mußte ich wohl glauben, daß ich nicht ohne Begabung für
das charakter-komische Fach sei.

Dann gab's auch eine Tournee unter der Direction Spiel-
berger durch größere und kleinere Städte; u. A. habe ich
in Hannover, Lüneburg, Osnabrück, Köln und Lübeck gespielt.
Von der Schwesterstadt an der Trave berief mich Director
Damm, der mich von den Hamburger Vorstädten kannte,
hierher zurück. Ich hatte nun die Irrfahrten satt und wollte
mich in meiner Vaterstadt ansässig machen und einen eigenen
Heerd gründen. Mit dreißig Thalern monatlich konnte ich

freilich diese kühnen, und doch so rein menschlichen Pläne nicht realisiren, und erlaubte mir daher, den Director um eine Gehaltszulage zu ersuchen. Eine solche ward mir abgeschlagen, und als ich in Folge dessen das Engagement aufgeben wollte, hielt mein Chef mich für den Inbegriff des schnöden Undanks. Gleichwohl stand mein neues Project fest; ich ging vorläufig von der Bühne ab, und etablirte hierorts eine Wirthschaft, und zwar im Souterrain des sogenannten Joachimsthals, eines an der Grenze der Nachbarstadt Altona belegenen „Volks- und Thiergartens", dessen letztere Eigenschaft damals noch durch wenigstens drei Bestien repräsentirt ward, unter denen sich sogar eine Hyäne befand, die auf einem Auge blind war, — gewiß eine Specialität! Besagte Wirthschaft rentirte sich bald so gut, daß ich im Jahre 1858 gemeinschaftlich mit einem Herrn Lange das „Joachimsthal" selbst zu pachten im Stande war. Das dort bisher unter dem Beifall des Publicums cultivirte Gauklertreiben mißfiel mir aber im höchsten Grade, und ich beschloß, an dessen Stelle eine edlere Comödie zu setzen. Auch war ich auf eine äußere Restaurirung, Erweiterung und Verschönerung des Theaters bedacht, — bedacht im vollen Sinne des Wortes, denn ich sorgte auch für eine bessere schützende Bedachung, bis es endlich im Wesentlichen seine heutige Gestalt erhielt, obwohl dasselbe im Laufe der Jahre noch mannigfach renovirt worden ist. Die Compagnieschaft hatte inzwischen ihr Ende erreicht, und ich war fortan der eigentliche und einzige Leiter des Theaters, das mit meinem Namen bezeichnet ist. So war ich nach vielen Jahren und Unternehmungen wieder zu einem „Hoftheater" gelangt, obwohl in etwas anderer Art, als zu der Zeit,

da Vorsmann, der treffliche Local-Komiker, und im Auftrage
der Frau Handje ebenfalls vorübergehend Leiter des Stein-
straßen-Theaters, aus einer Parodie auf „Gustav oder der
Maskenball" das geflügelte Wort citirte: „Ankertau
(rectius Ankarström), ahnst du wat?"

Es war mir nach vielen Arbeiten und Mühen gelungen,
die feste künstlerische Basis zu gewinnen, auf welcher fortan
die eigentliche Volkscomödie sich zu ungeahnter Blüthe ent-
faltete, unter der stetig wachsenden Theilnahme der hamburgi-
schen und nachbarstädtischen Bevölkerung und Presse. Die
Gesellschaft ward ganz neu organisirt. Im Vordergrunde
standen Künstler wie Fräulein Lotte (Louise) Müller, die
nachmalige Frau Lotte Mende (Gattin des ebenfalls an
dieser Bühne engagirt gewesenen verdienstvollen Darstellers
Louis Mende), — Arnold Mausfeldt, der in mir sein
Vorbild erblickte, wie ich seiner Zeit das meinige in dem unvergeßlichen Komiker Carl Wilke gefunden hatte, — Heinrich
Kinder, ein ganz vorzüglicher Darsteller (Holsteiner von
Geburt), der im Anfang der fünfziger Jahre zuerst im hiesigen
Actien-, späteren Varieté-Theater die Bretter betreten, von
der Pike auf gedient, an verschiedenen deutschen Bühnen volle
Anerkennung gefunden, auch ein Mal in Gothenburg in
Schweden bei einem Opern-Unternehmen gewirkt hatte. Von
seiner vielseitigen Tüchtigkeit hat Kinder nun seit fünf Jahren
auch in dem großen Verbande des Hamburg-Altonaer
Stadttheaters zahlreiche vollgültige Proben geliefert, im
höheren Schauspiel und Conversationsstück, wie neuerdings
wieder als Darsteller der volksthümlichen Figur des „Onkel
Bräsig"! Neben den Genannten wirkten im Laufe der Jahre

an meiner Bühne Liebhaberinnen und Soubretten wie Marie
Stolle, Clara Monhaupt, Johanna Honnef, Alida
Hayland und Johanna Schatz, der wackere Schauspieler
und Tenorist Heinrich Borchers 2c. 2c. Diese und andere
Kräfte hatte ich früh in ihrer Eigenart erkannt und für mein
Unternehmen eines echten Volkstheaters zu gewinnen und zu
erwärmen vermocht, einige unter Besiegung ihres eigenen
Widerstrebens, so Lotte Müller (Mende), diese talentvolle
Hamburgerin, welche gar zu gerne die Rollen der munteren
Liebhaberin weiterspielen wollte, als welche sie vorzugsweise
in rheinischen Städten thätig war, während sie doch nachgerade eine mustergültige Vertreterin der plattdeutschen
Comödie geworden ist. Als solche ist sie ja namentlich auch
in Berlin, wo wir im Jahre 1874 mit so großen Erfolgen
einen Gastrollen-Cyclus am Woltersdorff-Theater absolvirt
haben (nachdem uns die Presse und zumal ein aus Hamburg
gebürtiger Hauptvertreter derselben, der ebenso liebenswürdige
wie geniale Julius Stettenheim, uns die Bahn geebnet
und Verständniß und Interesse vorbereitet hatte), anerkannt
worden, namentlich auch von Seiten des General-Intendanten
von Hülsen und seiner schöngeistigen Gemahlin, welche
diese Künstlerin mannigfach ausgezeichnet haben. Sie hat
diese Ehren vorzugsweise mit Heinrich Kinder getheilt, dem
Herr von Hülsen sogar ein Engagement am Hoftheater in
Aussicht stellte, — doch ist dieser beiderseitige Wunsch nicht
erfüllt worden, da nach einem Jahre, als Kinder's Contract
mit mir ablief, das betreffende Fach bereits hatte besetzt
werden müssen; die Stellung erhielt Friedrich Ludwig
Schmidt vom Hamburger Thalia-Theater. Kinder fand

aber ausreichenden Erſatz durch die ehrenvolle Berufung an
das Hamburger Stadttheater. Des neunjährigen Zuſammen-
wirkens mit Kinder gedenke ich ſtets mit beſonderer Freude:
er war ſtets und überall eine der treueſten Stützen meines
Unternehmens, auch in Wien, im Joſefſtädter Theater, an
der ſüdöſtlichen Grenzmark deutſchen Weſens. Auch dort, im
Jahre 1875, ergötzten ſich Publicum und Preſſe an den
Leiſtungen dieſer originellen Interpreten des Hamburger
Lebens, Liebens und Leidens, welche in dem durch Fritz
Reuter bereits „courfähig" und verſtändlicher gewordenen
Idiom des „Plattdütſch" und „Miſſingſch", im Uebrigen aber
in der allgemein verſtändlichen Sprache des
Herzens ſich unmittelbar zum Herzen wandten. Vor Allem
aber wuchs in der norddeutſchen Heimath, wo die Wurzeln
unſerer Kraft ruhten, und wohin es uns immer wieder mit
magiſcher Gewalt zog, auf allen Seiten mehr und mehr die
Liebe zur Sache, die Freude am Schaffen. Das Repertoire
ſetzte immer neue prächtige Blüthen an; das Talent mehrerer
vaterſtädtiſcher Schriftſteller, wie Julius Stinde, J. Krüger,
L. Schöbel, Schindler, Bruno, Mansfeldt ꝛc. ward, angeſichts
eines ſolchen abgerundeten und in ſeiner Art einzigen En-
ſembles, kräftig angeregt, und zahlreiche Stücke von geſundeſter
Lebenskraft und höchſter Naturwahrheit, in denen Ernſt und
Humor auf's Glücklichſte verſchmolzen waren, veritable Spiegel-
bilder des heimiſchen Volkslebens und Kleinbürgerthums,
boten wieder der ſpeciellen Begabung dieſes eigens dafür
erzogenen und enthuſiasmirten Perſonals die ſchönſte Nahrung.

Aus meiner Kenntniß des vaterſtädtiſchen Lebens und
Treibens habe ich hie und da auch zur literariſchen Arbeit

direct beigetragen, so bei der Parodie auf Gounod's „Fauft und Margarethe", die ich mit Schöbel verfaßt habe, und vor Allem schöpfte ich aus ihr die Fähigkeit correcter und interessirender Gestaltung der Hauptfiguren. So gelang es uns denn, der plattdeutschen Muse, in erster Reihe bei uns zu Hause, zu einem vollen Triumphe zu verhelfen und dann auch manch fremdes Gebiet zu erobern. Ich darf sagen, daß unser Volkstheater seine Mission getreulich erfüllt hat und in mancher Richtung noch heute eine ersprießliche Nachwirkung übt. Seinen jüngsten literarischen Ausläufer bildete das gleichfalls sehr häufig wiederholte Volksstück: „Ein Hamburger Nestküken", oder: „Mensch, ärgere dich nicht", von dem gewandten und feingebildeten Otto Schreyer und meinem lieben und geschätzten Regisseur, Dramaturgen und Landsmann Hermann Hirschel. Wie bislang, so bin ich aber auch in Zukunft, trotz meines Wandsbecker Buen retiro, wo ich das reinste Familienglück genieße, stets mit Freuden bereit, der Volksmuse Zeit und Kraft zu weihen. Im Uebrigen sage ich mit dem uns Allen theuren Volksdichter: „Wenn Einer dauhn deiht, wat hei kann, denn kann hei nich mihr dauhn, als hei deiht!"

Carl Schultze.

Susanne Feust=Goethe.

s war in den sechsziger Jahren, als ich auf einer
Sommer-Gastspieltour auch nach der Großherzoglichen
Residenz Darmstadt kam. Ein Agent hatte mir
die Verhältnisse des dortigen Sommer-Theaters im rosigsten
Lichte geschildert und ganz besonders die Direction, eine Frau
v. F.-H., als hochrespectabel angepriesen. So trat ich denn
in Begleitung meiner Mutter, die auf all' meinen Irrfahrten
meine getreue Gefährtin war, die Reise an. Bald war das
Ziel erreicht; mit hochbeladener Droschke, diversen Theater-
förben, Koffern und Schachteln fuhren wir eines Nachmittags
am ersten Hotel der Residenz, „Zur Traube", vor. Ein Heer
dienstbeflissener Kellner, sogar der Besitzer selbst, eilten zu
unserm Empfange herbei und fragten nach den Befehlen der
„gnädigen Herrschaften". Ich faßte mir sofort den Herrn
des Hauses und ersuchte ihn, uns auf etwa acht Tage
Wohnung und Pension zu civilem Preise zu Theil werden zu
lassen, da der Zweck meines Aufenthalts ein Gastspiel am
dortigen Theater sei. —

„Ah, gnädiges Fräulein werden am Hoftheater gastiren?

21

Sehr erfreut". — Etwas gedrückt fiel ich ihm in die Rede:
„Nein, am Sommertheater!" —

Die Wirkung war eclatant. Das bisher so zuvorkommende
Lächeln verschwand mit Blitzesschnelle, das Gesicht wurde
lang wie ein Ausrufungszeichen, und der in devotester Weise
gekrümmte Rücken so steif, als wäre ein Ladestock hinein-
gefahren. „Ah so, das ist etwas Anderes! — Johann!", rief
er dem bereits mit den Gepäckstücken sich abmühenden Knechte
in herrischem Tone zu, „nach Nummero", — ich weiß diese
nicht mehr ganz genau, glaube aber, daß sie unter 100 nicht
viel mehr zu suchen hatte. — Mit etwas geringschätziger Verbeugung ließ uns der Chef des Hauses stehen, und wurden wir
nun dicht unter'm Dache in zwei kleine Zimmer einquartirt,
deren Temperatur lebhaft an die der Bleikammern Venedig's
gemahnte. — Daß dieser Empfang ziemlich deprimirend auf
uns wirkte, wird Niemand Wunder nehmen. Nachdem wir
uns etwas restaurirt, trat ich meine Entdeckungsreise in dem
mir ganz fremden Darmstadt an. Im Hotel wagte ich keine
weiteren Erkundigungen einzuziehen, eine neue Beschämung
fürchtend, und so begab ich mich denn auf gut Glück auf die
menschenleeren Straßen. Lange spähte ich in der breiten
Rheinstraße vergeblich nach einem menschlichen Wesen aus,
und als mir ein solches, ein männliches, endlich zu Gesicht
kam, stürzte ich mit einem Gefühle der Erlösung auf dasselbe
zu, mit der Frage nach dem neu erbauten Sommertheater. —
Der Mann starrte mich an, als sei ich ein Wesen aus einer
andern Welt, und erst als ich meine Frage wiederholte, erklärte
er mir, daß ihm die Existenz eines solchen an diesem Orte
gänzlich unbekannt sei. Darauf lenkte ich meine Schritte

weiter, abermals Menschen suchend. Die wenigen, die mir
begegneten, hatten indessen alle dieselbe niederschmetternde
Antwort für mich. Daß aber ein Sommertheater existire, war
zweifellos, da mich wenigstens hierüber ein an einer Straßenecke
befindliches Placat beruhigt hatte, auf dem mit fingerlangen
Buchstaben mein demnächst stattfindendes Gastspiel bereits
annoncirt war. Wo aber stand dieser Musentempel?

Endlich, ich hatte schon fast die letzten Häuser der Stadt
erreicht, kam mir eine Frau entgegen, die allerdings nichts
weniger als kunstverständig aussah, indessen der Ertrinkende
klammert sich ja an einen Strohhalm! und versuchte auch bei
ihr noch einmal mein Heil. —

„Ja", sagte sie, „da drauß'", sie deutete nach einer
unbestimmten Himmelsgegend „da steht so 'e Bude, wo
se so Faxe mache; das könnt' vielleicht das sei, was Se
suche." — Gegen eine kleine Vergütung ließ die Frau sich
bereit finden, mir den Weg zu zeigen, und nach einer etwa
zehn Minuten währenden Wanderung erblickte ich noch immer
in einiger Entfernung, ein lustiges im Winde flatterndes,
kleines, rothes Fähnchen, das ein höchst einfaches Holzdach
krönte. Meine Begleiterin bezeichnete mir dies als das
wahrscheinliche Kunstinstitut. Als endlich das Ziel erreicht
war, öffnete ich die an einer rohen Planken-Einzäunung
befindliche Thür und stand im Zuschauerraum, über dem der
wolkenlose Himmel in unendlicher Bläue sich ausspannte, und
wo die untergehende Sonne die Bühne, die eine etwas
ungeheuerliche Waldgegend darstellte, mit intensiver Gluth
beleuchtete. Ich hatte Glück; denn es war gerade Probe
(gespielt wurde nicht täglich, und die ganze Gesellschaft

versammelt. Auf den vordersten Bänken, die aus den Ur-
anfängen der Zimmermannskunst herzurühren schienen, hatten
sich einige Mitglieder gruppirt, mitten unter denselben eine
über das Mittelalter bereits hinausgeschrittene, ziemlich
phantastisch herausgeputzte Dame, in welcher ich sofort
instinctiv die Directorin erkannte, welche eben im Begriff war,
eine lebhafte Ansprache an ihre „Theuren" zu richten. Mich
erblickend, stürzte sie, einen Freudenschrei ausstoßend, auf
mich zu, und stellte mich, ohne mich nur zu Worte kommen
zu lassen, dem Personale als die sehnlichst erwartete Gastin
vor. Obgleich ich nun, einen ruhigeren Moment benutzend,
der Directorin mit Bedauern erklärte, daß es mir unmöglich
sei, in diesem Tempel aufzutreten, in welchem ja vor Allem
die ausübenden Künstler sowohl, wie auch die bedauerns-
werthen Zuschauer allen Wechselfällen der Witterung preisgegeben seien, wußte sie mich doch durch Vorstellungen aller
Art (namentlich schilderte sie mir ihre bedrängte Lage sehr
ergreifend) zu bestimmen, meine Zusage für ein dreimaliges
Gastspiel zu erneuern. Und so wurde denn für den über-
nächsten Tag als erste Vorstellung „Therese Krones"
angesetzt. — Von den Schwierigkeiten, welche die Proben
hinsichtlich Orchester, Requisiten ꝛc. mit sich brachten, will ich
schweigen. Jeder, der an ähnlichen „Meerschweinchen"
gastirte, kann ein Liedchen davon singen. — Der Himmel
schien übrigens das Unternehmen begünstigen zu wollen,
denn die Sonne versendete glühende Hitze vom wolkenlosen
Firmament; ich aber traute dem Frieden nicht. Und richtig —
als ich mich am Abend der Vorstellung in's Theater begab,
thürmten sich am Horizont unheildrohend dichte schwarze

Gewitterwolken auf. Es dauerte auch garnicht lange, als
ich in der Garderobe, die selbstverständlich ebenfalls der
primitivsten Art war, vor allen Dingen aber kein wasserdichtes
Dach besaß, die ersten Vorboten verspürte, welche meine
Toiletten in bedenklicher Weise gefährdeten. Auf meine Vorstellungen der Directorin gegenüber, die, wie an solchen
Bühnen üblich, höchsteigenhändig das Cassen-Geschäft besorgte,
um alsdann im Stücke die „Madame Herbst" zu mimen,
gerieth diese jedoch außer sich, beschwor mich, sie nicht im
Stich zu lassen, das Theater sei nahezu ausverkauft, die
feinsten Herrschaften Darmstadt's seien auf ihre persönliche
Einladung erschienen, — wovon ich mich denn auch in der
That durch einen Blick durch das Observatorium des Vorhanges
zu meiner größten Ueberraschung überzeugte. — „Na dann,"
sagte ich, „Verderben, gehe deinen Gang!" — Denn ich
durfte doch an Heroismus den Aermsten nicht nachstehen, die
da unter aufgespannten Schirmen mit eilig herbeigeschafften
Latten und Klötzen unter den Füßen, den jetzt heftig
gewordenen Regen geduldig über sich herabströmen ließen,
der Dinge harrend, die da kommen sollten. — Die Musiker
wurden, da der Orchesterraum vollständig exponirt war,
hinter den Coulissen placirt, was keine großen Schwierigkeiten
verursachte, da nur ein einfaches Quartett fungirte und ein
Dirigent garnicht vorhanden war; der jedesmal Singende
übernahm so gut es eben ging, selbst dieses Amt und — die
Comödie nahm ihren Anfang. Ein wahres Glück, daß
Raimund, der wie bekannt, gleich zu Anfang des Stückes vor
heftigem Regen flüchtet (die darauf bezüglichen Worte erregten
selbstredend großen Jubel), mit einem Regenschirm bewaffnet

sein muß. Denn als nun das Unwetter immer größere
Dimensionen annahm und auch die Bühne nicht mehr
verschont blieb, nahm ich ihm den Schirm mit den Worten
unter dem Arm hervor: „Erlauben Sie, den können wir ja
so viel besser brauchen!" — spannte ihn auf und nun spielten
wir unter seinem Schutze die Scene zu Ende. — Da aber bei
dem entsetzlichen Geprassel des Regens auf das Holzdach kein
Wort mehr zu verstehen war, so erklärte ich beim Fallen des
Vorhanges ganz entschieden, nicht weiter spielen zu wollen.

Die Directorin, obwohl sehr unglücklich und besorgt wegen
der ungewohnten guten Einnahme, mußte sich fügen und ließ
annonciren, daß die Vorstellung am nächsten günstigen Tage
stattfinden werde und die Eintrittskarten ihre Gültigkeit
behielten. Auf die Einsprache einiger enragirter Kunst-
Enthusiasten, die absolut „Weiterspielen" verlangten, konnte
natürlich keine Rücksicht genommen werden. —

Der nächste Tag brachte abermals ununterbrochenen
Regen und mir den Besuch der Directorin, die sich, sanguinisch
genug, den größten Erfolg von meinem Gastspiel versprach
und sich das Hirn zermarterte, auf welche Weise dasselbe,
trotz der Ungunst des Wetters, zu Stande gebracht werden
könne. Ich wußte keinen Rath; sie aber springt plötzlich auf
mit dem Ausruf: „Ich hab's, wir sind gerettet!" — umarmt
mich, stürmt fort und erst am andern Vormittag, — es regnete
noch immer Bindfaden, — erschien sie wieder bei mir,
triumphirend und im größten Staat. „Wissen Sie, woher ich
komme?" fragte sie, — „direct vom Großherzog!" —
Auf meine Frage, was sie da eigentlich gewollt, antwortete
die resolute Dame: „Ja, sehen Sie, der leutselige Herr hat

mir immer sehr wohl gewollt und da habe ich mir ein Herz
gefaßt, ihn um eine Audienz gebeten, und um sein großes
Jagdzelt nachgesucht, welches er mir auch allergnädigst
bewilligt hat. Heute Nachmittag wird es schon angespannt
und morgen haben wir „Therese Krones“ bei gedecktem
Zuschauerraum, — die Placate werden schon gedruckt.“ —

Und so geschah es; — außerdem hatte aber auch der
Himmel ein Einsehen gehabt und mit seinem im Uebermaaße
gespendeten Segen nachgelassen: denn sonst wäre das Groß-
herzogliche Jagdzelt wahrscheinlich auch nicht genügend
Schutz und Schirm gewesen. — Hier will ich noch bemerken,
daß wir die nothgedrungene Ruhepause dazu benützten, da
uns die „Traube“ doch zu sauer vorgekommen war, uns
umzuquartieren, und fanden wir in der „Alten Post“ ein
freundliches Asyl und „liebevolle“ Behandlung.

Die „Krones“ ging nun also ohne jegliches Hinderniß
„glänzend“ in Scene. — Am nächsten Tage wurden drei kleine
Stücke gegeben. Schon nach dem ersten kam Herr Hofrath
(damals noch nicht „Geheimer“) Tescher, der sich im
Zuschauerraum befand, zu mir auf die Bühne, sprach seine
Freude aus, mich in meinen Leistungen kennen zu lernen
und frug an, ob ich jetzt wohl geneigt sei, nachdem ich es
früher schon einmal refüsirt, ein Engagement für nächsten
Winter an den vereinigten Theatern von Darmstadt und
Mainz anzunehmen. Ich konnte mich nicht sogleich zu einer
zusagenden Antwort entschließen; er aber meinte, diesmal
ließe er mich nicht los und die Sache müsse noch an demselben
Abend in's Reine kommen.

Und richtig begleitete er mich nach der Vorstellung in's

Hotel, wo ich dann wirklich nach einigem Hin und Her den
Contract, den er merkwürdiger Weise bei sich trug, unter-
zeichnete. —

„Nun aber, mein liebes Fräulein", sagte er, „gebe ich
Ihnen den wohlgemeinten Rath, lassen Sie es da draußen
genug sein des grausamen Spiels, Sie machen sich sonst für
das Hoftheater unmöglich."

Das war mir aus der Seele gesprochen, und da ich zu
Gunsten der Frau Directorin auf jegliches Honorar verzichtete,
tröstete sie sich auch ob der dritten ausgefallenen Gastrolle.

Susanne Feust-
Gorthe.

Rudolf Freny.

Als Knabe faßte ich eine besondere Paſſion zum Geigenspiel und quälte meine Mama so lange, bis sie mich zu einem Geigenlehrer führte. Wir traten juſt in dem Moment bei dem Lehrer ein, als dieſer seinem Schüler einen heftigen Schlag auf die Finger verſetzte, so daß der arme Junge laut aufschrie. Mich ergriff dabei eine heillose Angst, und ich flüſterte meiner Mama zu: „Ich will doch lieber singen lernen." Ich dachte nämlich zunächſt an meine Finger, die bei diesem edlen Spiel doch zu sehr exponirt wären. Die gute Mutter willigte ein, und ich lernte singen. Bald kam ich nach Wien und hörte da im k. k. Hof-Operntheater die großen Sänger und Sängerinnen der da-maligen Zeit, namentlich Staudigl ꝛc., die mich in meinem Bestreben bestärkten. Ich nahm mir einen tüchtigen Gesangslehrer, den inzwiſchen verstorbenen Hofcapellsänger und Hofschauspieler Carl Stein, und ſtudirte nun fleißig. Endlich war ich so weit, daß ich hoffen durfte, die Bühne zu betreten, und meldete mich zur Prüfung. Dieſelbe fiel günstig aus und ich ward zunächſt als Choriſt engagirt. Ich war etwa acht

Monate im Chor, da sagte mir der damalige Hofcapellmeister
Heinrich Proch, der nun ebenfalls das Zeitliche gesegnet hat:
„Sie haben eine hübsche Stimme, ich werde Sie an Staudigl
empfehlen, damit Sie sich in einer kleinen Partie versuchen
können," und gab mir zu diesem Zweck auch eine Karte an
Staudigl mit. Dieser aber wies mich ab und stellte mir das
ganze Theaterleben in wenig verlockendem Lichte dar. Ich
hatte Staudigl vergöttert, und nun riß er mich aus all' meinen
Himmeln. Ich wurde ernstlich krank, ich bekam die Gelbsucht
vor Gram. Eines Tages begegnete ich ihm auf dem Glacis;
er redete mich an und sprach: „Sie haben ja die Gelbsucht,
junger Mann, kommen Sie einmal zu mir, ich werde Ihnen
ein Mittel geben." Jedoch damals sprach man davon, er
habe früher schon einen Choristen zu Tode curirt, und da hatte
ich weiter keine Lust, auf seinen Vorschlag einzugehen. — Als
ich Proch dann Alles erzählte, lachte er, tröstete mich und
sagte: „Nun gehen Sie aus dem Chor fort und lassen Sie
sich als Sänger an irgend einem Theater engagiren, Sie
werden, wenn Sie fleißig sind, Carriere machen."

Ich verließ Wien und übersiedelte nach Znaim, dort
sollte mein erster Versuch gemacht werden. Da uns die
Primadonna in Stich ließ, war ein Opernpotpourri aufzu-
führen, und ich sollte das Trinklied und die große Arie des
Caspar aus dem „Freischütz" singen. Meine Angst war entsetzlich. Da war aber ein alter Herr, der Vater einer früher
sehr bekannten Sängerin, Keiderspek; der lud mich, dann den
Barytonisten, der auch ein Anfänger war, und unseren
Regisseur zum Mittagessen ein, indem er bemerkte, er habe
guten Wein zu Hause, wir müßten uns Courage trinken.

Und weiß Gott, ich habe mir Courage getrunken, — nur zu viel. Als ich in's Theater eintrat, um mich für die Vorstellung umzukleiden, begegnete mir der Director, der sofort merkte, daß ich ein Bischen zu viel — Courage hatte. Es entspann sich ein Wortwechsel zwischen uns und ich bekam nach Ablauf des ersten Monats meine Entlassung. Zunächst aber sang ich und gefiel; man rief mich sogar heraus. Ich hatte, als ich nach der großen Arie abging, meine langhaarige Perrücke heruntergenommen, weil mir so heiß war, stülpte dieselbe nun in der Eile wieder auf den Kopf und trat auf die Bühne, um meine Verbeugung zu machen; aber als ich das that, fiel mir die ganze Frisur über das Gesicht, — ich hatte nämlich in der Hast die Perrücke verkehrt aufgesetzt. Das Publicum amüsirte sich darüber und lachte, und ich ging stolz ab. Das war mein erster Auftritt als Solist. Aber Courage habe ich mir nie wieder getrunken.

Nach diesem Debut wollte mich der Director behalten, aber es haperte zu sehr mit der Gage, dort, wie später in Pest, wo ich, um mich aus meinen Calamitäten zu befreien, mit großem Eifer mich auf — Carricaturen-Zeichnen verlegte, eine meiner größten Passionen, die sich recht lucrativ gestaltete. Von dort ging es nach Laibach und Lemberg. Diese Engagements in österreichischen Provinzstädten lieferten weiter keinen theatralischen Zündstoff zu Erzählungen; aber in der galizischen Hauptstadt habe ich eine kleine Episode mit einem Todten erlebt, die vielleicht der Erwähnung werth ist. Eines Tages saß ich im Kaffeehause, als ein junger Mann mit recht trauriger Miene eintrat. Er erzählte, sein Vater sei gestorben und nun laufe er in der ganzen Stadt umher

und könne keinen Maler finden, der ein Bild von seinem
Alten aufnehme. Ich erklärte mich bereit, seinem Wunsche
zu entsprechen. Er war natürlich hoch erfreut und wir
machten uns sogleich auf den Weg nach seiner Wohnung,
nachdem ich mir zuvor Mappe und Bleistift geholt hatte. In
Oesterreich ist es Sitte, daß wenn eine Leiche auf der Bahre
liegt, eine Menge Leute kommen, um den Todten noch einmal
zu sehen. Das störte mich und ich ersuchte die Versammelten,
so lange ich zeichnete, mich allein zu lassen. Ich sperrte mich
also mit dem Todten ein und arbeitete nun eifrig. Die Leiche
war sehr hoch aufgebahrt, und da ich etwas kurzsichtig bin
und das Licht des Zimmers recht mangelhaft war, lehnte ich
mich an das Bett, um ganz nahe die Linien der Gesichtszüge
zu sehen und streifte nun fast mit der Nase das bleiche Gesicht.
Da riß der Todte plötzlich den Mund auf. In furchtbarem
Schreck warf ich Mappe und Bleistift fort, prallte rückwärts
an die Wand, und wartete in größter Spannung ab, was da
kommen sollte. Aber der Todte blieb ruhig liegen. Es war
nur durch die Bewegung des Bettes die Kinnlade herunterge-
fallen; ich schloß ihm den Mund wieder und zeichnete das
Bild fertig.

Weitere Unfälle sind mir in Lemberg nicht begegnet; ich
gelangte glücklich wieder nach Pest und von dort nach Olmütz,
wo mich Director Stöger nach Prag engagirte. Nachdem
ich hier drei Jahre thätig gewesen war, wurde ich durch den
damaligen Regisseur Fischer vom Dresdener Hoftheater nach
Elb-Florenz engagirt. Als ich mich dem Intendanten des
Hoftheaters, Herrn von Lüttichau, vorstellte, trat er dicht
an mich heran. Er war ein Mann von sehr hoher Statur;

ich mußte zu ihm empor sehen und er sah tief auf mich herab. Seine ersten Worte, nachdem er mich lange betrachtet hatte, waren: „Ich hätte Sie mir anders gedacht, ganz anders. So blond!!" Das war ein curioser Empfang, aber ich gefiel und blieb zehn Jahre an der königlichen Hofbühne.

Als ich nach dem ersten Jahre meines dortigen Engagements aus meinem Urlaub zurückkam, traf ich Herrn von Lüttichau auf der Bühne; er empfing mich sehr freundlich — fügte aber wieder die Bemerkung bei: „Immer noch blond, — merkwürdig!" Von Dresden ging ich im Frühjahre 1868 nach Wien, wo ein Opern-Ensemble, in welchem auch Roger glänzte, veranstaltet war. Als ich aber anlangte, war es bereits wieder zu Ende, — Director Strampfer zahlte mir drei Monate Gage aus, und ich ging nach Hamburg an's Stadttheater, wo ich, des langen Wanderlebens müde, festen Fuß gefaßt habe und — noch immer — blond — bin.

Rudolf Frenz

Johanna Frenzel-Nicolas.

Als das Schicksal mich mit einer reisenden Schauspielertruppe nach dem nun für das deutsche Vaterland
zurückeroberten Elsaß führte, war ich ein zartes
Kind von acht Jahren. Die Gesellschaft, bei welcher meine
Mutter engagirt war, spielte auf Theilung und ernährte sich
sehr kärglich. Meine Mutter hatte sich im Sturm und Drang der
Zeit und des Bühnenlebens ihren frommen Sinn bewahrt,
war eine gläubige Katholikin und eifrige Kirchenbesucherin;
die Geistlichkeit, bei der sie einen Stein im Brette hatte, redete
ihr kräftig zu, dem gottlosen Comödiantenleben zu entsagen
und sich in Mühlhausen anzusiedeln, indem sie der braven
Frau eine gute Stellung versprachen, in welcher dieselbe sich
und ihre innigst geliebten Kinder anständig ernähren und er-
ziehen könnte. Nachdem sie eine Zeitlang widerstanden, ließ
meine Mutter sich endlich überreden, und mit schwerem Herzen
sahen wir schon nach wenigen Tagen die Schauspielertruppe
von dannen ziehen. Die versprochene Anstellung hat meine
Mutter auch erhalten, jedoch reichte der Verdienst keineswegs
zu ihrem und ihrer drei Kinder Unterhalt aus; daher mußten

wir Kinder auch sehen, etwas zu verdienen, um die Wirthschaft erhalten zu können. Selbstverständlich thaten wir mit
Freuden Alles, was in unseren Kräften stand, um der innigst
geliebten Mutter die Existenz zu erleichtern, die Sorgen zu
verringern; ich speciell beschäftigte mich mit dem Abwinden
von Garn, das von der Weberei verarbeitet wird. Und doch
blieb es eine trostlose Zeit voll Noth und Entbehrungen, und
wir hatten keine Hoffnung, aus dieser traurigen Lage befreit
zu werden, auch zu der Clerisei hatten wir kein Vertrauen
mehr, da sie uns doch schließlich nichts als salbungsvolle
Tiraden geboten hatte.

Eines Tages hörte ich, daß wieder „Comödianten" im
Städtchen seien, und unverzüglich machte ich mich, ohne
Wissen meiner Mutter, auf den Weg zum Director, der im
Gasthof wohnte. Mit dem ganzen Stolze des echten
Comödiantenkindes stellte ich mich ihm vor: „Wir sind auch
Schauspieler!" Mein offenes, beherztes Wesen gefiel dem
„Principal" der Truppe, der sich theilnahmsvoll nach unseren
Verhältnissen erkundigte und uns auf den folgenden Tag be-
stellte. Nach den trüben Erfahrungen, die wir in letzterer
Zeit gemacht, gelang es mir ohne sonderliche Mühe, meine
Mutter zu dem Besuche zu veranlassen, und es wurde mit
dem Chef verabredet, daß, wenn die Gesellschaft abreisen
würde, wir folgen sollten. Die Abfahrt mußte mit der
größten Heimlichkeit betrieben werden, um etwaiger feind-
seliger Agitation der Ortsgeistlichen zu entgehen. Unser
„Inventar", bestehend aus Bett, Stuhl, Tisch, einem kleinen
eisernen Ofen ꝛc., mußten wir aus Furcht vor den Leuten
zurücklassen. So wanderten wir an einem Sonntag, die

armselige Habe in einem Beutel tragend, zum Thore hinaus.
Als wir über den Rhein setzten, konnte ich mich nicht ent-
halten, im Kahn auf die Knie zu fallen und über Elfaß drei
Kreuze zu machen.

Die Gesellschaft spielte auf Theilung, und wir schlugen
uns mit Mühe und Noth bis nach Luzern in der Schweiz
durch, — die Geschäfte gingen entsetzlich, die Einnahmen
waren fast incommensurable Größen, so daß die sogenannte
„Theilung" fast nur Begriff war. Zum Glück zahlte ein
Theil des Publicums in gediegenen Victualien; eines
Abends waren zehn Brode, ein Korb Kartoffeln, zwei Köpfe
Kohl, Eier 2c. aufgestapelt. Die Frau Directorin kochte für
die ganze Gesellschaft. Morgens gab es „Bresi" — ein
Schweizer Gericht, bestehend aus gebratenen Kartoffeln und
Kaffee, — Mittags und Abends — dasselbe. — Theaterzettel
existirten bei dieser Gesellschaft nicht, sondern es mußten
sämmtliche männliche Mitglieder, als Ritter, Jäger 2c. costü-
mirt, durch die Straßen ziehen und das „verehrliche Publicum"
mit lautem Ausruf auf die betreffende Vorstellung aufmerksam
machen. . . . . Trotz dieser Misere verzweifelten wir nicht,
und lächelte auch uns wieder die Sonne des Glücks. Wir be-
kamen Engagement nach München, zu Johann Schweiger, wo
ich mit demselben in der „Teufelsmühle" im „Donauweibchen"
und derartigen altfränkischen Stücken sang. Das Elend hatte
ein Ende, ich erhielt nicht nur Beifall, sondern auch — was
ebenfalls nicht zu unterschätzen — reguläre Gage; und eines
Tages begrüßte ich in Ehrfurcht den eigentlichen Tempel
Thalia's und den verehrten Director Maurice, der mein
Gönner ward, — das Ziel meiner Sehnsucht ist erreicht! —

22

Wie anders hat dagegen die Vorsehung meinen Gatten in die Arme Thaliens geführt! Vor circa zwölf Jahren war's, nach mannigfachen anderen weiten Reisen, als er von Hamburg nach Newyork fuhr, um jenseits des Oceans sein „Leben zu machen", wie die Yankees zu sagen pflegen. Dort trieb ihn das Geschick unter Anderm nach Evansville (Indiana), und da hat auch seiner gewissermaßen die Clerisei sich angenommen, indem ein evangelischer Pfarrer, an den er sich gewandt hatte, ihm — einen Tanzcursus einrichtete und ihn plötzlich — echt reclamerikanisch! — als „den berühmten Professor der Tanzkunst aus Wien Gustav Frenzel" publicistisch einführte. Und der Tanz ging denn auch los, trotzdem „Herr Professor Frenzel" ganz methodenlos war; und indem derselbe jedem Eleven einzeln die Piecen eindrillte, verdiente er sich in einem Winter 2000 Dollars. So hat denn auch ein Pfarrer einen Comödianten gelehrt! Auf einem sogenannten Turner-Theater hat dann der kühn gewordene Tanzlehrer den ersten Pas de seul als Schauspieler unternommen, und zwar als Ippelberger in dem köstlichen Görner'schen Einacter „Englisch". Heute sind wir nun auch in local-theatralischer Hinsicht vereint, und mein Mann wird mir verzeihen, daß ich zur Illustration meiner bescheidenen Erzählung, hinter seinem Rücken diesen „choreographischen" Rückblick gethan habe.

Etelka Boor.

Nichts von wohleinstudirten Pas, von eleganten Posen und Attituden, wie sie der choreographische Beruf der Prima Ballerina bedingt, sondern von einer sogenannten schauspielerischen Leistung will ich reden, die aber immerhin auch im Zeichen Terpsichoren's stand. Ich meine indeß nicht die Rolle der Heldin irgend eines lyrischen oder komischen Ballets oder die Titelheldin der Auber'schen Oper: „Die Stumme von Portici", die durch Schicksalstücke gezwungen ist, ihr reiches seelisches Leben, allerdings unter entzückender musikalischer Begleitung, auf pantomimischem Wege zum Ausdruck zu bringen, — sondern die Repräsentantin des Tanzes in dem Schiller'schen Festspiel: „Die Huldigung der Künste", zu deren Verkörperung ich einmal in Stuttgart, anläßlich der Eröffnung der Saison, animirt worden bin. Der allverehrte Director des Hoftheaters, spätere Intendant, Herr Hofrath Dr. Feodor Wehl, in dessen Hause ich die freundlichste Aufnahme gefunden hatte, — die Hamburger kennen ja den liebenswürdigen Herrn von seiner langjährigen Wirksamkeit als Bühnen-Schriftsteller,

Feuilletonist und Kritiker — war auch so freundlich, an
meine Befähigung zur declamatorischen Vertretung der mein
Fach bezeichnenden Muse zu glauben. Ich selbst glaubte weit
weniger daran und sprach ihm gegenüber meine Zweifel
unverhohlen aus. — „Können Sie denn nicht auswendig
lernen?" fragte er. — „O ja," antwortete ich, „mein Gedächtniß ist gut genug." — „Nun, es sind ja nur einige
Zeilen, die Sie zu sprechen haben, — kommen Sie wenigstens
zur Leseprobe." — Das that ich denn auch, aber unter großer
Angst, die wohl meinen Vortrag stark beeinflußte. Der Herr
Hofrath blieb aber dabei: ich würde die „Rolle" ganz gut
zur Geltung bringen, es sei gerade interessant, wenn ich
die choreographisch-rhythmischen Strophen spreche, — „nur
ein bischen lauter!" mahnte er regelmäßig, — „es wird
schon gehen, recitiren Sie nur fleißig zu Hause" und
desgleichen mehr. Nun hatte mir allerdings Capellmeister
Rietz in Dresden einmal gesagt: „Sie müssen eine
fürchterliche Höhe haben, Sie sprechen ja so hoch," — aber
das nöthige Pathos wollte sich nicht einstellen, und lauter
wollte der Vortrag auch nicht werden. Während der Herr
Director noch immer hoffte, wurde ich immer besorgter, je
näher die Vorstellung heranrückte; es flohen mich Schlaf und
Appetit, ich hatte regelrechtes Fieber. — „Sie sprechen die
Worte sehr hübsch, — nur lauter müssen Sie sprechen," —
das war der nur theilweise ermuthigende Refrain der Rede
des Herrn Dr. Wehl, welcher mir noch auf der Bühne in
den Ohren klang. — Ich trug ein langes wollenes, styl-
gerecht und malerisch drapirtes griechisches Gewand und das
obligate Cymbal, und stand so, das Schrecklichste befürchtend,

im Kreise der „sieben Künste," im Gefolge des Genius, den
Frau Wahlmann-Willführ verkörperte. Vor Angst
hörte ich kaum die Führerin des Reigens und das halbe
Dutzend Schwesterkünste, — die Lampen und die Menschen
tanzten vor meinen Augen; ich erkannte weder meine gute
Mutter, die vorn im Parquet saß und meine Besorgniß
theilte, noch andere Zuschauer. Endlich merkte ich, daß die
Reihe an mich kam, der Souffleur gab mir ein Zeichen —
entrinnen konnte ich nicht mehr — er mußte aber ein zweites
und ein drittes Zeichen geben, bis ich mich wieder so
weit beherrschte, daß ich, wenn auch nicht mit Vergnügen,
das Wort ergreifen konnte, das mir fast in der Kehle stecken
blieb. Und doch reihte sich allmälig Wort an Wort zu der
reizenden poetischen Perlenschnur:

> „Das hohe Göttliche, es ruht in ernster Stille;
> Mit stillem Geist will es empfunden sein.
> Das Leben regt sich gern in üpp'ger Fülle;
> Die Jugend will sich äußern, will sich freu'n.
> Die Freude führ' ich an der Schönheit Zügel,
> Die gern die zarten Grenzen übertritt;
> Dem schweren Körper geb' ich Zephyr's Flügel,
> Das Gleichmaß leg' ich in des Tanzes Schritt.
> Was sich bewegt, lenk' ich mit meinem Stabe,
> Die Grazie ist meine schöne Gabe." —

Immer klarer gliederte sich, wenigstens für meine
Empfindung, die Rede, und im weiteren Verlaufe erklärte ich
noch bestimmter, daß „der leichte Tanz den muntern Reigen
schlingen" solle, und zum Schluß konnte ich, — was mir
am liebsten war, in den Chorus der Künste beherzt einfallen.

Wie ich es fertig gebracht habe, dem Genius Schiller's
einigermaßen gerecht zu werden, das weiß ich heute nicht
mehr oder noch nicht, — genug, im entscheidenden Moment

gewann ich Muth, und die Worte entflogen wie beschwingt meinem Munde. Nun sagt zwar ein großer Dichter: „es wächst der Mensch mit seinen größeren Zwecken," — das Organ scheint aber nicht mit den höheren Recitations-Zwecken zu wachsen, denn als das Festspiel und — die Gefahr glücklich überstanden war, trat mein geschätzter Gönner auf mich zu und erklärte mir abermals: „Es war sehr hübsch, aber Sie hätten doch — l a u t e r sprechen können." Er hat mich auch seitdem nie wieder mit einer dramatischen Aufgabe betraut, — ich habe mich nicht mehr an Thalia versündigt, sondern der Terpsichore, die ja auch eine sehr angenehme Muse ist und nicht nur von den alten G r i e ch e n als eine der „göttlichsten" mit wahrhaft religiöser Inbrunst verehrt wurde, sondern auch von modernen Cultur-Völkern heilig gesprochen ist, unverbrüchliche Treue geschworen. Nur einmal hat sich jene Angst bei mir wiederholt, und wieder flimmerte es mir vor den Augen, als ich — die F e d e r ergreifen und für das „Dekamerone" einen literarischen Beitrag liefern sollte. Es ist wahrhaftig ein Glück, daß man — n i ch t l a u t z u s ch r e i b e n b r a u ch t.

Etelka Boór